AF579917

DERNIERS ESSAIS

DE CRITIQUE

ET D'HISTOIRE

OUVRAGES DU MÊME AUTEUR

PUBLIÉS PAR LA LIBRAIRIE HACHETTE ET Cie

Essai sur Tite-Live; 6e édition. Un vol. in-16, broché. . . . 3 fr. 50
Ouvrage couronné par l'Académie française.

Essais de critique et d'histoire; 8e édition. Un vol. in-16, broché. . . . . 3 fr. 50

Nouveaux Essais de critique et d'histoire; 7e édition. Un vol. in-16, broché. . . . . 3 fr. 50

Derniers essais de critique et d'histoire; 3e édition. Un vol. in-16, broché . . . . 3 fr. 50

Histoire de la littérature anglaise; 11e édition. Cinq vol. in-16, brochés.. 17 fr. 50

La Fontaine et ses fables; 15e édition. Un vol. in-16, broché. 3 fr. 50

Les philosophes classiques du xixe siècle en France; 8e édition. Un vol. in-16, broché. . . . . 3 fr. 50

Voyage aux Pyrénées; 15e édition. Un vol. in-16, broché. . . 3 fr. 50

Le même, avec gravures. Un vol. in-16, broché. . . . . . . 4 fr. »

Le même, illustré. Un vol. grand in-8, broché. . . . . 10 fr. »

Notes sur l'Angleterre; 12e édition. Un vol. in-16, broché. 3 fr. 50

Le même, avec gravures. Un vol. in-16, broché.. . . . . . . 4 fr. »

Notes sur Paris, vie et opinions de M. Fréd.-Th. Graindorge; 13e édition. Un vol. in-16, broché. . . . . 3 fr. 50

Carnets de Voyage : notes sur la province. Un vol. in-16, br. 3 fr. 50

Séjour en France de 1792 a 1795; 5e édition. Un vol. in-16, broché. . . . . 3 fr. 50

Voyage en Italie; 11e édition. Deux vol. in-16, brochés . . . 7 fr. »

Le même, avec gravures. Deux vol. in-16, brochés. . . . . . 8 fr. »

De l'Intelligence; 9e édition. Deux vol. in-16, brochés. . . . 7 fr. »

Philosophie de l'art; 10e édition. Deux vol. in-16, brochés.. . 7 fr. »

Les Origines de la France contemporaine; 24e édition. Douze volumes . . . . 39 fr. 50

1re partie. — L'Ancien régime. Deux volumes. . . . . 7 fr. »

2e partie. — La Révolution. Six volumes . . . . 21 fr. »
L'Anarchie. Deux volumes.
La Conquête jacobine. Deux volumes.
Le Gouvernement révolutionnaire. Deux volumes.

3e partie. — Le Régime moderne. Trois volumes. . . . . . 10 fr. 50
Napoléon Bonaparte. Deux volumes.
L'Église, l'École. Un volume.

Table analytique. Un vol. . . . . 1 fr. »

Du Suffrage universel et de la manière de voter. Brochure in-16 . . . . » 50

50358. — Imprimerie Lahure, 9, rue de Fleurus, à Paris.

DERNIERS ESSAIS

DE CRITIQUE

ET D'HISTOIRE

PAR

H. TAINE

DE L'ACADÉMIE FRANÇAISE

TROISIÈME ÉDITION REVUE ET AUGMENTÉE

PARIS

LIBRAIRIE HACHETTE ET Cie

79, BOULEVARD SAINT-GERMAIN, 79

1903

A

LÉON BONNAT

MEMBRE DE L'INSTITUT

En souvenir, et selon le désir de son ami

H. TAINE

AVERTISSEMENT DE LA 3e ÉDITION

Ce volume des Derniers Essais de Critique et d'Histoire, publié après la mort de M. Taine, vient d'être entièrement refondu et les articles sont maintenant présentés au public dans l'ordre où ils ont été écrits. — L'article sur *Monsieur de Sacy* en a disparu pour prendre place dans les Nouveaux Essais de Critique et d'Histoire. En revanche, nous avons remis à leur date les études sur *Madame d'Aulnoy*, *l'École des Beaux-Arts*, *l'Opinion en Allemagne et les Conditions de la Paix*, *Sainte Odile*, *Prosper Mérimée*, qui faisaient partie des Essais de Critique et d'Histoire depuis la 3e édition (1874) et l'article sur *Gleyre* qui y fut incorporé lors de la 4e édition (1882). Nous avons ajouté en outre la brochure sur *Le Suffrage universel et la manière de voter* parue en 1871, et deux autres articles qui n'avaient pas encore été recueillis : *L'Intervention des Neutres* (octobre 1870) et *L'Art* (février 1880).

DERNIERS ESSAIS DE CRITIQUE ET D'HISTOIRE

MADAME D'AULNOY

(VOYAGE EN ESPAGNE)

L'ESPAGNE EN 1679

On imprime beaucoup de livres nouveaux; on ferait bien de réimprimer quelques livres anciens, au premier rang celui-ci. D'abord il est bien écrit; Mme d'Aulnoy est du grand siècle littéraire; elle appartient au meilleur monde; elle parle avec justesse et naturel; elle n'est point prude, philosophe ou pédante; elle est exempte de toute affectation; elle observe sans effort, blâme ou loue avec discrétion et mesure; elle n'exagère jamais, elle ne croit ni ne veut faire un chef-d'œuvre; son récit semble un entretien; elle a toutes les qualités d'une Française bien douée et bien élevée, bon sens, liberté d'esprit, tact sûr, grâce un peu moqueuse, politesse aisée et continue. D'autre part, elle voit l'Espagne à un moment curieux de son histoire : c'est la fin d'une grande époque; le dernier descendant de Charles-Quint est roi; après lui, la nation, sous une nouvelle dynastie, entrera dans une nouvelle carrière. D'ordinaire, on ne connaît l'Espagne que par son drame, ses romans picaresques et sa peinture; quand, sur de tels documents, on essaye de se figurer la vie réelle, on hésite et on n'ose conclure; de pareilles mœurs semblent fabuleuses. Après avoir lu ce voyage, on les voit et on les touche, telles que les arts les avaient représentées; ni les livres ni les tableaux n'avaient menti; les personnages de Lope, de Calderon, de Murillo et de Zurbaran couraient les rues. Le lecteur va juger du caractère espagnol, non d'après les œuvres d'imagination qui le mettent en scène, mais d'après un témoin qui l'a vu.

I

Le spectacle est étrange et terrible; c'est celui d'une dévastation, et, au premier regard, la cause de toutes ces misères apparaît. — Les choses ont des lois, et ces lois sont rigides; elles opèrent contre l'homme ou pour l'homme, à son choix; mais il n'est pas maître de les changer. Il les subit et il en pâtit, ou il s'y accommode et il en profite; dans les choses morales comme dans les choses physiques, le contre-coup est sûr; à nous d'aviser; nous serons brisés, si nous le provoquons et l'attendons. — L'Espagne l'a provoqué et attendu, et sous ce choc elle tombe en ruines. A la fin du

XVIIe siècle, elle ressemble à la Turquie contemporaine. Quoique grande comme la France, elle est réduite à huit millions d'habitants. Tour à tour elle a servi de proie à la Hollande, à Cromwell, à Richelieu, à Mazarin, à Louis XIV; à chaque guerre, elle perd une province; on lui enlève ses villes au pas de course. Si elle se soutient, c'est par l'aide des nations protestantes; si elle conserve les Pays-Bas, c'est avec des garnisons hollandaises. Son armée est de vingt mille mauvais soldats; pour flotte, elle a des vaisseaux prêtés par Gênes, et de toutes parts, à côté de l'impuissance de l'État, éclate la misère du sujet. — Pas une fontaine à Tolède; le grand réservoir qui alimentait la ville est rompu, on ne l'a point réparé, et il faut maintenant descendre à trente toises, jusqu'au Tage, pour aller chercher l'eau. Dans la Manche et la Galice, quatre-vingts lieues de pays sont désertes. « Le plus grand arbre qu'on y trouve, c'est un peu de serpolet et de thym sauvage. » Pas une hôtellerie. On y voyage en caravanes, dans de grandes machines à six roues, qui peuvent tenir quarante personnes, qu'on attèle de vingt chevaux, et qui partent huit ou dix ensemble pour se secourir au besoin. Dans les autres provinces, les auberges continuent celles où couchait don Quichotte. A dix lieues de Madrid, les chambres sont des trous noirs où « il faut apporter de la lumière en plein midi. » Point d'autre lumière qu'une lampe infecte. « On est allé partout et même « chez le curé pour avoir de la chandelle, il ne s'en est « point trouvé... Point de cheminée. On fait un trou

« au haut du plancher, et la fumée sort par là. » Dans cet air qui aveugle et suffoque, « grouillent une dou- « zaine d'hommes et autant de femmes, plus noirs que « des diables, puants et sales comme des cochons, et « vêtus comme des gueux. » Un d'eux râcle une mauvaise guitare et chante avec une voix de chat enroué. Les femmes, ébouriffées comme des bohémiennes, cachent leur peau noire et jaune sous cinq ou six colliers de grosses boules de verre : « Ni pot au feu, ni plats lavés. Il n'y a qu'une tasse dans la maison, et, pour l'avoir, il faut attendre que les muletiers s'en soient servis. » L'aspect est celui d'un campement asiatique, et, dans les villes, les fritures, les ordures et les boues rappellent la négligence d'une cité d'Orient. A Madrid, les maisons sont en terre et en briques, la plupart sans vitres : « Quand on veut parler d'une maison à qui rien ne manque, on dit qu'elle est vitrée. — Il ne se peut rien de plus mal pavé que les rues; quelque doucement qu'on aille, on est roué par les cahots. » Les ruisseaux sont stagnants et font une telle fange que « les chevaux en ont toujours jusqu'aux sangles. » L'ordure rejaillit sur les dames en carrosse; il faut, pour s'en préserver, qu'elles baissent leurs vitres et leurs grands rideaux; encore bien souvent l'eau entre-t-elle par le bas des portières. Une promenade est un péril. Dernièrement le carrosse de l'ambassadeur de Venise a versé, au sortir de son palais, dans cette « marée noire », et ses velours, ses broderies, ses dorures de douze mille écus ont été si bien déshonorés, que depuis il n'a plus servi. — La police des mœurs ne vaut pas mieux que la police des rues. Les bravi assassinent moyennant finance, et les gens de justice font pis que les bravi. « En donnant quelque argent à un alcade « ou à un alguazil, on fera arrêter la personne la plus « innocente, on la fera jeter dans un cachot et périr de « faim, sans nulle procédure, sans ordre, sans décret. » — En revanche, « les voleurs, les assassins, les empoi- « sonneurs demeurent tranquillement à Madrid, pourvu « qu'ils n'aient pas de biens. » S'ils en ont, la police exploite leur crime pour leur voler leur argent. Nulle idée de la justice. On exécute à mort deux ou trois coupables par an, et avec répugnance. « Ce sont des « hommes comme nous, disent-ils, nos compatriotes et « sujets du roi. » En présence de l'échafaud, le peuple pleure, et, comme en Italie, il est contre le bourreau pour le criminel. Une cité est ici, comme en Orient, un amas d'hommes livrés à eux-mêmes pour grouiller dans leurs taudis et se débattre avec leurs instincts. Si le gouvernement intervient, ce n'est point par des services, mais par des exactions : il prend, laisse faire, et ne tire pas plus profit de l'homme que l'homme ne tire profit des choses. Ni les volontés humaines, ni les forces naturelles n'ont été organisées, sagement, de façon à marcher droit vers un but utile ; et le désordre, la sauvagerie, la stérilité primitives subsistent dans la société comme sur le sol. Misère et parade, dorures et guenilles : il y a déjà cent ans que, dans Lazarille de Tormès, on écrivait le roman de la faim. — Dans cette décadence commune, la faute n'est pas plus au gouvernement qu'au peuple. Ce que le premier a fait, l'autre l'a commencé, approuvé ou voulu. L'intolérance catholique, la politique absolutiste, l'administration inepte et brutale ont eu la nation pour complice. Si l'on cherche la cause de cet affaiblissement continu ou de cette barbarie persistante, ce n'est pas seulement dans la sottise ni dans la folie des chefs qu'on la trouve; c'est d'abord et surtout dans cette structure intime des âmes, qui, en tout pays, impose à chaque nation sa fortune bonne ou mauvaise, et la destine aux désastres ou aux succès.

Le premier trait du caractère espagnol, c'est le manque de sens pratique. Il ne sait pas et surtout il ne veut pas s'accommoder aux choses. La superbe est son fonds, et il juge le souci de l'utile trop bas pour lui. En Biscaye et Navarre, tous, jusqu'aux porteurs d'eau, sont caballeros; la nation entière ayant combattu les Maures, quiconque est du pays est tenu pour fils des croisés; la loi déclare que les enfants trouvés seront réputés nobles, et un noble ne travaille pas. « Partout le « moindre paysan est persuadé qu'il est hidalgo, c'est-à- « dire gentilhomme; dans la moindre maisonnette, il « y a une histoire fabuleuse composée depuis cent ans, « qui se laisse pour tout héritage aux enfants et aux « neveux de ce villageois, et, dans cette histoire fabu- « leuse, ils font tous entrer de l'ancienne chevalerie et « du merveilleux, disant que leurs trisaïeux, don « Pedro et don Juan, ont rendu tels et tels services à la

« couronne; ils ne veulent point déroger à la *gravidad*
« ni à la *descendencia*. Voilà comme ils en parlent, et
« ils souffrent plus aisément la faim et les autres néces-
« sités de la vie que de travailler, disent-ils, comme
« des mercenaires, ce qui n'appartient qu'à des es-
« claves; de sorte que l'orgueil, secondé de la paresse,
« les empêche la plupart d'ensemencer leurs terres, à
« moins qu'il ne vienne des étrangers les cultiver. De
« sorte qu'un paysan est assis dans sa chaise, lisant un
« vieux roman, pendant que les autres travaillent pour
« lui et tirent tout son argent. » Quelle que soit la
condition, le même orgueil subsiste. Le cuisinier d'un
archevêque, grondé par son maître pour avoir caché la
clef de la marmite, refuse de la rendre et répond :
« Je ne puis souffrir qu'on me querelle, étant de race
« de vieux chrétiens nobles comme le roi et même
« un peu plus. » Les domestiques exigent des égards;
« ils prétendent la plupart être d'aussi bonne maison
« que le maître qu'ils servent, et, s'ils en étaient outra-
« gés, ils seraient capables, pour se venger, de le tuer
« en trahison ou de l'empoisonner. On en a vu plusieurs
« exemples. » — Vous allez à Madrid chez un boucher;
« vous lui demandez la moitié d'un veau et le reste à
« proportion; il ne daigne pas ni vous répondre, ni
« vous donner quoi que ce soit. Vous vous retranchez à
« une longe de veau; il vous fait payer d'avance, puis
« vous donne par sa lucarne un gigot de mouton. Vous
« le lui rendez en disant que ce n'est point cela que
« vous voulez; il le reprend et vous donne à la place un

« aloyau de bœuf. L'on crie encore plus fort pour avoir « la longe; il ne s'en émeut pas davantage, jette votre « argent et vous ferme la porte au nez. » Ce n'est pas le marchand qui fait la cour à l'acheteur, c'est l'acheteur qui fait la cour au marchand. « Les pauvres « même ont de la gloire, et quand ils demandent l'au- « mône, c'est d'un air impérieux et dominant. Si on « les refuse, il faut que ce soit avec civilité, en leur « disant : Caballero, que Votre Grâce me pardonne, je « n'ai point de monnaie. » La fortune a eu beau faire; sous les guenilles d'un mendiant, il y a l'âme d'un roi, qui se croit né pour les respects et la parade. — Un cordonnier s'approche d'une femme qui vendait du saumon et en demande une livre. « Sans doute, dit-elle, « Votre Grâce en demande, parce qu'elle le croit à bon « marché; mais elle se trompe, il vaut un écu la livre. » Le cordonnier, indigné, lui repondit d'un ton de colère : « S'il avait été à bon marché, il ne m'en aurait fallu « qu'une livre; puisqu'il est cher, j'en veux trois. — « Aussitôt il lui a donné trois écus, et, enfonçant son « petit chapeau, après avoir relevé sa moustache « par rodomontade, il a relevé aussi la pointe de sa « formidable épée jusqu'à son épaule, et nous a re- « gardées fièrement, voyant bien que nous écoutions son « colloque et que nous étions étrangères. — La beauté « de la chose, c'est que peut-être cet homme si glorieux « n'a rien au monde que ces trois écus-là, que c'est le « gain de toute sa semaine, et que demain lui, sa « femme et ses petits enfants jeûneront plus rigoureu-

« sement qu'au pain et à l'eau. Mais telle est l'humeur « de ces gens-ci ; il y en a même plusieurs qui prennent « les pieds d'un chapon et les font pendre par-dessous « leur manteau, comme s'ils avaient effectivement un « chapon, et cependant ils n'en ont que les pieds. » — Au reste, parmi leurs cuirs et leurs tire-pieds, ceux-ci vivent en seigneurs. « On ne voit pas un menuisier, « un sellier, ou quelque autre homme de boutique qui « ne soit habillé de velours et de satin, comme le roi, « ayant la grande épée, le poignard et la guitare atta-« chée dans sa boutique... Ils ne travaillent que le « moins qu'ils peuvent, et il n'y a que l'extrême néces-« sité qui les oblige à faire quelque chose ; puis ils « vont porter leur marchandise. Si c'est un cordonnier « et qu'il ait deux apprentis, il les mène tous deux « avec lui, et donne à chacun un soulier à porter ; s'il « y en a trois, il les mène tous trois, et ce n'est qu'avec « peine qu'il se rabaisse à vous essayer sa besogne. « Quand elle est livrée, il va s'asseoir au soleil avec « une troupe d'autres fainéants comme lui, et là, d'une « autorité souveraine, ils décident des affaires d'État et « règlent les intérêts des princes. » La discussion s'échauffe, ils se querellent et se battent. Dernièrement on a porté chez l'ambassadrice de Danemark un fruitier fort blessé ; il avait tiré l'épée pour soutenir que le sultan devait faire étrangler son frère. Au théâtre, ils décident ; c'est un cordonnier qui, à Madrid, mène les sifflets ou les applaudissements, et l'auteur vient d'avance dans sa boutique le consulter sur ses pièces.

Enfin, ils sont galants, musiciens, poètes. Aux jours de fête, à la promenade ou dans le lit du Mançanarès, on les voit causer noblement en buvant de l'eau, et jouer de la guitare ou de la harpe. A un pareil peuple il faudrait un peuple d'esclaves. Faute d'esclaves pour les fournir d'habits, de provisions, de bien-être, ils restent au lit le jour où ils font laver leur unique chemise, et jeûnent en habits râpés.

L'exemple part des plus grands et du roi lui-même. En somme, l'administration est celle d'un pacha qui coupe l'arbre pour avoir le fruit. Défense de planter aux Indes des vignes, des oliviers, ou d'établir des manufactures ; les galions du roi sont les seuls fournisseurs, et la répartition indique à chaque village combien de verroteries il doit acheter. Un gouvernement de province n'est pas une charge exercée pour le service des sujets, mais un bénéfice exploité au profit du possesseur. A ce titre, et pour que chacun puisse s'enrichir à son tour, on ne les donne que pour trois et cinq ans. « Ils y vont la plupart fort pauvres et y pillent le « plus qu'ils peuvent. Un vice-roi rapporte sans peine « cinq millions d'écus ; un gouverneur de place, cinq à « six cent mille ; un religieux prêcheur, trente ou qua- « rante mille. » L'Espagnol n'a point dépassé les idées grossières des civilisations despotiques, où l'administration n'est qu'une conquête à demeure, où le seul moyen d'acquérir est la rapine, où la seule valeur est l'argent. Au retour, « ils gardent cet argent dans leurs coffres, et, tant qu'il dure, font belle dépense. » Ils ne le convertissent point en terres, ils ne le placent point à intérêt; « ils tiennent au-dessous d'eux d'en tirer pro-« fit »; ils puisent à même; « quand ils n'en ont plus, « ils sollicitent un nouveau poste. » Nulle idée d'écono-« mie. Quand un père meurt et laisse de l'argent « comptant et des pupilles, on enferme l'argent dans un « bon coffre sans le faire profiter. » Le duc de Frias a laissé trois filles et 600 000 écus comptant; on a mis l'argent dans trois coffres, chacun avec le nom de l'enfant; les tuteurs gardent les clefs, et dix ans, quinze ans après, le jour du mariage, on les ouvre. — Ce que nous appelons crédit, entreprise, travail en grand, est inconnu. La richesse est un tas d'or palpable qu'on enferme ou qu'on étale. Le duc d'Albuquerque a quatorze cents douzaines d'assiettes d'or et d'argent, cinq cents grands plats, sept cents petits, le reste à proportion, quarante échelles d'argent pour monter jusqu'au haut de son buffet. Le duc d'Albe, qui n'est pas riche en vaisselle, a six cents douzaines d'assiettes d'argent et huit cents plats. — Le cortège correspond au luxe, et l'homme y est aussi oisif que l'argent. Les duègnes, écuyers, pages, fourmillent en mantes et en livrées dans les grandes salles vides, et bâillent noblement en jouant avec les singes ou en marmottant leurs chapelets. « Lorsqu'un grand seigneur meurt, s'il a cent domes-« tiques, son fils les garde, sans diminuer le nombre « de ceux qu'il avait déjà dans sa maison. Si la mère « vient à mourir, ses femmes, tout de même, entrent « au service de sa fille ou de sa bru, et cela s'étend

« jusqu'à la quatrième génération, car on ne les renvoie « jamais. On les met dans des maisons voisines, et on « leur paye ration. Ils viennent de temps en temps se « montrer, plutôt pour faire voir qu'ils ne sont pas « morts que pour rendre aucun service. » La duchesse d'Ossonne a trois cents femmes; un peu auparavant elle en avait cinq cents. Le roi donne la ration à dix mille personnes. Tous ces parasites meurent de faim. Un domestique a deux réaux par jour (sept sous et demi) pour la nourriture et les gages; un gentilhomme quinze écus par mois, sur quoi il doit s'entretenir, s'habiller de velours en hiver et de taffetas en été. « Aussi ne vivent-« ils que d'oignons, de pois et d'autres viles denrées. » — Point d'ordinaire à la maison, sauf pour les maîtres; les gentilshommes et les demoiselles vont au coin de la rue aux cuisines publiques: ce sont de grands chaudrons qui bouillent sur des trépieds. « Ils y achètent des « fèves, de l'ail, de la ciboule et un peu de bouillon, « dans lequel ils trempent leur pain. » Ils vivotent ainsi, serrant leur ventre. Les pages sont plus heureux, « car ils sont voleurs comme des chouettes... En appor-« tant les plats sur la table, ils mangent plus de la « moitié de ce qui est dedans, et avalent les morceaux si « brûlants qu'ils en ont les dents toutes gâtées. » Quelques maîtres ont fait fabriquer une marmite d'argent fermée avec un cadenas; le cuisinier regarde par une petite grille si la soupe se fait bien; de cette façon, elle est préservée des pages. « Avant cet expédient, il arri-« vait cent fois que lorsqu'on voulait tremper le potage,

« on ne trouvait ni viande ni bouillon. » — La vie domestique semble un campement avec tous ses hasards et tout son désordre. « Il y a souvent cinquante chevaux « dans une écurie, qui n'ont ni paille ni avoine; ils pé« rissent de faim. » Point de provisions. On va prendre au jour le jour et à crédit chez le boulanger, le rôtisseur et le boucher. « Lorsque le maître est couché, s'il « se trouvait mal la nuit, on serait bien empêché, car il « ne reste chez lui ni vin, ni eau, ni charbon, ni bou« gie; les domestiques ont emporté le surplus chez « eux, et le lendemain on recommence la provision. »

On devine sur ces détails de ménage de quelle façon ils gouvernent leur fortune. L'orgueil est roi dans ces sortes d'âmes, et les chimères raffinées qu'il traîne à sa suite trônent avec lui, d'autant plus impérieuses qu'elles choquent davantage l'intérêt visible et la vulgaire raison. Le prince Destillano a des charges et commissions à donner pour quatre-vingt mille livres de rente; mais elles sont en expéditions de quatre à cinq mille livres, et, « quand son secrétaire les lui présente « à signer, il refuse, alléguant sa qualité et disant tou« jours que c'est une bagatelle. » Le duc d'Arcos, se croyant frustré de la couronne de Portugal par les Bragance, refuse de leur faire hommage pour les terres qu'il a dans leur royaume, et perd ainsi par an quarante mille écus de rente, outre les arrérages immenses qu'on offre de lui payer. Beaucoup de grands ne veulent pas aller dans leurs États, « c'est ainsi qu'ils nomment leurs « terres, villes et châteaux », laissent tout régir à un intendant, refusent de lire ses comptes, et lui permettent de les ruiner comme il l'entend. « Un homme ou « une femme de qualité aimerait mieux mourir que de « marchander une étoffe, des dentelles, des bijoux, ni « de reprendre le reste d'une pièce d'or ; ils le don- « nent encore au marchand pour sa peine de leur avoir « vendu dix pistoles ce qui n'en vaut pas cinq. » Les fournisseurs ordinaires marquent sur leurs registres ce qu'ils veulent et au prix qu'ils veulent. Les choses vont ainsi jusqu'à ce que tout le bien soit mangé; alors le maître cède tout, sauf une pension viagère. — Même incurie et même désordre pour l'éducation des enfants; sitôt qu'on les a destinés à l'épée, on ne leur enseigne plus le latin ni l'histoire; on ne les fait pas voyager; ils n'apprennent pas même à faire des armes ni à monter à cheval; il n'y a point d'académie à Madrid pour les exercices de corps. Ils se promènent et font la cour aux dames. « Les jeunes en- « fants de qualité qui ont de l'argent commencent, dès « l'âge de douze ou treize ans, à prendre une amance- « bade, c'est-à-dire une maîtresse, pour laquelle ils « prennent à la maison paternelle tout ce qu'ils peu- « vent attraper. » — « Ajoutez à cela qu'on les marie « pour ainsi dire au sortir du berceau. L'on établit à « seize et dix-sept ans un petit homme dans son ménage « avec une petite femme qui n'est qu'une enfant, et « cela fait que le jeune homme apprend encore moins « ce qu'il devrait savoir, et qu'il devient plus débauché « parce qu'il est maître de sa conduite, de sorte qu'il

« passe sa vie au coin de son feu comme un vieillard « dans sa caducité ; et, parce que ce noble fainéant est « d'une illustre maison, il sera choisi pour aller gou- « verner des peuples qui pâtissent de son ignorance. « Ce qui est encore plus pitoyable, c'est qu'un tel homme « se croit un grand personnage et ne se gouverne que « par sa propre suffisance et sans prendre conseil de « personne. Aussi fait-il tout de travers. Sa femme « n'aura guère plus de génie et d'habileté ; une gloire « insupportable dont elle s'applaudit sera son principal « mérite, et souvent des gens d'une capacité consom- « mée seront soumis à ces deux animaux qu'on leur « donne pour supérieurs. »

Le trait le plus triste, c'est que cette stérilité et ce désordre sont volontaires. « La nature leur a été moins « avare qu'ils ne le sont à eux-mêmes. Ils sont nés avec « plus d'esprit que les autres. Ils ont une grande viva- « cité avec un grand flegme. Ils parlent et s'énoncent « facilement. Ils ont beaucoup de mémoire, écrivent « d'une manière nette et concise ; ils comprennent fort « vite. Il leur est aisé d'apprendre tout ce qu'ils veu- « lent ; ils entendent parfaitement la politique, ils sont « sobres et laborieux lorsqu'il le faut... On trouve de « grandes qualités parmi eux, de la générosité, du se- « cret, de l'amitié, de la bravoure, en un mot ces « beaux sentiments de l'âme qui font le parfait honnête « homme. » Nul peuple n'a reçu de la nature et des circonstances un lot si magnifique de prospérités et d'espérances. Par la force et par l'esprit, ils ont été les dominateurs de l'Europe, et tour à tour ils lui ont imposé l'ascendant de leur politique, de leur littérature et de leur goût. Tout ce que le génie, le travail et les hasards de la Renaissance avaient étalé coup sur coup d'inventions, de découvertes et de trésors, leur est tombé en partage ; ils ont hérité des arts de l'Italie, ils ont joui de l'industrie de la Flandre, ils ont recueilli les richesses de l'Amérique. La fortune leur a été prodigue, et leur cœur était aussi haut que leur fortune. Un seul don leur a manqué :la capacité de comprendre et la volonté de subir les conditions vulgaires et insurmontables de la vie humaine. On songe en leur présence à ce fils de prince comblé dès sa naissance de talents, de vertus, de grandeurs, mais qu'une méchante fée a rendu aveugle, et qui languit inerte, impuissant, misérable dans son berceau tout chargé de couronnes et brodé d'or

II

Il y a vingt exemples de décadence dans le monde, et, tout à côté de l'Espagne, l'Italie tombe en même temps de la même chute ; mais chaque décadence a son tour propre, parce que les vices nationaux diffèrent selon les nations : la racine des grands événements est toujours un caractère de peuple, et l'histoire se ramène à la psychologie. Entre les innombrables espèces et degrés de plaisirs, il en est un particulier à chaque âme d'individu ou de peuple, c'est son *état préféré* ; elle y va et y revient sans cesse et naturellement, comme l'eau vers les lieux bas; si discordants et si lointains que soient ses circuits, si divers et si cachés que soient ses canaux, ils aboutissent toujours là; l'eau s'arrête, se détourne ou devient stagnante dans ceux qui la conduiraient ailleurs; et la conspiration involontaire et continue de toutes ses parties l'amène enfin, par le ravinement des terres et l'usure des roches, à l'endroit que d'avance elle semble avoir choisi. Nul caractère n'a mieux que celui-ci manifesté son ascendant sur l'histoire; nulle part on n'en a vu qui, par un ravage si universel et une course si droite, ait si fort imprimé dans les choses les marques de sa puissance et de sa roideur.

Ce qui le distingue entre tous les autres, c'est le besoin de la *sensation âpre et poignante*. Tel est son état préféré; les autres lui paraissent plats. La possession tranquille du confortable, la jouissance savourée de la beauté harmonieuse, l'agrément vif et fin des choses et des idées brillantes, rien de ce qui remue un homme de race germanique, italienne ou française ne le touche à l'endroit sensible. Sa chasse au bonheur le mène par un sentier plus rude vers un endroit plus escarpé. Dans ce pays de sierras, d'étés brûlants, de bise perçante, parmi tant de contrastes physiques, un tempérament s'est formé, aussi dur et aussi énergique que le pays, résistant et tenace, de détente terrible et roide; substance physique et morale, nerfs, muscles et volonté, tout y est concentré et tendu, impropre à l'épanouissement de la joie pleine, à la facilité de la gaieté légère, à la quiétude du flegme pacifique; la vie n'y coule point, ne s'y épanche point, ne s'y endort point, mais s'y accumule intense dans la patience sombre de l'attente, ou y éclate violente dans l'explosion exagérée de la passion.

Déjà, dans Tite-Live et dans Strabon, on les voit « vêtus de noir », obstinés, insociables, silencieux, contempteurs de la mort et stoïciens. Le bien-être leur est indifférent; point de race plus sobre; à travers toute l'histoire, ils sont demeurés tels. Pendant la dernière guerre d'Espagne, une armée espagnole était dans l'abondance là où une armée française vivait juste, et où une armée anglaise mourait de faim. Mme d'Aulnoy les entend dire « qu'ils ne mangent que pour vivre », et mépriser les peuples qui ne vivent que pour manger. « Ils ne convient presque jamais leurs amis pour se ré-« galer ensemble, de sorte qu'ils ne font aucun excès ». « Ils sont d'une retenue surprenante sur le vin; les « femmes n'en boivent jamais, et les hommes en usent « si peu que la moitié d'un demi-setier leur suffit pour « tout un jour. » La plus blessante injure est le mot d'ivrogne; elle est si forte qu'on la venge, non par le duel, mais par l'assassinat. Sur une table chargée de vaisselle d'argent, vous voyez un pigeon et deux œufs, et la cuisine est si mauvaise qu'ils se surprennent à manger « comme des loups affamés », quand on leur sert des mets français. Toute sensualité de bouche est bannie de leur vie; par la force du climat ou à l'imitation des Maures, ils vivent comme des Bédouins, prénant au bazar ce qui suffit à la journée, « buvant de « l'eau comme des canes » et se nourrissant de leurs pensées et de l'air du temps. Cet air est si bon, « qu'un « œuf fait le profit d'un poulet[1] ». « Le matin, on « prend de l'eau glacée, et incontinent après le cho- « colat... » Au dîner, « on ne servira au plus grand « seigneur que deux pigeons et quelque ragoût très « méchant plein d'ail et de poivre; ensuite, du fenouil « et un peu de fruits. » Vient ensuite la sieste. « A « deux heures l'hiver et à quatre l'été, on commence à « se rhabiller, l'on mange des confitures, l'on prend du « chocolat ou des eaux glacées, et chacun va où il juge « à propos. Enfin on se retire à onze heures ou minuit. « Alors le mari et la femme se couchent, l'on apporte « une grande nappe qui couvre tout le lit, et chacun « se l'attache au col. Les nains et les naines servent le « souper, qui est aussi frugal que le dîner; car c'est « une gélinotte en ragoût ou quelque pâtisserie qui « brûle la bouche, tant elle est poivrée. Madame boit « de l'eau tout son soûl, monsieur ne boit guère de vin, « et, le souper fini, chacun dort comme il peut. » — En fait de mets, les saveurs préférées sont les plus

1. « Voici une singularité qui n'est pas sans exemple en Espagne. Le marquis de Mancera n'avait pas mangé de pain depuis cinquante ans. Sa nourriture était un verre d'eau à la glace en se levant, avec un peu de conserve de rose, et, quelque temps après, du chocolat. A souper, des cerises ou d'autres fruits ou une salade et encore de l'eau rougie, sans être incommodé d'un si étonnant régime, et sa femme vivait à peu près de même à quatre-vingts ans. » Saint-Simon, III, 12.

fortes. Au passage du roi et de la nouvelle reine, des tables sont dressées dans les rues, et chacun tient à la main « un oignon, de l'ail, des ciboules dont l'air est « tout parfumé. » Les sauces sont terribles; l'ambre et le piment indien y alternent selon les plats. « Il n'y a « point de milieu entre les viandes toutes parfumées « ou toutes pleines de safran, d'ail, d'oignons, de « poivre ou d'épices », en sorte qu'un étranger, habitué à des sensations plus modérées et plus fines, reste bouche close devant un festin magnifique, sans pouvoir manger. En chaque pays l'appétit va dans le sens du tempérament; partant ici tout ce qui irrite et tend la fibre vivante flatte le goût du palais sentant. « Il y a des « femmes qui prennent jusqu'à cinq à six tasses de cho- « colat de suite, et c'est souvent deux ou trois fois par « jour. Il ne faut pas s'étonner si elles sont si sèches, « puisque rien n'est plus chaud, et, outre cela, elles « mangent tout si poivré et si épicé, qu'il est impossible « qu'elles n'en soient brûlées. » Quand un tempérament est si excité, les goûts bizarres arrivent. Plusieurs dames mangent une sorte de terre, à la façon des Caraïbes : « L'estomac et le ventre leur enflent et deviennent durs « comme une pierre, et elles sont jaunes comme des « coings. J'ai voulu tâter de ce ragoût... J'aimerais « mieux manger du grès. » On ne peut pas pousser à bout ces détails de physiologie et de cuisine; mais l'homme est tout entier dans chacun de ses sens, et celui-ci, qui sert à la réparation continue de la substance humaine, est l'abrégé le plus grossier, mais aussi le plus fidèle, des appétits supérieurs et des répugnances délicates qui s'échafaudent sur les autres à côté de lui.

Je n'oserais pas dire que « la femme est le potage de l'homme »; mais Molière l'a dit, et l'on peut le répéter d'après lui. En termes plus polis, la beauté de la femme correspond à la passion de l'homme, et la figure ou l'ajustement de la maîtresse dévoile les préférences de l'amant. Ici, dans la femme et dans la mode, on ne trouve rien qui provoque la grosse sensualité positive, et on trouve tout ce qui excite la violente imagination échauffée. « On ne voit point ailleurs de femmes si « menues. Le corps de jupe est assez haut par devant; « mais par derrière on leur voit jusqu'à la moitié du « dos, tant il est découvert, et ce n'est pas une chose « trop charmante, car elles sont toutes d'une maigreur « effroyable; et elles seraient bien fâchées d'être « grasses : c'est un défaut essentiel parmi elles. Avec « cela, elles sont fort brunes; de sorte que cette petite « peau noire collée sur les os déplaît naturellement à « ceux qui n'y sont pas accoutumés... C'est une beauté « parmi elles, que de n'avoir point de gorge, et elles « prennent des précautions de bonne heure pour l'em- « pêcher de venir. Lorsque le sein commence à paraître, « elles mettent dessus de petites plaques de plomb, et « se bandent comme des enfants qu'on emmaillote. Il « est vrai qu'il s'en faut peu qu'elles n'aient la gorge « aussi unie qu'une feuille de papier, à la réserve des « trous que la maigreur y cause, et ils sont toujours en

« grand nombre. » Ces petits squelettes brûlés disparaissent sous une profusion de jupes qui traînent par devant et sur les côtés, « toutes étoffes fort riches et « chamarrées de galons et de dentelles d'or et d'argent « jusqu'à la ceinture. Pendant les excessives chaleurs « de l'été, elles n'en mettent que sept ou huit, dont il « y a de velours et de gros satin. » Au-dessus de toutes est une jupe blanche de dentelle d'Angleterre ou de mousseline brodée d'or passé, ample de quatre ou cinq aunes. « J'en ai vu de cinq ou six cents écus. » Tout cela bouffe et bombe à terre autour d'elles quand elles sont assises, les jambes croisées, sur des carreaux. Les petites mains fluettes sortent de grandes manches en étoffe d'or et d'argent mêlée de rouge et de vert. La ceinture est bosselée de reliquaires et de médailles. Le corps de jupe est couturé de diamants, et il en tombe une chaîne de perles ou dix ou douze nœuds de pierreries qui vont se rattacher sur un des flancs. Des pendants d'oreilles « bien plus longs que la main » pendent des deux côtés du visage; quelques-unes y ont « des montres, des cadenas de pierres précieuses, et « jusqu'à des clefs d'Angleterre fort bien travaillées « ou des sonnettes. » Sur leurs manches et leurs épaules sont des *Agnus Dei* et de petites images; au-dessus de cet échafaudage compliqué et éblouissant, se dresse la tête maigre et ardente, constellée de mouches de diamants et de papillons de pierreries. Les cheveux noirs et superbes sont si brillants « qu'on pourrait s'y mirer. » Le visage, lavé avec un mélange de blanc d'œuf et de sucre candi, est si luisant qu'il semble vernissé. Les sourcils, peints, se rejoignent au milieu du front. Les joues, le menton, le dessous du nez, le dessus des sourcils, le bout des oreilles, la paume des mains, les doigts, les épaules, sont avivés de rouge. La fumée des pastilles brûlées et la pénétrante odeur de la fleur d'oranger s'exhalent des robes et de la personne. Tous les sens sont pris, et à l'extrême, par un pétillement de séductions bizarres et poignantes. « Quand elles mar« chent, il semble qu'elles volent; en cent ans, nous « n'apprendrions pas cette manière d'aller; elles vont « sans lever les pieds, comme lorsqu'on glisse... » La flamme intérieure leur sort des yeux. « Ils sont si « vifs, si spirituels, ils parlent un langage si tendre et « si intelligible, que quand elles n'auraient que cette « seule beauté, elles pourraient passer pour belles et « dérober les cœurs. » Si la beauté est une promesse de bonheur[1], le rêve que peut suggérer cet être atténué, concentré, enivrant comme une essence de rose et scintillant dans son enveloppe monstrueuse de soie, de pierreries et d'or, c'est une extase et une folie, avec les élancements délicieux et douloureux, avec les pervertissements et les raffinements d'imagination intense qui roidissent et détraquent la machine humaine, lorsque tout d'un coup toutes ses forces se dardent en un seul éclair.

En effet, tel est l'amour; il ressemble à un délire

1. *Pulchrum est quod promittit bonum.* (Hobbes.)

persistant et aigu. « Aux jours de cérémonies, chaque « dame peut placer deux cavaliers à côté d'elle, et ils « mettent leur chapeau devant leurs Majestés, bien « qu'ils ne soient pas grands d'Espagne. On les appelle « *embevecidos*[1], c'est-à-dire enivrés d'amour, et si oc- « cupés de leur passion et du plaisir d'être auprès de « leurs maîtresses, qu'ils sont incapables de songer à « autre chose. Ainsi il leur est permis de se couvrir « comme on permet à un homme qui a perdu l'esprit « de manquer aux devoirs de la bienséance. » — L'amour semble ici la grande affaire de la vie. A Madrid et à Tolède, il y a chaque nuit quatre ou cinq cents concerts de guitare dans les rues. Avec la précocité méridionale, des enfants de six ans se disent déjà des tendresses dans le langage convenu des yeux et des doigts. Les désagréments physiques les plus ridicules sont tenus à honneur lorsqu'il s'agit d'une maîtresse; quand la reine sort avec ses dames, les amants vont à pied auprès de la portière du carrosse, pour les entretenir; ils sont éclaboussés à plaisir par l'horrible boue des rues, « et le plus crotté est le plus galant ». — Il y a vingt cas où l'amant est tenu de se ruiner. Quand le chirurgien, après une saignée, leur apporte le mouchoir taché du sang de leur dame, ils lui donnent le meilleur de leur vaisselle d'argent, dix à douze mille écus. « Un homme aimerait mieux ne manger

1. Comparer aux mœurs des Calabres. Un amoureux s'appelle un *casca-morto*, celui qui tombe évanoui d'amour devant sa maîtresse.

« toute l'année que des raves et des ciboules que de « manquer à cette coutume. » Les imbroglios romanesques de Lope et les dénoûments tragiques de Calderon se rencontrent à chaque pas dans la vie commune. Les femmes sont gardées à vue par des duègnes, et, pour parvenir jusqu'à elles, il faut prendre tous les déguisements et courir tous les dangers. Un amant s'est déguisé en porteur d'eau, un autre en femme grosse : « Il « y a des gens qui s'aiment depuis deux ou trois ans sans « s'être jamais parlé. » Les plus étranges imaginations du théâtre ne font que répéter les aventures de la rue. Une dame, qui sort et qui est contrariée d'être suivie, s'adresse au premier venu, et le prie de la débarrasser de l'importun. « Cette prière est un ordre pour le ga-« lant Espagnol », et souvent les deux hommes s'entretuent pour une femme dont ils ignorent la figure et le nom ; parfois même le champion improvisé est, sans le savoir, son mari ou son frère, et reçoit un coup d'épée pour lui permettre d'aller chez son amant. Un cavalier, qui a sa maîtresse au bras, entre dans la première maison venue, prie le maître de sortir; celui-ci quitte aussitôt la place, et il est arrivé que cette femme était la sienne. Presque tous les soirs, les jeunes gens et beaucoup d'hommes mariés sortent à cheval, pour passer sous les fenêtres de leur maîtresse, avec un laquais en croupe, afin de n'être pas attaqués par derrière : « Ils ne manqueraient pas cette heure-là pour un « empire. Ils leur parlent à travers la jalousie, ils entrent « quelquefois dans le jardin, et montent, quand ils le

« peuvent, à sa chambre; ils vont jusque dans le lieu « où l'époux dort, et j'ai ouï dire qu'ils se voient des « années de suite sans oser prononcer une parole, de « peur d'être entendus. » Le secret et la fidélité sont entiers. « Il y a des intrigues qui durent autant que la « vie, bien que l'on n'ait pas perdu une heure pour les « conclure. » Comptez encore les soins, les empressements, la délicatesse. « Ils parlent de leurs maîtresses « avec tant de respect et de considération, qu'il semble « que ce soient leurs souveraines. » Comptez enfin le dévouement jusqu'à la mort : « Les maris et les pa-« rents ne font point de quartier. » Dix histoires du grand monde montrent l'épée, le poignard et le poison à l'œuvre comme dans un mélodrame. Un mari a tué sa femme; l'amant tue le mari. Un amant devient infidèle; sa maîtresse l'attire dans une maison gardée et le force à choisir entre un couteau et du poison[1]. La tragédie qui entoure l'amour est comme un piment qui en rehausse la saveur. — Non seulement l'amour est universel et sans frein, mais il doit l'être; les femmes l'exigent comme une dette; un homme n'est cavalier que par là. « La marquise d'Alcanizas, une des plus « grandes et des plus vertueuses dames de la cour, « nous disait : — Je l'avoue, si un cavalier avait été « tête à tête avec moi une demi-heure sans me demander « les dernières faveurs, j'en aurais un ressentiment si

1. « Si je voulais vous dire tous les événements tragiques que j'apprends chaque jour, vous conviendriez que ce pays-ci est le théâtre des plus terribles scènes du monde. » (III, 80.)

« vif, que je le poignarderais si je le pouvais. — Il n'y en « a guère qui n'aient de pareils sentiments là-dessus. »

Un tel sentiment s'accommode bien du sang et de la souffrance. Il est un fanatisme, et déchire en même temps qu'il exalte. On voit dans les rues des disciplinants qui se flagellent en l'honneur de leur dame, comme don Quichotte dans la montagne. Leur visage est voilé; sur leur tête est un bonnet en forme de pyramide, haut comme trois pains de sucre; ils portent des gants et des souliers blancs; un ruban donné par leur maîtresse pend à leur discipline. Le marquis de Villa Hermosa et le duc de Véjaz ont donné dernièrement en spectacle cette marque de « bravoure et de « bon air. » Chacun d'eux marchait précédé de soixante amis et suivi de cent autres, tous entourés de leurs pages et de leurs laquais, à la lumière de cent torches de cire. « Toutes les dames étaient aux fenêtres, avec des tapis sur les balcons, et des flambeaux attachés aux côtés, pour mieux voir et être mieux vues. » En cet appareil, les disciplinants fustigent de leur propre main leurs épaules nues. « Cela fait des écorchures effroyables d'où coulent des ruisseaux de sang. » Leurs dames, à travers les jalousies, les encouragent par quelque signe. « Quand ils rencontrent une femme « bien faite, ils se frappent d'une certaine manière qui « fait ruisseler le sang sur elle; c'est là une fort grande « honnêteté, et la dame reconnaissante les en re- « mercie. » — Rien d'étonnant s'ils s'exposent aux cornes du taureau pour plaire à leurs maîtresses. La fête est magnifique autant que terrible et rassemble toutes les séductions éblouissantes et violentes qui peuvent remuer de pareils nerfs. Sous le puissant soleil d'Espagne, le roi, les ambassadeurs, les grands conseils du royaume avec leurs insignes et leurs armes, tous les grands, toutes les dames parées de pierreries et d'étoffes superbes, prennent place sur des échafauds couverts de riches tapis et sous des dais brodés d'or. Six cavaliers nobles se présentent, chacun avec douze chevaux de rechange, avec six mulets chargés de lances, avec quarante laquais en moire d'or garnie de dentelles, en brocard incarnat rayé d'or et d'argent. Chacun des cavaliers est vêtu de noir brodé d'argent et d'or, de soie ou de jais. Ils ont sur leur chapeau des plumes blanches mouchetées, avec une riche enseigne de diamants et un cordon de pierreries, et leurs écharpes cramoisies, blanches, bleues et jaunes, sont brodées d'or passé. En cet équipage, ils attaquent le taureau, d'abord avec la lance, puis avec l'épée. Les chevaux éventrés marchent dans leurs entrailles, et, d'ordinaire, il y a dans une course dix hommes tués. Un des cavaliers est blessé à la jambe, son cheval crevé; la dame pour qui il combattait s'avance sur son balcon et lui fait signe avec son mouchoir. Lui, perdant un ruisseau de sang, et appuyé sur un de ses laquais, marche au taureau, et lui fait une grande blessure à la tête; puis, se retournant vers la dame, baise son épée et se laisse aller sur ses gens qui l'emportent à demi mort.

Dans une imagination qui se repaît de pareils objets,

les hautes parties manquent. Ce n'est pas l'imitation qu'elle goûte, mais le fait positif et cru. Les grandes races pensantes ont l'esprit philosophique ou moral; elles cherchent dans les spectacles sensibles l'idée intérieure et profonde; elles comprennent au delà de ce qu'elles voient, et la figure corporelle, qui se remue devant leurs yeux ou qui flotte devant leur esprit, ne leur fait illusion qu'à demi et par instants. Au contraire, l'Espagnol s'enfonce dans son rêve, jusqu'à le changer en sensation ou en vision. De tous les grands poëmes où la raison humaine s'est cachée sous l'imagination humaine, la religion est le plus auguste; et dans l'Inde, en Grèce, chez les peuples germaniques, la légende divine laisse transpirer, à travers sa fantaisie et sa forme, les divinations métaphysiques ou les instincts moraux qui lui donnent toute sa noblesse et tout son prix. Pour l'Espagnol, au contraire, la religion est une émotion de la chair et du sang, une hallucination du cerveau, une explosion de la férocité native. Leur Dieu est là, dans les églises : d'un côté, le Christ en croix, sanglant, avec la peau terreuse des suppliciés; de l'autre, la Vierge avec les dentelles et les pierreries des reines. On ne les aperçoit pas à la façon des personnages idéaux, reculés dans une antiquité lointaine, ou confinés dans un ciel supérieur. On les sent corporels, palpables, vivants et mêlés à notre vie; on les représente sur le théâtre; ils entrent, par leur action ou par leur présence, dans les drames laïques; ils ont le costume, les sentiments, les préjugés, les habitudes des contemporains. Dans un *auto*, Jésus-Christ veut entrer dans l'ordre des chevaliers d'Alcantara, et, ne pouvant être admis à cause de sa naissance humble, il se dédommage en fondant l'ordre de Christo. Quand saint Antoine dit son chapelet sur le théâtre, toute l'assistance l'accompagne à haute voix en se frappant la poitrine. Sous l'Espagnol du XVIIe siècle subsiste le croisé, qui pendant huit siècles, acharné contre les Maures, a senti auprès de lui la madone, sa dame, et Jésus-Christ, son général. Nulle part une représentation si matérielle et si intense n'a donné aux figures du rêve un être si solide et si borné[1]. A leurs yeux, quiconque nie le dogme est un traître, et la guerre est l'état naturel du chrétien contre l'hérétique ou l'infidèle. Jusque sous Philippe II, les cavaliers rapportaient de leurs expéditions des têtes de Maures pendantes à leurs selles et les jetaient aux enfants en passant dans les villages. Dans les premiers auto-da-fé, les gardes ne pouvaient attendre la mort des condamnés, ni se tenir de les percer vivants parmi les flammes de leur bûcher. Sainte Thérèse, au milieu de ses oraisons d'amour, a des cris de haine : « En priant pour les prédicateurs, pour les « défenseurs de l'Église, pour les hommes savants qui « soutiennent sa querelle, nous faisons tout ce qui « est en notre puissance pour secourir *notre maître*

1. A Majorque, vers 1820, le prédicateur expliquait aux fidèles, le jour du vendredi saint, quel traître et quel scélérat c'était que Judas Iscariote; un mannequin sous le porche représentait Judas, et chaque fidèle, furieux, allait, au sortir du sermon, planter son couteau dans le mannequin

« que *les traîtres*, qui lui sont redevables de tant de « bienfaits, traitent avec une telle indignité qu'il semble « qu'ils voudraient *le crucifier encore et ne lui laisser « aucun lieu où il puisse reposer sa tête*[1]. » Encore à la fin du XVIIe siècle, les Espagnols « ne quittent point « leurs épées ni pour se confesser ni pour communier. « Ils disent qu'ils la portent pour défendre la religion, « et, le matin, avant que de la mettre, ils la « baisent et font le signe de la croix avec. » Tous portent des scapulaires et quelque image sanctifiée par une relique miraculeuse. Les dames ont d'énormes chapelets attachés à leur ceinture et « disent le chapelet « sans fin, dans les rues, en jouant à l'hombre, en par- « lant, et même en faisant l'amour, des mensonges et « des médisances. » C'est la dévotion mécanique et corporelle qui les attache; tout ce qui est pensée est banni de cette religion. « Le comte de Charny, Français, étant « l'autre jour à la messe et lisant dans ses Heures, une « vieille Espagnole les lui arracha, et les jetant par « terre avec beaucoup d'indignation : — Laissez cela, « lui dit-elle, et prenez votre chapelet. » Devant les gros moines insolents et brutaux de l'Escurial elles s'agenouillent et baisent humblement la main qu'ils leur tendent. Aux églises, les assistants « se frappent « la poitrine avec une ferveur extraordinaire, inter- « rompant le prédicateur par des cris douloureux de « componction. » En carême, on voit dans les rues des

1. *Chemin de la perfection*, ch. I, 6. Tr. d'Arnaud d'Andilly.

pénitents nus jusqu'à la ceinture et la tête voilée. « Une natte étroite les emmaillote et les serre à tel « point que ce qu'on voit de leur peau est tout bleu et « tout meurtri; leurs bras sont entortillés de la même « natte et tout étendus. Ils portent jusqu'à sept épées « passées dans leur dos et dans leurs bras, qui leur « font des blessures dès qu'ils se remuent trop fort ou « qu'ils viennent à tomber, ce qui leur arrive souvent, « car ils vont nu-pieds, et le pavé est si pointu que l'on « ne peut se soutenir dessus sans se couper les pieds. « Il y en a d'autres qui, au lieu de ces épées, portent « des croix si pesantes qu'ils en sont accablés; et ne « pensez pas que ce soit des personnes du commun; il « y en a de la première qualité. Leurs domestiques, « déguisés, portent du vin, du vinaigre et d'autres « choses pour en donner de temps en temps à leur « maître, qui tombe bien souvent comme mort de la « peine et de la fatigue qu'il souffre... On tient que ces « pénitences sont si rudes que celui qui les fait ne « passe point l'année. » Toujours le terrible excès d'imagination forcenée et limitée. — Mais ici, comme dans l'amour, le rêve délicieux accompagne la tragédie sinistre. Aux églises, les madones étincellent de pierreries et des soleils de diamants flambent sur leurs têtes. Les autels et les balustres sont d'argent massif. « Cent grosses lampes d'or et d'argent » rayonnent sous l'obscurité des voûtes. Les chapelles semblent un paradis de félicités. « On y fait des parterres de gazon « ornés de fleurs. On les embellit de quantités de fon-

« taines dont l'eau retombe dans des bassins, les uns « d'argent, les autres de marbre et de porphyre. » Des jasmins, des orangers plus hauts que des hommes y répandent leur senteur pénétrante, et de petits oiseaux chantent parmi les feuillages verts. — Une religion ainsi entendue donne aux sens toute leur excitation et toute leur pâture, et l'on comprend enfin pourquoi l'Inquisition s'est enracinée dans ce pays, comment elle a pu enrôler parmi ses serviteurs les plus glorieux poètes, garder jusqu'au bout les sympathies populaires, allumer des bûchers jusqu'au seuil de la Révolution française[1], faire assister à ses meurtres le roi, la reine et toute la cour, brûler trente mille personnes vivantes, abolir la pensée avec la science, et souffler pendant deux siècles sur l'intelligence humaine comme le simoun sur un champ de fleurs[2].

Que le lecteur regarde maintenant les autres branches de l'action et de l'invention nationales, et qu'il y démêle les traces de l'esprit public. Qu'il considère cette littérature brillante et bornée, où les exagérations, les pointes, les jeux de mots, les roulades sonores, les aventures et la furie des sentiments exaltés font une

1. La dernière personne brûlée fut une femme, à Séville, en 1781.

2. « L'Inquisition, dit le duc de Saint-Simon, abhorre toute lumière, toute science, tout usage de son esprit. Elle ne veut que l'ignorance, et l'ignorance la plus grossière. La stupidité dans les chrétiens est la qualité favorite, et celle qu'elle s'applique le plus soigneusement d'établir partout, comme la plus sûre voie du salut. » (Tome XIX, 400, *Voyage en Espagne sous le Régent*.

dorure légère et splendide, mais où, si on excepte un seul ouvrage éclos par rencontre [1], la philosophie générale et la vraie science de l'homme n'ont pas construit un seul monument. Qu'il considère cette politique altière et aveugle, qui, de tant de forces accumulées par la nature et la fortune, n'a su tirer que la stérilité et la mort. Au centre des puissances morales qui mènent les événements sensibles, il trouvera un instinct dominateur et destructeur, comme un abcès énorme qui a tiré à lui tout le sang vital. Le vide s'est fait dans l'homme ; il ne lui est resté que la soif de la sensation excessive et âpre ; les autres facultés ou aptitudes ont péri par l'exagération et l'envahissement de ce besoin. Le goût du bien-être et le sens de l'utile, les fines divinations de l'esprit, qui, derrière l'apparence physique, entrevoit l'arrière-fond des choses, le sentiment du possible, qui fait le génie pratique, le sentiment de l'invisible, qui fait le génie spéculatif, toutes les démarches mesurées et délicates, par lesquelles l'intelligence s'accommode aux lois du monde ou parvient à les pénétrer, ont été supprimées et remplacées par le spasme continu de l'imagination et de la volonté, sorte de tétanos qui, après avoir dressé la nation au milieu de toutes les autres par un effort terrible, la couche inerte dans l'impuissance, sorte de monomanie qui maintient l'homme dans le silence prolongé, dans la gravité morne, dans l'ennui stoïque, pour le secouer par des accès de fana-

1. Voir, dans l'*Histoire de la littérature espagnole*, par Ticknor, l'histoire de la composition du *Don Quichotte*.

tisme et d'amour. — Même quand ils jouent, dit Mme d'Aulnoy, « il semble que ce soit des statues qui « agissent par le moyen d'un ressort; ils ne prononcent « jamais un mot, ils se reprocheraient le moindre « geste. » Beaucoup de jolies dames mettent par gravité des lunettes; les seigneurs en portent et ne les quittent que pour se coucher; et, plus on est grand, plus elles sont grandes. Nulle familiarité dans leur commerce; ils sont toujours en cérémonie les uns avec les autres: « Cette grande retraite les livre à mille visions qu'ils « appellent philosophie; ils sont particuliers, sombres, « rêveurs, chagrins, jaloux. » Plusieurs contractent des manies. Saint-Simon en cite un qui depuis dix ans ne voulait pas sortir de son lit. La vie, ainsi entendue, devient un désert. — Regardez celle du personnage le plus envié, le premier de tous, ce monarque dont les titres emplissent trois pages. Il n'y en a point qui soit servi de la sorte, « avec une soumission et une obéissance « plus parfaites, ni un amour plus sincère. Ce nom est « sacré, et, pour réduire le peuple à tout ce qu'on « souhaite, il suffit de dire: Le roi le veut. Quelques « richesses qu'aient les grands seigneurs, quelque « grande que soit leur fierté ou leur présomption... sur « le premier ordre, ils partent, ils reviennent, ils vont « en prison ou en exil, sans se plaindre. » Mais la même roideur d'imagination, qui a intronisé le prince comme un Dieu parmi tant de respects et de services, l'emprisonne dans un cérémonial qui a l'autorité d'un dogme. Philippe III est mort d'un érysipèle parce qu'un *brasero* trop chaud lui enflammait le visage, et que le seigneur chargé par l'étiquette de toucher au *brasero* n'était pas là. La jeune reine est tombée de cheval, et son pied, embarrassé dans l'étrier, la traînait à terre sans que personne osât la secourir, parce que l'homme qui touche à la reine est condamné à mort; deux seigneurs ont tout bravé, l'ont sauvée, et aussitôt se sont enfuis à toute bride et cachés dans un couvent pour attendre des lettres de grâce. Quand dix heures sonnent, si la reine est à souper, « ses femmes, sans rien dire, commencent « à la décoiffer, d'autres la déchaussent par-dessous la « table, et on la met au lit, qu'elle le veuille ou non. » Le grotesque accompagne l'absurde, et le monarque, devenu un pantin, devient une caricature par surcroît. Quand le roi, la nuit, veut aller trouver la reine, « il a « ses souliers mis en pantoufles, son manteau noir sur « ses épaules, son bouclier passé au bras, une grande « épée dans l'une de ses mains, la lanterne sourde « dans l'autre », et en outre une bouteille « qui n'est « pas pour boire, mais pour un usage tout contraire. « Il faut qu'il aille ainsi tout seul dans la chambre de « la reine. » Lorsque don Quichotte, emmailloté dans son drap, marchait gravement vers dona Rodriguez en lunettes, le spectacle était-il plus bouffon? — Tout est réglé, compassé, invariable, jusque dans les moindres détails du costume royal, du geste royal, de la conscience royale et du plaisir royal. La personne a disparu, le mannequin reste; un code minutieux et complet est le ressort qui désormais tire les cent mille fils de ses actions. Si le prince quitte sa maîtresse, elle se fait religieuse. Ses filles naturelles entrent au couvent. Il donne quatre pistoles à une dame après une faveur. Il se confesse, communie, voyage, à des jours fixés, en habit fixé; ses laquais, son carrosse, son confesseur sont là comme des automates, et il est lui-même le plus grand automate de tous. — A ce régime, le désir, la volonté, la pensée s'en vont; il faut que l'homme devienne imbécile ou fou. Don Carlos, Philippe III, Philippe IV, Charles II, Philippe V, Charles IV ont été des idiots graves, ou des malades mornes, ou des maniaques bizarres, avec des débris de sensualité animale et des fureurs de chasse, seules issues laissées aux plus bas et aux plus tenaces de nos instincts. Le roi est l'image de son peuple; tous deux s'éteignent et se roidissent de même. L'histoire générale et la psychologie individuelle présentent ici le même spectacle grandiose et lugubre, celui d'un enthousiasme qui se fige en rites, semblable à une lave ardente qui, après les pétillements et les magnificences de son incendie, s'arrête, se durcit et couvre la plaine de ses ruisseaux immobiles et noirs.

Journal des Débats, 10-18 novembre 1860.

PAUL DE SAINT-VICTOR

HOMMES ET DIEUX, ÉTUDES D'HISTOIRE ET DE LITTÉRATURE

Lorsqu'on voyage en province, il arrive parfois qu'on est tenté de rompre le grand silence qui s'est fait dans l'esprit, et de secouer son âme engourdie par la tranquillité monotone qui s'exhale de toutes choses, comme la senteur vague d'une maison immobile et fermée. On entre dans un café; on feuillette une quantité de journaux, les grands, les petits, les plus scandaleux et les plus vulgaires; le plus souvent, il n'en sort qu'un bourdonnement plat de dissertations politiques ou une criaillerie discordante de littérature romanesque, semblable aux voix sourdes ou aux disputes aigres des joueurs de dominos, des garçons, des consommateurs qui se remuent ou s'endorment autour du vieux marbre des tables. Parfois alors, au bas d'un journal, on tombe sur une page qui fait disparate; au bout de trois phrases, on est surpris et saisi; c'est l'œuvre d'un de ces écrivains qui, nés pour faire des livres, font des articles; il y en a trois ou quatre à Paris. Je me souviens que, l'an dernier, dans un endroit à demi désert de Nancy, je lus ainsi, après avoir parcouru dix journaux, un feuilleton sur Shakespeare. Au milieu de toutes ces voix à demi formées ou détonnantes qui balbutiaient au jour le jour une pensée incertaine, celle-ci me sembla le chant d'un clairon embouché et rempli à pleine poitrine par un son tendu, vibrant, superbe, et qui pourtant amollissait parfois son accent mâle en inflexions nuancées, en modulations capricieuses d'une charmante douceur.

M. Paul de Saint-Victor vient de rassembler en un premier volume quelques-uns de ses articles retouchés et disposés avec art. Presque tous sont beaux ; deux ou trois seulement sont moindres; plusieurs, sur la cour de Charles II, sur Boccace, sur les Bohémiens, sur don Quichotte, sur Marc-Aurèle, sont admirables; un d'entre eux, sur les grandes déesses, me semble un chef-d'œuvre. Le tout forme une sorte de Panthéon, comme *le Romancero* d'Henri Heine; et, à vrai dire, aux yeux d'un artiste ou d'un poète, c'est ainsi que se présente l'histoire. Les grands partis pris, qui font les civilisations différentes, s'expriment pour chaque peuple par des dieux, par des héros, par des poëmes, par des statues, et ces images glorifiées de la nature humaine renferment, dans l'immobilité de leur vie sereine ou dans les déchirements de leur vie tragique, toutes les beautés auxquelles se sont suspendus les cœurs des hommes, et toutes les souffrances auxquelles les cœurs des hommes ont été assujettis. De cette hauteur, l'enceinte dans laquelle les générations mortelles sont entrées tour à tour pour combattre, tomber et faire place à d'autres, ressemble à ces cirques romains où sous un voile de soie, parmi des colosses dorés, entre des murailles de marbre, les captifs de tout l'univers défilaient les uns après les autres pour étaler sous la lumière pourprée la sauvagerie de leurs accoutrements barbares, l'or et les perles de leurs costumes asiatiques, la fierté de leurs membres nus, l'adresse et l'emportement de leurs massacres, et pour couvrir à la fin de leurs cadavres le sable impérial qui avait bu leur sang. Un pareil cortège et un pareil spectacle sont, entre toutes les œuvres d'art, les plus grandes; il n'y a point de tragédie peinte qui vaille la tragédie réelle, et l'on comprend pourquoi, par delà les historiens de profession qui s'enferment dans l'exacte analyse, Heine, Gœthe, Rückert, Victor Hugo, Tennyson et tant d'autres poètes en vers ou poètes en prose, ont employé leur génie ou leur talent en divinations historiques, et trouvé la poésie dans la vérité.

Par le fond de l'esprit, celui-ci est un classique. On s'en aperçoit à sa passion, je dirais presque à son adoration pour la noble antiquité grecque. On s'en aperçoit mieux encore à la structure de son style. Il ne procède point par de petites phrases saccadées et haletantes, par brusques élans désordonnés, par soubresauts irréguliers et violents comme les vrais romantiques et les visionnaires de race germanique, mais par longs morceaux dont tous les membres sont liés, et qui, d'une marche continue, vont jusqu'au coup final. Il lie ses idées; il redouble ses expressions; il mesure et prolonge les *crescendo*; il construit les périodes; il équilibre sa phrase; il atteint naturellement au rythme et à l'ampleur; il est orateur dans le vrai et noble sens du mot; car il démontre et il explique, et quoiqu'on le considère le plus souvent comme un esprit foncièrement moderne et foncièrement coloriste, j'ose dire que par la logique naturelle, par le développement progressif, par les symétries involontaires de ses idées et de son style, il est Latin, Italien, Français si l'on veut, en tout cas partisan et admirateur involontaire de cette grande école de rhétorique et d'éloquence qui, née à Athènes et à Rome, s'est transmise à travers le XVIIe siècle jusqu'à nous.

Ce qu'il a en propre et ce qu'il ajoute aux enseignements de la tradition, c'est le talent de voir les formes colorées, et de transformer sans effort les idées abstraites en images sensibles. Au milieu d'un développement raisonné surgissent en lui tout d'un coup et coup sur coup des visions éclatantes. L'œil du peintre et du poète a été subitement frappé par une lumineuse apparition. Un de ces spectacles grandioses qu'on aperçoit dans les chœurs des tragiques grecs, un défilé de nations et d'armures, une douloureuse ou héroïque procession de fantômes tumultueux ou menaçants s'est levée devant lui parmi des rougeurs et des magnificences d'éclairs. Il dit, en décrivant la servitude romaine : « Quel vertige un pareil monde devait-il pro-
« duire sur l'adolescent effréné qui le dominait du haut
« d'une toute-puissance sans obstacle et sans garde-fou?
« Au-dessous de lui, une terre avilie, sur laquelle a
« passé le niveau de la servitude; des peuples humi-
« liés, prosternés, vautrés; rien qu'une *vague mosaïque*

« de têtes aplaties. Au-dessus, des dieux lointains et « indifférents dont il est l'égal, et parmi lesquels l'aigle « envolé de son bûcher funèbre le transportera de plein « droit.... La nation n'est plus qu'un troupeau marqué « du stigmate uniforme de l'esclavage et parmi lequel le « maître tire au hasard ses hécatombes quotidiennes. « *Les vies illustres s'éteignent sur tous les points du « monde, comme les mille flambeaux d'une fête qui « finit.* » Le plus haut accent de la poésie ne dépasse pas cette dernière phrase ; tout homme qui a tenu une plume tressaille en la lisant, et de pareilles phrases ne sont pas rares. Quelquefois une pure image, qui semble détachée d'un bas-relief athénien, sort en pleine lumière du milieu d'un récit funèbre. « Pendant la peste « de Florence, dit-il, après la sieste de midi, les dames « et les cavaliers, groupés en cercle sur la pelouse du « jardin, se racontent tour à tour des histoires galantes. « Le glas des agonies sonne dans le lointain ; mais on « peut le prendre de loin pour une sonnerie de fête. « La brise qui souffle dans les orangers est peut-être « pestiférée ; qu'importe le poison caché dans la coupe, « si le breuvage est exquis? Il fait bon de s'endormir « bercé par ces jeunes voix émues ou rieuses, au son « des violes, à l'écho des joies de ce monde qui semble « finir.... Ainsi quelques années suffisent à détourner « le cours des siècles et le penchant des esprits. Ima- « ginez-vous Dante témoin de la peste du XIVe siècle et « survivant à ses hécatombes. Quel terrible chant des « morts il aurait entonné sur les générations abattues !

« De quel souffle puissant il aurait poussé ces grands « essaims d'âmes vers leur destination éternelle! C'est « de la vallée de Josaphat qu'il aurait contemplé ce « grand carnage de l'humanité; Boccace a choisi pour « point de vue le Tibur d'Horace. On dirait que la « sombre mise en scène de son livre n'est qu'un artifice « d'artiste, un cadre de cyprès destiné à rehausser la « volupté de ses contes et la beauté de ses femmes.... « Quelle joie de vivre au fort de la mort! Quelle rieuse « vendange au milieu de cet automne de la race hu- « maine! *Si la peste surprenait une de ces conteuses « pendant son récit, elle descendrait aux enfers comme « Proserpine, une poignée de fleurs à la main.* »

Si étrange que soit le spectacle, si bizarre et si composée que soit l'émotion, il aboutit presque toujours aux images nobles; son style est pittoresque jusqu'à être sculptural; comme un artiste de la Renaissance promené dans l'Espagne catholique, dans le moyen âge fangeux, dans la barbarie sanglante, dans l'Asie hallucinée, il trouve, pour exprimer les raffinements ou les horreurs des civilisations excentriques ou maladives, des figures que le ciseau d'un sculpteur ou le pinceau d'un peintre pourraient transporter sur le marbre ou la toile. « Lorsque la bohémienne est belle, dit-il, sa « beauté est un enchantement. Son teint, cuit au soleil, « a la saveur de ces fruits qui sollicitent la morsure; « ses yeux félins, où jamais ne passe une lueur de ten- « dresse, fascinent par leur magique clairvoyance. Elle « traîne, dans des babouches éculées, des pieds dignes

« de s'appuyer sur un socle ; elle étale cette chevelure « compacte et solide *par laquelle on liait autrefois les « captives au char du vainqueur*. .. Son corps vivace « s'entortille à ravir dans des étoffes rayées et voyantes : « les verroteries, les amulettes, les sachets, les perles « fausses, les baies rouges, les monnaies turques, *voilà « les écailles qui font reluire ce serpent.* » Plus on regarde cet esprit, plus on lui trouve une trempe singulière et forte, italienne et même un peu espagnole; appliquée, à force de chaleur et de flamme, sur un métal massif, rigide, lustré, semblable à ces miroirs d'acier poli qui réfléchissaient les objets dans leur noirceur profonde et encadraient leurs reflets métalliques dans une nielle de figurines d'or.

Un trait reste à noter : comme tous les artistes, il est fantaisiste ; il n'appartient pas à l'histoire, mais l'histoire lui appartient ; il n'y entre pas pour porter sous les yeux du lecteur l'image intacte et simple des hommes et des races qui ont vécu, il se sert des grands personnages du passé pour se donner de grands spectacles, et si la perspicacité de l'imagination puissante et flexible le fait pénétrer comme un historien jusque dans le sanctuaire des âmes éteintes et des civilisations évanouies, il n'en rapporte les empreintes vivantes que pour en former des groupes tragiques ou harmonieux. Tel est ce morceau sur l'empoisonnement des Borgia : « Le poison agit sur « le vieux pape avec la violence de la flamme ; il tomba « presque foudroyé. César avait dompté l'empoisonne- « ment comme on apprivoise un reptile ; il s'était fait

« un estomac de Mithridate, à l'épreuve des plus noirs « venins. La *cantarella*, cette poudre sucrée qui re- « célait un feu corrosif, entama pourtant ses entrailles. « On dit que, pour guérir, il se fit enfermer dans le « corps d'un taureau fraîchement éventré. Le conte, si « c'en est un, a la beauté d'un mythe. Cet homme de « meurtres et d'incestes, incarné dans l'animal des « hécatombes et des bestialités antiques, en évoque « les monstrueuses images. Je crois entendre le tau- « reau de Phalaris et le taureau de Pasiphaé répondre « de loin, par d'effrayants mugissements, aux cris « humains de ce bucentaure. » Il est clair qu'ici le poète a oublié son lecteur pour jouir de son rêve; il ne s'efface plus devant son sujet, il le commente; et cet abandon à soi-même est fréquent chez lui. Il va chercher, dans tous les cercles des idées et des histoires modernes ou antiques, des comparaisons et des métaphores capables d'*illustrer* sa pensée. Entre ses mains, les jeunes femmes de Boccace deviennent « les Schéhérazades du Sépulcre ». Il dira de l'Inquisition : « C'était « une croisade à son début; bientôt ce ne fut plus « qu'une police; l'ange exterminateur se fit alguazil. » En parlant des contes de fées « dont les nourrices sur- « tout perpétuèrent les récits », il ajoute : « C'est de « leur sein rustique qu'a jailli cette voie lactée de la « féerie qui sillonne d'une si vague clarté le ciel de « l'enfance. » Des images courtes et puissantes, des résumés étranges et frappants, des alliances de mots hardies et inattendues viennent ainsi consteller et bosseler la trame du style ; elles font une broderie composite et comme une orfèvrerie étalée sur une jupe du xvie siècle. A mon sens, il y en a trop, et parmi tant de diamants, on rencontre quelques pierres fausses. J'en ai noté une dans la description des grandes déesses, morceau parfait qui mériterait de n'avoir pas une seule tache. Tel était le style des maîtres en Angleterre, en Espagne et en Italie à la fin de la Renaissance ; ils multipliaient l'ornement par surabondance d'imagination ; ils contournaient les formes par caprice d'invention ; ils poussaient l'art jusqu'à cette limite extrême où commencent le raffinement, l'obscurité et l'affectation ; Calderon en est rempli, et Shakespeare en regorge. On peut accepter ces excès, et même s'y complaire, parce qu'au lieu d'indiquer une faiblesse, ils manifestent une force ; quand la végétation est luxuriante et entrelacée, c'est que le sol est trop profond et trop riche ; même dans les concetti de la grande époque, il y a des idées ; la bizarrerie des mots, après nous avoir heurtés un instant, nous fait entrevoir des groupes, des formes, des couleurs, des rapprochements, des contrastes que nul autre procédé littéraire n'exprime ; et quiconque nous donne une vérité neuve, petite ou grande, abstraite ou sensible, étrange ou simple, est un bienfaiteur de notre esprit. Accordons à un écrivain les licences que réclament son tempérament et sa fantaisie ; permettons que le souffle véhément et vibrant par lequel il soulève et pousse devant nous les hommes et leurs œuvres l'emporte parfois lui-même au delà du ton naturel ;

souffrons que cette voix virile retentisse de temps en temps comme une fanfare; consentons à ce que cette curiosité cosmopolite assemble volontiers dans une même page les disparates de plusieurs siècles et les contrastes de plusieurs civilisations. Une seule chose est nécessaire : la force et l'originalité du sentiment personnel, et ce double don éclate en celui-ci comme en peu d'hommes. Je me trompe, une seconde chose est nécessaire, c'est que l'esprit à qui la nature l'a départi l'emploie tout entier sur la matière qui peut lui fournir son meilleur emploi. Quel homme serait plus capable que celui-ci d'écrire l'histoire de la peinture espagnole ou vénitienne, de représenter dans un ample tableau les mœurs de la Renaissance florentine ou de la croisade castillane? Il sait les deux langues comme pas un; il a vécu ou voyagé dans les deux pays; il n'est pas de document historique ou littéraire, d'œuvre plastique ou poétique qu'il ne connaisse et ne juge avec la compétence exercée d'un critique et l'émotion primesautière d'un artiste. Les mots, les tours et tous les trésors du langage sont sous sa main; non seulement il égale les plus habiles maîtres dans l'art de décrire les formes extérieures des choses, mais l'âme intérieure des choses lui est aussi visible qu'au romancier et au psychologue qui font métier de démêler et de noter les nuances des sentiments. Par une rencontre encore plus rare, il a la faculté d'embrasser les ensembles, de saisir exactement les caractères généraux des époques, de sentir et d'exprimer les différences profondes des races et des siècles ; c'est sans effort et toujours qu'il voit en grand et par masses. Nul autre ne serait plus capable de faire, après un recueil d'études, un livre proportionné et complet ; et il y a deux ou trois livres que nul autre ne pourrait aussi bien faire. Des travaux quotidiens le détournent ; il disperse en filets précieux un talent et une érudition qui, pour s'épancher et s'endiguer, auraient besoin d'un large lit. Si l'histoire pouvait parler, elle lui dirait comme Valentine de Milan à Dunois : « Ah ! tu m'as été dérobé ! »

Journal des Débats, 28 janvier 1867.

L'ÉCOLE DES BEAUX-ARTS

ET LES BEAUX-ARTS EN FRANCE

Le comte N... se promenait avec moi depuis deux heures dans les salles de l'École des beaux-arts, et je lui servais de cicérone. C'est un vieil Italien, riche, amateur de peinture, mais qui n'achète de tableaux que les anciens et les italiens; à ses yeux, depuis 1600, il n'y a que des barbouilleurs. Il est fort poli, fort prudent, presque obséquieux, mais absolu dans ses goûts, qu'il appelle des principes; il admirait tout avec des superlatifs, et je le conduisais, un peu embarrassé de son admiration. A chaque pas, il mettait son grand lorgnon sur ses grandes besicles et s'écriait discrètement, d'un ton voulu : « *Bello, bellissimo!* » Mais je regardais avec inquiétude son sourire de complaisance éternelle, et tout bas je cherchais ce qu'il pensait au fond.

Il y a pourtant dans l'École plusieurs endroits bien entendus et agréables. Quand on a dépassé la grande entrée, pleine de spécimens, où des fragments du château d'Anet, le portail de Gaillon, une fresque d'après Raphaël, des plâtres d'après l'antique font un musée en plein air, on entre à droite dans une petite cour verte bordée d'arcades. C'est un parterre peuplé d'arbustes et ceint de lierres ; une fontaine murmure auprès d'un grand arbre ; en face est la *Galathée* de Raphaël, transportée sur pierre, en couleurs indestructibles. Tout alentour, de trois côtés, les piliers des arcades montent jusqu'au toit plat, bordé d'ornements et de petites têtes. On pense à quelque loggia de la Renaissance, décorée d'après les souvenirs de Pompeï. Les fonds, d'un rouge sombre, sont rayés de bandes jaunes, vertes, noires et blanches; les chevaux et les cavaliers du Parthénon y courent à demi-hauteur; un semis d'arabesques, des feuillages fins se penchent ou s'élancent dans la courbure des arcades. Le plafond bleu, traversé de raies jaunes et ponceau, est barré de distance en distance par des poutres peintes de vert, de blanc et de rouge. En face de la *Galathée*, on voit s'ouvrir un large escalier, surmonté de colonnes ioniennes, près desquelles deux éphèbes, nus et d'un marbre pur, vivent et attendent sous la clarté adoucie dans l'air muet, comme autrefois celui d'un atrium ou d'un gymnase. — Les yeux se reposent sur ces teintes fortes et sobres. Aux jours d'été, quand le soleil darde et qu'au dehors la poussière du quai tourbillonne sur la fourmilière des passants, il est doux de passer ici une heure. L'arrangement des couleurs et la paix des formes simples sont un refuge pour les yeux blessés par l'agitation tumultueuse de la multitude affairée, par les physionomies narquoises ou affinées des promeneurs inquiets, par la laideur active et inépuisable de l'œuvre et de la vie parisienne. — Si l'on veut achever son rêve, on monte les deux escaliers de la Bibliothèque, et l'on se trouve dans un promenoir copié sur les loges du Vatican. Sauf en septembre, qui est le mois des Anglais, on y est seul, et, dans le silence, sous l'air froid des voûtes de pierre, on est heureux pendant une heure. On peut regarder cette copie, même après avoir vu le Vatican; là-bas, les figures de Raphaël tombent en pièces, et ses arabesques semblent avoir été grattées avec un couteau; ici, elles sont nouvelles et entières; des disciples fidèles du maître ont employé, à les imiter et à les refaire, dix ans de patience et de bon goût; c'est le moulage de la statue restaurée, au lieu de la statue mutilée et incomplète. Des guirlandes de raisins, de figues, d'oranges, de courges qui s'ouvrent et s'égrènent, descendent le long des murailles, où les rouges ternis, les bleus puissants, les ocres pâles, les noirs charbonneux font, par leur mélange, le plus grave et le plus harmonieux concert. Au centre de chaque arcade, un grand médaillon noir, relevé de petits carrés rouges, laisse s'échapper de sa teinte sombre les plus délicates arabesques blanches, des vases, des hippogriffes, des fleurettes élancées et mignonnes. Les feuillages qui courent sur les piliers ont cette netteté de contour, cette fermeté de tissu, cette forte santé et cette élégance de forme que le sol et l'air du Midi donnent à leurs plantes. Les fruits étalent la richesse de suc et la noblesse de race qui conviennent à un festin de la Renaissance. Les cinquante-deux fresques du plafond, serrées et distinctes comme dans un livre, montrent l'abondance, la sûreté de goût et de main, le naturel de cet art décoratif et spontané, qui n'est point une œuvre de vanité, mais un instrument de plaisir, qui se subordonne à l'ensemble, qui achève l'architecture, qui entasse les chefs-d'œuvre pour faire l'abside d'une chapelle ou le plafond d'une loggia, qui n'a pas besoin d'être mis en parade et en examen dans une exposition sous une loupe, qui consent à être vu de loin, qui s'emploie et se réduit à récréer les yeux d'un grand seigneur ou d'un prélat, lorsque, dans leur promenade, après le conseil d'affaires, ils prennent le frais, et, de temps en temps, regardent en l'air. Certainement, on a transporté ici une image de l'art calme et sain qui jadis occupait les âmes fortes et simples, et je ne sais pas ce qu'on souhaiterait de plus.

I

Il voyait mes idées dans mes gestes; il boutonna son paletot en homme qui a froid, et me dit d'un air naïf : « Il pleut beaucoup à Paris, n'est-ce pas, et les cheminées fument? »

Je suivis son regard, et, par malheur, je pensai tout de suite au couvent des Chartreux, à Naplès, au cloître des Servites, à Florence, aux cours intérieures d'Assise et du Mont-Cassin. Le soleil nous manque, et le marbre est trop cher : notre pierre n'a pas d'éclat; l'enduit dont on la couvre est un placage de café. Les murs, même balayés et grattés, semblent toujours pleurer; des poussières noires, de vagues traînées verdâtres y collent leur lèpre blafarde. Nos parterres sont des préaux, où l'herbe suinte et pourrit sur place. Nos cheminées, nos brumes, notre lumière pâle ne s'accommodent ni des grandes formes simples, ni des murs nus, ni des couleurs graves et fortes. Mon Italien avait raison de songer aux colonnes orangées, aux dalles roussies, au lustre des marbres, qui, dans son pays, autour d'une citerne ou d'un carré de lavandes, font un promenoir imprégné jusque dans sa pierre de toute la magnificence du ciel.

« Nous ne pouvons changer notre climat, lui dis-je, mais nous n'omettons rien dans le reste. » Et je lui expliquai l'arrangement de l'École. Tout gratuit; le Louvre, le Luxembourg et le Cabinet des estampes, à deux pas; une bibliothèque spéciale de dessins et de livres sur les arts; huit cours d'histoire et de science générale; quatorze maîtres, architectes, peintres, sculpteurs, graveurs, choisis parmi les plus renommés, devant qui, le soir, les jeunes gens dessinent, modèlent ou tirent leurs lignes; des modèles, hommes et femmes, sous la main; onze cents élèves; des concours d'élèves peintres et sculpteurs tous les six mois; les travaux des élèves architectes jugés tous les deux mois; chaque année les prix de Rome, et le droit pour les premiers élèves de passer quatre ans en Italie avec une pension; la théorie et la pratique, l'enseignement et l'émulation, les maîtres et les documents, toutes les puissances et toutes les ressources rassemblées en un centre, comme en une fontaine qu'on érige au milieu d'une place pour recueillir les eaux lointaines, et qui, par une suite ménagée de canaux et de descentes, les verse sans perte à la portée de tous. Pareillement, en France, la philosophie, la musique, les lettres, les sciences, l'art militaire, les industries ont leurs centres; quand nous réussissons en quelque chose, c'est par ce jardinage savant qu'on appelle le talent d'organiser.

Il regarda sa tabatière, et me dit gracieusement : « Le jardinage n'était pas si savant au temps de Raphaël et de Michel-Ange. » — Terrible compliment! Nous sortîmes sans parler, l'un à côté de l'autre.

II

« Après tout, pensais-je, une école n'est pas tenue de fabriquer des génies. Elle fournit le foyer et le bois; l'étincelle vient d'ailleurs. On y enseigne l'orthographe, non la pensée; quand les jeunes gens ont appris l'orthographe, qu'ils parlent, s'ils ont quelque chose à dire. En tout cas, ils ne parleront que si on les écoute; le public est une seconde école plus forte que l'autre. — Un jeune homme sort d'apprentissage et travaille pour les Expositions; il loue une chambre, cause avec cinq ou six amis, tâche de démêler ce qu'il porte en lui-même, et, après beaucoup de tâtonnements, se forme un goût et un talent distincts. Mais il est Français, il vit à Paris au XIXe siècle; des contemporains, élevés comme lui, jugent, récompensent, achètent ses tableaux; l'opinion l'entoure et le maîtrise. Je veux bien qu'à force de volonté il résiste à la mode et la laisse couler, comme une marée, au-dessous de son talent. Toujours est-il qu'étant de la même race et du même temps que les autres, avec la même éducation, les mêmes besoins, les mêmes alentours et la même vie que les autres, il sentira comme les autres, et que son goût, par ses grands traits, correspondra au goût public. — Les choses se sont toujours passées de la sorte : les artistes français, au XVIIe siècle, ont mis dans leurs colonnades, leurs jardins, leurs statues et leur peinture, la noblesse, la gravité, l'élévation de pensée, parfois la pompe théâtrale ou la correction froide d'un palais monarchique; au XVIIIe siècle, les lignes contournées, les grâces molles, les séductions fines, la jolie ou licencieuse gaieté d'un salon galant et raffiné. Aujourd'hui nous n'avons ni l'un ni l'autre; ce Paris moderne, qui donne le ton, est un monde étrange et tout neuf; or les arts se modèlent sur les goûts, comme un bronze sur un moule. Qu'est-ce donc que ce Paris, ce public, ce goût qui façonne notre art contemporain? Et quels sont les traits marquants de cet art? Voici un Florentin qui n'est jamais sorti de son pays; la saillie des choses doit le frapper; je m'en vais lui faire la question. »

Il répondit doucement : « Ceci est trop difficile pour moi. Vous savez bien qu'avec mes mauvais yeux et mon vieil esprit cassé je ne vois que les choses les plus grosses et les plus simples. Pourtant j'ai fait deux remarques : les Parisiens se tracassent toujours, et ils ne semblent vivre que le soir sous cent bougies. »

III

Artificiels et agités ; il a raison, c'est bien ainsi que nous sommes. Les rues sont trop pleines, les visages trop affairés. Au soir, le boulevard fourmillant et lumineux, les théâtres étincelants et malsains, partout le luxe, le plaisir et l'esprit outrés aboutissent à la sensation excessive et apprêtée. La machine nerveuse est à la fois surmenée et insatiable. Moi-même, en ce moment même, je sens bien que je suis de ce monde : par exemple, je m'ennuie de marcher dans la rue. Cherchons, pour user l'ennui, les effets d'une pareille machine, et comptons les divers goûts, partant les divers publics, par lesquels un tel état d'esprit peut s'exprimer.

D'abord le gros public d'Exposition. Il vient là comme à une féerie ou comme à une représentation du cirque. Il demande aux peintres des scènes mélodramatiques ou militaires, des femmes déshabillées et des trompe-l'œil. On lui fournit des batailles, des auto-da-fé, des égorgements de cirque, des Andromèdes sur leur rocher, des histoires de Napoléon et de la République, des cruches et des vaisselles qui font illusion.

Ensuite, le public d'Exposition, quel qu'il soit. Aucun œil ne peut soutenir impunément le choc de trois mille tableaux ; au bout de deux heures, il est émoussé, il ne sent plus que les choses extrêmes. Voyez, un jour d'ouverture, les critiques d'art errer d'un air mélancolique dans les longues salles; ils clignent les yeux et semblent composer un *pensum*. Deux cents paysages représentent une forêt ou une mare; au quatre-vingt-dixième, quel spectateur a encore la notion juste des vraies feuilles et du vrai soleil? En conséquence, l'artiste est contraint de chercher un effet nouveau, saillant, inattendu. Il force son impression ou son expression; il veut paraître, être remarqué; partant, il exagère. Quantité de nuances ne peuvent être senties que dans le silence et la solitude; il les néglige. Son tableau est comme une femme au bal: il faut qu'elle en soit la reine; elle se pare, elle se compose, elle est affectée; regardez-la un quart d'heure après dans sa chambre, elle aura l'air d'une actrice. Le peintre se dit incessamment comme elle : « Par quelle pose et par quelles mines pourrais-je bien sortir de la foule et faire effet? »

Il faut ensuite compter les étrangers riches. Un Brésilien, un Moldave, un Américain qui ont fait fortune ou qui s'ennuient de vivre parmi leurs esclaves ou leurs paysans, viennent à Paris pour jouir de la vie. Il y a cent ans, un monde élégant y donnait le ton; le plaisir devait être fin et l'esprit poli; il fallait suivre un code de délicatesse et de savoir-vivre. Aujourd'hui cette société supérieure a perdu l'empire. Il y avait cent salons, il y en a deux mille. Il n'y avait qu'un goût et qu'un art, il y en a vingt et de divers étages. Les instincts et les plaisirs de l'étranger qui s'initie ne sont plus tenus en bride par la suprématie d'un monde choisi. Il achète une voiture, parade au bois, étale des épingles en diamants, fréquente les coulisses, comprend la grosse bouffonnerie des petits théâtres, savoure l'exposition des figurantes, commande à l'artiste des Vénus qui sont des drôlesses ; et l'artiste, sous prétexte d'archéologie ou d'art libre, le sert selon son goût.

Il y a ensuite le Français enrichi. Tel banquier ou spéculateur veut embellir son château ou son hôtel ; il sait que les peintures murales tirent un logis du commun, et il commande, comme un maître de café ou un entrepreneur de théâtres, des allégories et des mythologies pour ses plafonds. Voilà le peintre chargé de la même œuvre que Raphaël à la Farnésine ou Guerchin au palais Ludovisi. Mais les hôtes d'aujourd'hui ne sont pas ceux d'autrefois. Les corps musculeux et héroïques, les figures fortes et saines du XVIe siècle seraient déplacés parmi les fauteuils capitonnés, les idées compliquées, les sourires artificiels du nôtre. Le peintre ne peut pas même esquisser les grisettes, les minois sensuels et délurés du XVIIIe siècle ; il est tenu d'être sérieux : une peinture qu'on paye si cher doit être noble. Il se rabat sur la grâce sentimentale, et, sur son plafond d'azur tendre, il peint des déesses pensives qui seraient mieux dans un album.

Je note encore les archéologues, historiens et voyageurs. Toutes les sciences de détail ont été poussées à l'extrême : nous avons noté au juste la largeur des crevés qui découpaient une manche au temps de Charles IX, l'ameublement d'un gynécée grec ou lydien, les digitations et les dentelures d'un cèdre oriental ou d'un palmier africain. Certains peintres anglais font encore mieux : l'un a fait dresser une petite maison de bois dans une lande où il est resté six mois pour étudier la bruyère ; l'autre a passé cinq ans à restaurer les costumes et l'architecture juive, pour peindre le Christ parmi les docteurs, sans oublier rien, sauf la forme du pied, qui, chez les docteurs de Juda, est arqué et non point plat. Nous n'allons pas si loin, mais nous approchons du but. Pour obtenir la couleur locale, quantité de nos peintres se font antiquaires, touristes, fripiers, Égyptiens, Grecs, Étrusques, hommes du XVIe siècle, hommes du moyen âge. Leurs tableaux sont instructifs, mais ils font peur ; une telle poursuite du détail authentique devrait mettre l'œuvre parmi les documents de la science et conduire l'auteur à l'Académie des inscriptions.

Enfin, il y a l'ascendant des coteries spéciales, critiques d'art, collectionneurs, amateurs et théoriciens. Cette ville est si grande, et la culture y est si diverse, que tout dieu peut y trouver sa petite Église. Dans la multitude infinie des originalités et des goûts, il y en a toujours une centaine ou une vingtaine qui se groupent autour du talent nouveau. — Vous y trouverez, pour vos dieux grecs, de purs païens adorateurs d'Homère, pour vos maritornes d'auberge et vos carrés de choux, des gaillards de brasserie nourris de bière. Vos jolies dames en robe Pompadour seront louées par les délicats qui achètent des estampes de Moreau et les meubles du XVIIIe siècle. Vos intérieurs pompéiens auront pour amateurs des curieux qui bâtissent des villas antiques. Il y a quarante cénacles : des mystiques, parents de Béato Angélico ; des préraphaélistes, sectateurs de Pérugin ; des dessinateurs, qui ne sentent que le contour ; des coloristes, qui ne sentent que la tache ; des tempéraments du Midi, qui n'aiment que le soleil ; des tempéraments du Nord, qui n'aiment que la pluie ; des yeux qui, pour goûter la campagne, exigent, les uns qu'il soit midi, les autres qu'il soit quatre heures du matin. Encouragé par son petit public, chaque artiste pousse à bout sa manière ; désormais l'y voilà confiné, il n'en sortira plus ; chacun voit la nature à travers des lunettes dont il entretient soigneusement la forme et la teinte ; pour l'un, elle est rouge-orangé ; pour l'autre, gris-de-perle ; pour l'autre, tachée de suie ; pour l'autre, pailletée d'étincelles. — Bien plus, les genres se mêlent, comme dans une plate-bande où les fleurs serrées, échangeant leurs pollens, produisent des espèces ambiguës. Des élèves de Raphaël atténuent ses figures pour leur donner l'expression mystique. Des amateurs de grec arrangent leurs nudités en exhibitions friandes. Des hommes de talent oscillent entre deux ou trois genres, de Raphaël à Corrège, du style fini au style lâché, de la forme païenne au drame historique. — Mais la sève est faible, et la plante reste petite ; l'aliment qui l'entretient est une curiosité, une bizarrerie, parfois une maladie, en tous cas un goût limité, éphémère, et l'œuvre est un avorton sans force ni substance, rejeton incomplet et mélangé des grandes espèces qui ont vécu.

Voilà les misères de notre monde : un gros public de foire, une concurrence outrée, des enrichis sensuels, des riches mondains, des archéologues minutieux, des coteries de critiques et de théoriciens ; c'est bien là ce que peuvent donner le pêle-mêle et le raffinement d'une capitale démocratique. Par contre-coup, nous avons dans l'art les exhibitions de foire, l'exagération des effets, l'empire mesquin des convenances, la minutie pénible de l'antiquaire, les styles maniérés et étiolés : bref, des grossièretés pour la foule et des curiosités pour les délicats. Mais, à côté du mal, il y a le bien : je me suis dit le mal tout bas ; à présent disons le bien tout haut.

IV

« Très honoré monsieur, il est vrai que notre climat est mauvais et notre jardinage trop savant. Mais vous accorderez qu'une culture si complète, un goût si vif, un effort si grand doivent produire quelque chose, et vous permettrez à un Français de louer ce qu'il trouve excellent dans l'art français.

« D'abord l'étude et la volonté. Aujourd'hui la science est si vaste et les moyens de connaissance si aisés, que chacun peut se choisir son école. Voyez Gœthe, qui, avec des plâtres et des textes, à force de lire, dessiner, regarder et comprendre, parvient à refaire, dans son *Iphigénie*, des figures presque grecques ; je vous montrerai un petit livre d'un homme peu connu, *le Centaure*, de Maurice de Guérin, et vous y verrez la sympathie intense, la lucidité d'imagination, la force du rêve par lequel un moderne finit par revoir intérieurement le monde primitif et les vagues instincts sublimes des créatures demi-animales, demi-divines. Le génie a maintenant plus d'espace qu'autrefois ; il est moins étroitement confiné dans sa nation et dans son temps ; il peut, à force de patience et d'énergie, s'en retirer, habiter ailleurs, se faire un asile et un cloître. — Vous trouveriez ici un homme qui, pendant soixante ans, n'a regardé que votre ciel ; à Rome ou à Paris, absent, présent, il le voyait toujours, et il le voyait avec des yeux du XVIe siècle. C'est pourquoi il a passé à travers la vie et les formes modernes sans y faire attention ; ou plutôt, par un effort d'abstraction, il les a effacées de son esprit ; il habitait de cœur et d'imagination dans l'antiquité et dans votre grand siècle; pour tout livre, il avait Homère : « C'est « le plus beau qu'on ait fait, disait-il ; pourquoi lirais-je « autre chose ? » Un certain style lui a paru l'unique ; lecture, musique, acquisition de tableaux, de camées, de dessins, de moulages, travail, rêves, il a tout tourné de ce côté. Raphaël n'a pas eu de plus fidèle élève. A vrai dire, il a vécu à Paris comme un plongeur sous sa cloche, fermant les fentes par où l'air du dehors eût pu entrer. Voyez son *Plafond d'Homère*, son *Apothéose de Napoléon*, sa *Source*; sur d'autres terrains, il y a ici beaucoup d'hommes qui, avec une persistance et une aptitude moindres, se sont construit leur cloche et y ont vécu.

« Notez maintenant l'âpreté et la complication des

passions et de la vie. Car on vit ici, et même on y vit trop ; la flamme brûle, avec des fumées, si vous voulez, avec de mauvaises odeurs, en salissant et en usant sa lampe, mais la chaleur et les pétillements y sont ardents. La réunion des talents et la concurrence des ambitions y poussent à bout le travail, la curiosité, le plaisir, l'excitation. Pensez à tant de jeunes gens qui, dans une mansarde du quartier latin, regardent, étudient, s'enquièrent, frémissent au contact des tentations, livrent leur esprit et leurs sens à la contagion et au tumulte des espérances infinies et des convoitises multipliées. Pensez à tant d'hommes qui, après une éducation libérale, resserrés dans un métier ou dans des affaires, gardent, comme un élancement continu, les grands désirs et les nobles rêves de l'adolescence. Voyez toutes ces femmes réduites à se promener et à faire salon, parmi des fougues et des délicatesses d'imagination que le monde avive comme une serre chaude. La masse est vulgaire, je le veux ; mais, dans une telle foule, il y a une élite. Ainsi nourrie, la créature ardente et nerveuse souffre et se répand de tous côtés en idées violentes, en visions troubles. On n'a jamais senti plus à fond, par une sympathie plus personnelle, avec une pitié plus largement étendue, le drame douloureux de la vie. — Il y a un homme dont la main tremblait et qui indiquait ses conceptions par des taches vagues de couleur ; on l'appelait le coloriste ; mais la couleur pour lui n'était qu'un moyen. Ce qu'il voulait rendre, c'était l'être intime et la vivante passion des choses. Il n'était point heureux comme vos Vénitiens, il ne songeait pas à récréer ses yeux, à suivre des dehors voluptueux, le splendide et riant étalage des corps florissants. Il pénétrait plus loin, il nous voyait nous-mêmes, avec nos générosités et nos angoisses. Il allait chercher partout la plus haute tragédie humaine, dans Byron, Dante, le Tasse et Shakespeare, en Orient, en Grèce, autour de nous, dans le rêve et dans l'histoire. Il faisait sortir la pitié, le désespoir, la tendresse, et toujours quelque émotion déchirante ou délicieuse, de ses tons violacés et étranges, de ses nuages vineux brouillés de fumées charbonneuses, de ses mers et de ses cieux livides comme le teint fiévreux d'un malade, de ses divins azurs illuminés, où des nues de duvet nagent comme des colombes célestes dans une gloire, de ses formes élancées et frêles, de ses chairs frémissantes et sensitives d'où transpire l'orage intérieur, de ses corps tordus ou redressés par le ravissement ou par le spasme, de toutes ses créatures inanimées ou vivantes, avec un élan si spontané et si irrésistible, avec une conspiration si forte de la nature environnante, que toutes ses fautes s'oublient, et que, par delà les anciens peintres, on sent en lui le révélateur d'un nouveau monde et l'interprète de notre temps. Allez voir sa *Médée*, son *Dante aux champs Élysées*, son *Tasse*, son *Évêque de Liège*, ses *Croisés à Constantinople*, sa *Bataille de Nancy*, sa *Barque de don Juan*, son *Empereur du Maroc*, son *Invasion d'Attila*, et le reste, et grondez en le comparant aux vieux maîtres; mais songez qu'il a dit une chose neuve et la seule dont nous ayons besoin.

« Encore un mot. Nos appartements sont ridicules, nos mœurs artificielles et nos théâtres étouffants. Nous vivons claquemurés au troisième étage, et nous trouvons, au sortir de nos cages, la boue des rues, l'odeur du gaz, l'air étouffé des salons et des bureaux. Et justement, par contraste, par dégoût de la civilisation, par fatigue de l'homme, nous avons aimé la nature. Nous l'aimons comme un passager, après six mois de navigation, aime la terre; nos nerfs endoloris s'y apaisent; nos imaginations affinées et surexcitées y devinent une âme; il y en a une dans les arbres, dans les fleuves, dans les montagnes, dans les nuages; chacun d'eux manifeste en caractères saillants son origine et son histoire, son effort pour être et durer, le sourd travail de sa transformation intérieure, et la parenté vague par laquelle les êtres bruts rejoignent les êtres animés. Un mur blanc roussi par le soleil et lézardé par l'âge, une mare d'eau vive, immobile sous le soleil ardent, un vieux rocher nu qui pendant dix mille ans a subi le soleil implacable de l'Arabie ou de l'Égypte, bien moins que cela, un chenil, une boutique avec un balai, une chambre où poudroie par une fenêtre une percée de lumière, les figures les plus dédaignées, un chien, un âne, un singe, toute créature naturelle est complète en soi comme un homme, capable d'expression tragique et douce, munie d'un caractère qui, dégagé, rehaussé, mis par l'art en saillie et en lumière, la place parmi ses alentours comme un personnage dans son groupe et comme un coryphée dans son chœur. Regardez les paysages, les intérieurs et les animaux de Decamps, et, à côté de lui, ceux de tant d'autres; à mon gré, cette branche de l'art est la plus vivace et la plus originale de notre temps. Les Flamands ont peint plus simplement, avec plus de justesse et d'aisance, en traits plus reconnaissables et plus durables; mais leur sympathie est moins pénétrante, et nos artistes, comme nos écrivains, auront cette gloire d'avoir vu dans la nature une passion, une vie, une poésie presque humaine, que nul âge n'y avait senties. »

V

Il approuvait beaucoup, et, ce me semble, presque sérieusement. Nous nous quittions. Il redressa son grand corps maigre, comme un homme poussé dans ses derniers retranchements, remit son lorgnon sur ses lunettes, pour bien me regarder en face, et me dit : « *Caro signore*, il me semble que les œuvres d'art sont des choses simples, qu'on fait avec plaisir, et pour faire plaisir. Je verrai vos peintres; mais, d'après ce que vous me dites, je crois qu'ils se donnent de la peine pour vous donner du travail. »

Journal des Débats, 2 avril 1867.

LES ARDENNES

On me prie d'écrire la préface de ce livre; c'est que je suis né dans les Ardennes et que je les aime; pourtant je n'ai d'elles que des souvenirs d'enfance. Mais la rivière, la prairie, les bois qu'on a vus dans ses premières promenades laissent au fond de l'âme une impression que le reste de la vie achève et ne trouble pas. Tout ce que l'on imagine ensuite, part de là; même il semble que tout soit là, et que jamais le plein jour ne puisse égaler l'aurore. Quel fleuve renommé vaut le petit courant où, pour la première fois, on a vu les remous de l'eau entrelacer leurs arabesques et se franger d'argent au contact d'une branche de saule qui pendait? Quel parc magnifique surpasse la grâce du pauvre pré où l'on s'est arrêté tout enfant pour cueillir des liserons et des boutons d'or? Ces émotions ont été en moi fort précoces et fort vives, parce que j'habitais sur la frontière de deux pays, l'un vert et beau, l'autre terne et laid, à Vouziers, limite de la terre blanche et de la terre brune. Là finit la vraie Champagne et commencent les vraies Ardennes. Une lieue plus loin, vers Bourq, tout est craie. Je me rappelle encore le sentiment de tristesse morne que cette Champagne mettait en moi. On faisait alors le chemin dans une sorte de patache, et l'on relayait dans un village nommé Pauvres. Sur toute la route, nulle autre couleur que le blanc dur, cru, blessant, de la craie; la craie partout, émiettée sur les talus de la voie, taillée en moellons pour bâtir les chaumières, délayée dans les mares, amoncelée en petits murs; point d'arbres, sauf deux maigres lignes d'ormes bossués; point d'herbes, sauf un gazon troué, mince, qui à chaque instant laissait percer le squelette du sol; des ruisseaux blafards qui de loin en loin se traînaient entre deux haies d'arbustes; une campagne bariolée de cultures jaunâtres et de jachères grises, rayée, salie comme un vieux manteau de roulier qu'on aurait crevé par places et raccommodé avec des lambeaux d'une autre étoffe. La grosse patache descendait enfin la côte de Bourq en faisant sonner ses ferrailles; la terre devenait moins sèche et moins maigre; les blés poussaient plus haut, les arbres à fruits se serraient; la vallée s'ouvrait; on voyait au bas l'Aisne tortueuse sous sa bordure de peupliers et de saules, puis à droite une grande verdure gaie, une prairie qui s'enfonçait à perte de vue, çà et là sur la gauche d'autres verdures plus sombres, des coteaux boisés, une falaise noirâtre et les lointaines bosselures de terrain qui sont l'entrée de l'Argonne.

Depuis la campagne de Dumouriez, il n'est personne en France qui ne connaisse ce nom; Grandpré, La-Croix-aux-Bois, Longwy, les Hettes, le Chêne-Populeux, voilà les défilés qui ont arrêté l'invasion étrangère. Ils ne sont plus aussi sauvages qu'autrefois; le pays s'est défriché, peuplé; il reste une jolie contrée, verte, ombreuse, pleine d'accidents, sorte de parc naturel qui repose les yeux lassés par la monotonie des champs trop bien exploités et des cultures tirées au cordeau. La nature s'y est adoucie, sans devenir esclave; les lignes des terrains ondulent et se mêlent capricieusement; les bois couvrent la croupe des collines, descendent jusqu'au bas des versants, poussent leurs colonies d'arbres jusqu'à l'entrée des villages; dans les creux sont de petits prés toujours arrosés d'eaux courantes; ils reluisent au soleil comme des émeraudes, et leurs ruisseaux vont serpentant et bruissant dans le dédale des vallées courtes et creuses. Si la grandeur manque, l'imprévu abonde, et parfois, dans une fondrière, encombrée de débris végétaux, rouge de fraises, on trouve le dernier vestige de la forêt primitive, une bande de chênes énormes et silencieux.

Pour la voir encore à demi intacte, il faut aller du côté de Dun, et remonter vers le nord. J'ai fait maintes fois ce voyage en automne avec mon père, et je me souviens du long silence où nous tombions lorsque, lieue après lieue, nous retrouvions toujours les têtes rondes des chênes, les files d'arbres étagés et la senteur de l'éternelle verdure. Aucun bruit; presque aucun passant; l'herbe mouillée envahissait les deux côtés de la route; la colonnade des troncs s'enfonçait à perte de vue et ne laissait passer aucun jour; les gouttes de la pluie récente tombaient de feuille en feuille; sauf les coups de bec du pic et le cri des grives, on se serait cru dans un désert vide de toute créature vivante; mais la fraîcheur incomparable de la végétation épandue suffisait pour peupler l'espace, et les chênes lustrés, épanouis, qui, par myriades, couvraient le dos des collines, semblaient des troupeaux paisibles abreuvés par l'air moite où voguaient les nuages blancs. — Dans ces vieilles forêts vit une race encore à demi sauvage; tous sont bûcherons. Ils connaissent à peine le pain; un quartier de lard, des pommes de terre, du lait, font leur nourriture. J'ai passé la nuit dans des chaumières qui n'avaient point de fenêtres; le jour venait et la fumée sortait par une large cheminée où séchaient les viandes. Les enfants ne parlaient pas français; encore leur patois inintelligible ne leur servait guère; ils couraient tout le jour comme des poulains lâchés, ramassaient des champignons, des faînes; leur plus grande affaire était de garder la vache; à douze ans, on leur mettait une hachette entre les mains et ils ébranchaient les troncs coupés; devenus grands, ils abattaient les arbres. Vie muette, animale, pleine d'étranges rêves, féconde en légendes. C'est qu'aux diverses heures du jour et de la nuit la grande forêt a des joies et des menaces inexprimables; il faut la voir dans la vapeur, pendant les semaines de pluie, ruisselante, morne, hostile, quand les chênes tranchés par la hache gisent saignants comme des cadavres, et que l'universel bruissement des feuillages fait rouler autour d'eux une lamentation infinie; mais il faut la voir aussi, riante, parée comme une belle fille, quand le matin le soleil oblique glisse des flèches entre ses troncs, s'étale en nappes lumineuses sur ses feuillages, et met des aigrettes de diamant à la cime de toutes ses herbes. — Néanmoins, c'est lorsqu'elle avance au delà de Sedan, vers Bouillon et la frontière, qu'elle atteint toute sa beauté et toute sa grâce. Là, une chaîne de petites montagnes escarpées la dresse et la déploie en précipices verdoyants ; un torrent de cristal, la Semois, met autour de ses rondeurs des colliers de pierreries mouvantes ; des fumées bleuâtres flottent sur elle comme une gaze ; et le matin, quand du haut d'un roc on regarde ses vallées emplies par la vapeur de la nuit, on la voit peu à peu se dégager de la brume, apparaître entre les molles blancheurs, sécher tour à tour ses sommets et ses pentes sous la caresse du jour qui fait sourire à la fois tous ses bouleaux et tous ses chênes.

Journal des Débats, 18 novembre 1867. — Cet article sert de préface au livre du baron de Montagnac : *Les Ardennes illustrées*.

SAINTE-ODILE ET IPHIGÉNIE EN TAURIDE

Chaque année les pèlerins bouddhistes ou chrétiens allaient par dévotion visiter quelque *stupa*, quelque chapelle particulièrement sainte, et renouveler leur âme au contact de leurs dieux. Encore aujourd'hui nous faisons comme eux. Si profond que soit le travail des siècles, l'esprit et la nature sont toujours les mêmes, et l'ancien culte subsiste sous d'autres noms. Nous aussi, nous avons parfois besoin de quitter le tracas du monde et la routine des affaires, d'oublier les choses momentanées et changeantes, de contempler les êtres fixes, éternellement jeunes, les puissances primitives, la grande source dont notre petite vie n'est qu'un flot. Ce sont là nos dieux, les mêmes que les dieux anciens, mais délivrés de leur enveloppe légendaire, plus beaux, puisqu'ils sont plus purs. Il ne faut pas chercher bien loin leur demeure : elle est où la tradition l'a mise ; l'instinct des premiers croyants a presque toujours bien choisi. Sur le mont Cassin, où le couvent de Saint-Benoît a remplacé un temple d'Apollon, des yeux modernes peuvent contempler le génie du lieu, le plus grandiose amphithéâtre italien, un cirque roussi de montagnes nues. A Sainte-Odile, un monastère qui touche à la vieille enceinte druidique, laisse voir, du haut de ses terrasses, des précipices boisés, un pêle-mêle de forêts, un chaos verdoyant, et la sève intarissable de la contrée septentrionale.

Comme en pareil lieu on se détache vite des choses humaines! Comme l'âme rentre aisément dans sa patrie primitive, dans l'assemblée silencieuse des grandes formes, dans le peuple paisible des êtres qui ne pensent pas! — Hier, à la nuit tombée, au pied de la montagne, la campagne entière nageait dans une blancheur laiteuse si sereine et si molle, qu'on se sentait à l'aise comme chez un ami. Pas un souffle de vent; de temps en temps, le pas d'un paysan attardé; de toutes parts, un chuchotement lointain, effacé, d'eaux courantes. Les peupliers sortaient tout noirs de la clarté nocturne; eux aussi, ils reposaient, enveloppés par la bienveillance universelle de l'air moite, aspirant la fraîcheur qui sortait en voiles blancs de toute la plaine. La pâleur lumineuse du ciel perçait entre leurs branches, et, sur les ruisseaux rayés par leurs ombres, la lune secouait une draperie d'argent.

Au soleil levant, à travers une forêt de sapins, on gravit la montagne. Les yeux ne se lassent pas de voir leurs corps droits, leurs tailles fines. D'un élan superbe, ils montent nus, par centaines, jusqu'au dôme noircissant qui ferme le ciel, et leur roideur est héroïque. Parfois, sur un versant, il y en a deux ou trois, solitaires, pareils à un poste avancé de sentinelles, immobiles et debout, avec une fierté et une beauté d'adolescents barbares. D'autres, en troupe, descendent jusqu'au fond d'une gorge, comme une bande en marche. Le soleil les frappe en travers; mais leurs lamelles serrées ne se laissent pas transpercer par la lumière; on la démêle vaguement, à travers la colonnade des troncs, bleuie et transfigurée comme par les vitraux d'une rosace. D'autres fois, par une percée subite, elle arrive avec un flamboiement magnifique, coupe un pan de forêt, blanchit les troncs, ruisselle sur les lichens luisants des roches; au-dessus de ces illuminations, on voit, dans les profondeurs, les sveltes fûts des jeunes arbres s'élancer, se presser par myriades, comme les colonnettes d'une cathédrale infinie.

La forêt s'ouvre, et l'on arrive sur une route à mi-côte. En face, échelonnées sur le versant, montent des files de pins rouges, éclaircies par la hache. Un à un, accrochés aux rocs, ils lèvent haut dans l'azur leur panache de verdure pâle. La sève du printemps crève leur écorce, et le sang végétal suinte entre les écailles de leurs troncs. La pleine lumière du jour les enveloppe; la force du soleil fait sortir, de leurs vieux membres, une senteur d'aromates. Ces candélabres vivants demeurent ainsi tout le jour sous la pluie des rayons et dans la gloire du ciel éblouissant, exhalant leur parfum vague, et çà et là, autour de leurs têtes, des couples de ramiers voltigent.

Plus droits encore et plus grandioses, des sapins argentés, sur l'autre flanc du chemin, étagent les uns au-dessous des autres leurs pyramides noirâtres. Ils descendent en des creux où le soleil ne pénètre pas, et font une ombre sépulcrale. Dans ces fondrières, l'air froid et le jour éteint sont ceux d'une crypte; les rocs écroulés et les cadavres d'arbres gisants y semblent des ruines; des mousses livides moisissent sur les troncs ou pendent aux branches, et, de toutes parts, l'obscurité humide tombe comme un suaire. Mais des êtres jeunes, agiles et charmants peuplent toute la pente. Ce sont les eaux éparpillées, ruisselantes; elles glissent sur les mousses, sautent et bouillonnent à l'aventure, avec des caprices mignons ou de petites colères folles, dans leurs rigoles obstruées de pierres. Au tournant de la montagne, elles s'étalent pour un instant, avec des teintes d'acier, sur un lit de sable; les myosotis, les fougères, les cressons, toutes ces fraîches créatures qu'elles abreuvent, leur font un cadre de vive verdure, et le cadre se ploie, suivant et enlaçant de ses deux bords leurs reflets subits, leurs pétillements d'éclairs, leur long ondoiement lumineux, qui se perd entre les roches.

Il faut monter jusqu'au couvent et embrasser d'un regard tout le paysage, pour sentir l'immensité et la liberté de cette vie pullulante. A perte de vue, des arbres, rien que des arbres, toujours des arbres, chênes et pins hérissés en frange sombre contre le ciel; nul intervalle, sauf de loin en loin un morceau de prairie qui étincelle. On n'imaginait pas une pareille foule. C'est un peuple infini qui occupe l'espace et que l'homme n'a point encore attaqué dans son domaine. Ils escaladent les pentes, ils s'entassent dans les vallées, ils grimpent jusque sur les crêtes aiguës. Toute cette multitude avance, ondulant de croupe en croupe, comme une invasion barbare, chaque bataillon poussant l'autre, ceux des hauteurs dorés par le soleil, ceux des fonds couverts par une brume lumineuse, ceux des lointains noyés dans l'air bleuâtre; derrière ceux-là, on en devine d'autres, jusqu'au bout des Vosges, et l'énorme armée végétale semble en marche vers la campagne ouverte, vers la plaine du Rhin, vers la terre des hommes, pour l'envahir et l'occuper comme aux anciens jours.

Et pourtant ce n'est là qu'une population récente; elle a beau tout recouvrir, on aperçoit à travers elle d'autres habitants; il y eut un temps où elle n'était pas, et où ils étaient seuls. Alors il n'y avait que les montagnes pour occuper l'étendue : le soleil luisait sur une assemblée de cimes nues, sur la barrière dévastée d'un glacier. — Depuis la Suisse jusqu'ici, le monstrueux glacier emplissait la plaine, et son œuvre jonche encore la terre; il a noyé les croupes sous les sables que ses torrents lui apportaient; il a semé, sur les esplanades, des blocs gigantesques de cailloux roulés, comprimés et collés par son effort; il a écorché le squelette de la montagne par le frottement de ses glaçons; il a rongé, d'étage en étage, les roches surplombantes, par son abaissement insensible et par ses morsures multipliées. A mesure qu'il se retirait, les arbres ont pris sa place, et aujourd'hui ils semblent occuper l'espace. Mais ils ne sont qu'un manteau vert jeté sur la pierre rouge, et, au bout d'un instant, les formes colossales qu'ils recouvrent imposent à l'esprit le poids de leur multitude et de leur énormité. A vrai dire, il n'y a qu'elles ; cette draperie végétale n'est qu'un accident ; nues ou vêtues, elles font également les vents, les pluies, les nuages ; sous leur revêtement de forêts, l'œil suit toujours la roideur des arêtes dressées, la rondeur des cônes émoussés, tout le désordre des prodigieuses bosselures qui, s'enchevêtrant, se heurtant, s'écrasant, découpent en créneaux fantastiques l'azur uniforme du ciel. — Quand, au matin, on voit le glorieux soleil se lever de l'autre côté du fleuve, monter, flamboyer au milieu de l'air, s'étaler sur leurs croupes, les quitter, les rendre à l'ombre, on sent que, selon les alternatives de son attouchement ou de son absence, les vieux monstres de pierre se réjouissent ou s'attristent comme aux premiers jours. Ce sont des dieux, les dieux immobiles de la terre ; plongés par le reste de leurs corps en des profondeurs inconnues, leur col et leur tête arrivent seuls à la lumière ; ainsi accroupis et attroupés, ils attendent chaque jour le sourire de leur frère céleste, qui les pénètre de sa chaleur et les revêt de sa clarté, à mesure qu'il avance dans le libre chemin de l'air.

Les choses sont divines ; voilà pourquoi il faut concevoir des dieux pour exprimer les choses ; chaque paysage a le sien, sombre ou serein, mais toujours grand. Les premières religions ne sont qu'un langage exact, le cri involontaire d'une âme qui sent la sublimité et l'éternité des choses, en même temps qu'elle perçoit leurs dehors. Tout autre langage est abstrait ; toute autre représentation démembre et tue la nature vivante. Quand nous vidons notre esprit des mots artificiels qui l'encombrent, et que nous dégageons notre fond intérieur enseveli sous la parole apprise, nous retrouvons involontairement les conceptions antiques ; nous sentons flotter en nous les rêves du Véda, d'Hésiode ; nous murmurons quelqu'un de ces vers d'Eschyle où, derrière la légende humaine, on entrevoit la majesté des choses naturelles et le chœur universel des forêts, des fleuves et des mers.

Alors, par degrés, le travail qui s'est fait dans l'esprit des premiers hommes se fait dans le nôtre ; nous précisons et nous incorporons dans une forme humaine cette force et cette fraîcheur des choses ; nous achevons les suggestions qu'elles nous fournissaient. Devant ces eaux fuyardes et folâtres dont les chutes s'éparpillent comme des chevelures, devant ces sources dont l'éclair imprévu semble un regard, devant ces jeunes arbres élancés qui portent, comme des canéphores, leurs couronnes d'éternelle verdure, nous sommes conduits à imaginer des personnes divines. Le mythe éclôt dans notre âme, et si nous étions des poètes, il épanouirait en nous toute sa fleur. Nous aussi, nous verrions les figures grandioses qui, nées au second âge de la pensée humaine, gardent encore l'empreinte de la sensation originelle, les dieux parents des choses, un Apollon, une Pallas, une Artémis, les générations de héros qui avaient le Ciel et la Terre pour ancêtres et participaient au calme de leurs premiers auteurs. — A tout le moins, nous pouvons nous mettre sous la conduite des poètes, et leur demander de nous rendre le spectacle que nos yeux débiles ne suffisent pas à retrouver. Nous ouvrons l'*Iphigénie* de Gœthe. Entre ses mains, la vierge des vieux tragiques est restée la plus pure effigie de la Grèce ancienne, et elle est devenue le plus pur chef-d'œuvre de l'art moderne ; sa noblesse native s'est accrue de toute la noblesse que vingt siècles de culture ont acquise à la nature humaine. De tels poëmes sont les abrégés de ce qu'il y a de meilleur et de plus élevé dans le monde, et les vrais bréviaires qu'il convient de lire, lorsque nous entrons dans un des grands temples naturels.

II

Elle est en Tauride, où Diane l'a portée et choisie pour sa prêtresse. Le bois sacré de pins descend vers la mer, et la brise remue incessamment les cimes harmonieuses, pendant que les vagues viennent heurter la plage avec un bruissement sourd. La fille d'Agamemnon descend les gradins du temple. Comme, dès les premiers mots, on sent en elle la sœur des plus nobles statues grecques ! Ainsi parlaient les déesses d'Homère et les vierges d'Eschyle. — Nous avons vu cette démarche sérieuse et cette calme attitude dans les Pallas et les Artémis de nos musées. Nous avons contemplé longuement cette sereine et immortelle beauté de la forme accomplie, ces plis droits de la draperie tombante, ces pieds nus aussi blancs que les degrés de marbre sur lesquels ils se posent, ces grands yeux ouverts qui, par delà les agitations de la vie, semblent regarder les profondeurs immobiles de la nature et du destin. Parfois, quand un rayon de soleil entrait dans l'air gris des galeries, nous avons cru voir leur geste s'achever, leur robe se mouvoir, et leurs lèvres éternellement closes s'ouvrir pour prononcer des paroles. Que ne donnerait-on pas pour les entendre ! Avec quel accent sonore et plein leur mélopée lente doit-elle retentir dans les palais des dieux ! — On les entend ici aussi bien que chez les anciens tragiques. Elles ne sont pas un discours comme le nôtre, mais un chant grave, dont le rythme se déploie, se répète et s'infléchit autour de la pensée qu'il porte, comme une procession athénienne autour de l'image sacrée qu'elle conduit. C'est une prêtresse qui parle; séparée, des hommes depuis tant d'années, si proche de la déesse, couvée au pied de l'autel, « son « âme monte, avec la flamme du sanctuaire, vers l'éther « lumineux des immortels. »

Elle y touche sans quitter la terre; car le divin est sur la terre, et, pour une pareille âme, regarder c'est prier. — Rien d'inquiet ni d'exalté dans son culte; tout y est naturel, et tout y est sain; si l'on veut savoir en quoi consiste le vrai sentiment religieux, c'est ici qu'il faut venir ; il n'est pas une extase, mais une clairvoyance; ce qui le fonde, c'est le don de voir les choses en grand et en bien ; c'est la divination délicate qui, à travers le tumulte des événements et les formes palpables des objets, saisit les puissances génératrices et les lois invisibles ; c'est la faculté de comprendre les dieux intérieurs qui vivent dans les choses, et dont les choses ne sont que les dehors. Un pareil sentiment n'oppose point les dieux à la nature, il les laisse en elle, unis à elle, comme l'âme au corps ; dans les deux hauts luminaires qui versent leur clarté sur le jour et la nuit, il vénère un frère et une sœur célestes ; il ne sépare pas leur splendeur sensible de leur providence intelligente. Illuminateurs, protecteurs, justiciers, ils règnent à la fois sur les espaces de l'air et sur le royaume de l'âme. Aucun dogme, aucun raisonnement ne les enferme dans un être limité ; pour constituer leur idée, cent émotions vagues et profondes s'assemblent, la joie des yeux qui considèrent leur glorieux épanchement, l'anxiété de l'esprit qui sent la terre soumise à leur empire, le sourd besoin de la pleine vérité dont leur clarté est l'image. Météores lumineux, forces fatales, volontés bienfaisantes, ils flottent d'un aspect à l'autre, selon les aspects changeants de la nature, et la pensée harmonieuse qui unit leurs divers moments en un seul être, est seule capable de refléter l'harmonieuse diversité de l'univers.

Elle aussi, elle a son développement comme la nature. Au fond de l'âme d'Iphigénie grondent, comme un tonnerre lointain, les traditions barbares, la légende de Tantale son ancêtre, les souvenirs des luttes primitives et la vague menace des dieux élémentaires heurtés les uns contre les autres depuis les abîmes de la terre jusqu'à la voûte du ciel. Sur les cimes de l'Olympe siégeaient ces dieux rayonnants, et Tantale, leur hôte, était à leur table. Malheur au faible devenu leur convive! Les Parques ont chanté un chant de mort sur ce dernier des Titans que les despotes divins précipitaient dans l'abîme. « Accablé et flétri — enchaîné dans les « ténèbres, — il attend en vain — un jugement juste. « — Eux cependant, ils poursuivent — leurs fêtes « éternelles — à leurs tables d'or. — Ils marchent, « d'un pas, — de montagne en montagne. — Des « gouffres de l'abîme — monte vers eux l'haleine — « des Titans étouffés, — et, semblable aux fumées des « sacrifices, — elle n'est sous leurs pieds — qu'un léger « nuage. — Les maîtres du ciel — détournent d'une « race entière — la bénédiction de leur regard; — ils « évitent de revoir dans le petits-fils — les traits qu'ils « ont aimés dans l'aïeul, — et qui, silencieusement, « leur reprocheraient leur injustice. » — Tels sont les lugubres songes qui, dans le palais d'Agamemnon, ont entouré la jeune âme d'Iphigénie; mais, si parfois ils reviennent encore, ce n'est que pour un instant; la lumière intérieure dissipe leurs fumées; car les dieux jaloux et violents se sont épurés au contact de cette pensée virginale, et leur puissance, perdant son arbitraire, n'a conservé que sa majesté. « Tu as des nuages, « clémente Libératrice, — pour envelopper les inno« cents persécutés, — pour les arracher aux bras de « fer du destin, — pour les porter, aussi vite que les

« vents, — où il te semble bon, par dessus les plus
« vastes étendues de la terre. — Tu es sage, et tu vois
« l'avenir. — Pour toi, le passé n'a point disparu. —
« Et ton regard repose sur les tiens, — comme la
« clarté, âme de la nuit, — repose et plane sur la terre.
« — Oh! préserve mes mains du sang! — Jamais il
« n'apporte la bénédiction et la paix, — et le fantôme
« de l'homme tué par mégarde — revient épier et
« épouvanter les mauvaises heures du meurtrier invo-
« lontaire; — car, sur la terre largement peuplée, —
« les immortels aiment les bonnes races des hommes....
« — Volontiers ils prolongent la vie éphémère du mor-
« tel. — Volontiers ils le laissent contempler leur ciel
« éternel — et jouir avec eux, pour un temps, du
« glorieux azur. »

Plus haute encore et plus sainte est l'émotion religieuse avec laquelle, au moment de la délivrance, elle contemple le cours divin des choses, et sent flotter dans son âme les grandes formes des immortels. « Ainsi
« donc, ô la plus belle fille du plus auguste père,
« Fortune couronnante, — ainsi donc enfin tu descends
« jusqu'à moi! — Ton image est debout devant mes
« yeux, et qu'elle est colossale! — A peine mon regard
« atteint jusqu'à tes mains, — qui, pleines de fruits et
« de couronnes bénies, — apportent ici-bas les trésors
« de l'Olympe. — Comme on reconnaît un roi à la
« surabondance de ses dons, — de même, ô dieux, on
« vous reconnaît aux présents longuement préparés que
« vos sages mains nous réservent. — Car vous seuls

« savez ce qui peut nous servir, — et vous voyez le « vaste royaume de l'avenir, — tandis que chaque soir « dérobe l'espace à nos yeux, sous son voile de brouil- « lards et d'étoiles. — Vous écoutez, sans vous émou- « voir, — nos supplications enfantines, — quand nous « vous implorons pour que vous hâtiez votre œuvre. — « Mais votre main ne fait jamais tomber les fruits d'or « célestes avant qu'ils soient mûrs. — Malheur à celui « qui impatiemment les arrache — et se remplit la « bouche de leur mortelle amertume ! — Oh ! ne per- « mettez pas que cette félicité si longtemps attendue « — et que j'ai encore peine à concevoir — s'éva- « nouisse pour moi, vaine et trois fois douloureuse, — « comme l'ombre fugitive d'un ami mort ! » Ici le sentiment religieux dépasse l'enceinte bornée où s'enfermaient les conceptions des premiers âges; les dieux deviennent paternels ; on croit sentir l'approche de la piété chrétienne. — Il n'en est rien; il a suffi à la pensée grecque de suivre son développement pour en venir là. Marc-Aurèle et les philosophes stoïciens, qui sont les derniers prêtres de l'antiquité, parlent ainsi. La simple et saine fleur de l'Hellade n'a eu qu'à s'ouvrir pour exhaler ce divin parfum. Il appartient à sa sève ; elle n'a pas eu besoin de l'emprunter à une plante étrangère : d'elle-même et par elle seule, en son épanouissement final, elle l'a répandu sur l'esprit humain. Toute la Grèce revit dans Iphigénie, non seulement la Grèce des premiers temps, mais encore celle des derniers jours, l'une et l'autre harmonieusement unies dans un ciel idéal, dont la distance fond les contours. La fille d'Agamemnon est toujours la statue antique, l'Ariane ou la Pallas aux grands yeux fixes; nul raffinement, nul amollissement n'a dérangé un pli de sa stole; la culture et l'usure de la civilisation n'ont point amoindri la force de sa beauté sculpturale; la grande statue est entière. Mais un sourire d'une douceur inconnue est venu se poser sur ses lèvres; la résignation, l'abnégation, toutes les noblesses de la conscience ont agrandi la portée de son regard. Elle se remet aux mains des dieux et s'incline sous eux sans s'abattre, persuadée qu'ils sont bienveillants et purs, confiante en la sagesse secrète qui, dans le cercle infini des choses enchaînées, poursuit avec lenteur l'accomplissement de l'œuvre éternelle. Elle se reproche les tristesses involontaires qui, au fond de son cœur, murmurent contre l'arrêt de la déesse. Elle est une sainte, comme les plus chastes vierges du moyen âge. — Mais elle n'a point subi les angoisses maladives, les langueurs mystiques, les extases énervantes du cloître. Son âme est saine et n'a jamais défailli sous l'obsession du rêve; elle n'a point été exaltée ni brisée; elle n'a eu rien à retrancher ni à violenter dans son intelligence ni dans ses instincts. Aucune doctrine, aucune discipline, aucune crise intérieure, aucune contrainte extérieure n'ont altéré l'équilibre de sa vie. Elle n'est point fille de la grâce, mais de la nature: elle a crû, comme une belle plante dans un bon sol, droite et haute, et c'est d'elle-même qu'elle se tourne vers la lumière. Elle peut s'ouvrir et s'abandonner; quand elle retrouve son frère, son cœur déborde en tendresses; elle a toutes les suavités et toutes les effusions de la bonté native. Elle obéit à Pylade et à Oreste; elle essaye de se conformer à leur pensée; elle se réjouit de trouver un conseil qui la guide; elle se sent femme; c'est aux hommes à gouverner l'action. « Ils ont mis dans sa bouche des paroles prudentes »; elle va les prononcer, tromper le roi pour assurer le salut commun. « Ah! je le vois bien, il faut que, comme « un enfant, je me laisse conduire. » — Et cependant son cœur murmure tout bas : « Il n'est pas accoutumé « à dissimuler ni à rien obtenir par ruse. » Si grand que soit son penchant à suivre la volonté des autres, il reste toujours en elle une pudeur de conscience contre laquelle nul ascendant ne prévaut. « Elle n'examine pas, « elle ne fait que sentir. » Elle se trouble et souffre; en vain elle veut croire Pylade, elle ne le croit pas. « Mal- « heur au mensonge! — Il ne soulage pas le cœur, « comme les paroles vraies. — Il tourmente celui qui « en secret l'a forgé, — et, comme une flèche, il « retombe, — renvoyé et conduit par un dieu — sur « l'archer qui l'a lancé. » — Tout le nœud du drame est là : fera-t-elle un mensonge? A ce fil léger sont suspendues les deux vies qu'elle aime le mieux au monde, et le fil ne rompra pas. Poussée à bout, désespérée, sentant qu'elle fait crouler le destin sur sa tête, elle dénonce au roi son frère, Pylade, elle-même. « Si « hasardeuse que soit l'issue, — ô dieux, je la mets « sur vos genoux. — On vous loue d'être véridiques, et

« vous l'êtes. — Montrez-le donc par votre assistance, « et glorifiez par moi la vérité. » On entend le généreux accent de cette voix frémissante; on voit ces bras de canéphore se lever vers l'autel de la déesse; c'est la prêtresse qui parle, c'est la fille des héros, c'est une enfant des vieux poètes, mais c'est aussi la créature humaine, qui, soulevée hors d'elle-même et portée jusqu'à des hauteurs inconnues, aperçoit, par delà son culte temporaire, la divinité de la vertu. Et, quand l'émotion contagieuse de ce grand cœur a fini par vaincre les refus du roi barbare, quand, d'un geste dur, il lâche sa proie et renvoie les prisonniers à leur navire, alors la gratitude de la femme s'épanche avec une affection si touchante, que le vieux Scythe lui-même ne peut pas y résister. « Non, pas ainsi, ô mon « roi ! — Sans bénédiction, sans congé volontaire, — ce « n'est pas ainsi que je te quitte. — Ne nous bannis « pas; qu'un droit d'hospitalité nous relie; — de « cette façon, nous ne serons point séparés de toi et « absents pour toujours. — Vénérable et chère est pour « moi ton image, — autant que celle de mon père, et « désormais elle vit dans mon âme. — Que jamais le « dernier de ton peuple — rapporte à mon oreille le « son de cette langue — que vous m'avez accoutumée « à entendre; — que je voie un jour votre vêtement « sur le plus pauvre des tiens; — je le recevrai comme « un dieu, — je lui préparerai moi-même une couche, « — je l'amènerai à un siège auprès du foyer — et je « ne le questionnerai que sur toi et ta destinée. — Oh !

« puissent les dieux accorder — à ton action et à ta « bonté la récompense qu'elles méritent! — Oh! tourne « toi vers nous — et donne-nous en retour une amicale « parole d'adieu. — Car le vent vient enfler doucement « la voile — et les larmes coulent des yeux pour apai- « ser le cœur au départ. — Adieu, et, en gage d'une « ancienne amitié, tends-moi ta main. »

Telles sont les figures idéales que nous présenteraient aujourd'hui nos poètes, si la civilisation antique, au lieu de se défaire, eût abouti. Mais une tourmente de quinze siècles a troublé la pensée humaine, et l'homme moderne en retrouve encore aujourd'hui les atteintes persistantes dans l'exagération de sa sensibilité, dans la disproportion de ses désirs et de sa puissance, dans la déraison de ses rêves, dans la discorde profonde de ses facultés. Pour s'affiner, il s'est détraqué; il a opposé le surnaturel à la nature, et l'épuration de la conscience humaine au développement de l'animal humain. Il a cessé de considérer la vertu comme un fruit de l'instinct libre, et d'allier les délicatesses de l'âme à la santé du corps. Le divorce subsiste, et jamais peut-être l'accord ne reviendra; après les grands artistes de la Renaissance, un seul poète, Gœthe, l'a rétabli dans les temps modernes, et il n'a pu le restaurer qu'une fois. — C'est que plus une œuvre est belle, moins elle a chance d'arriver à l'être. En ceci les créatures imaginaires sont soumises à la même loi que les créatures réelles. Les plus hautes figures poétiques, comme les plus hautes formes vivantes, n'arrivent à la lumière que par grâce, et, pour ainsi dire, par accident. Le parfait répugne à la vie. Au-dessus de l'homme, qui est venu si tard et subsiste avec tant de peine, s'élève le rêve de l'homme, je veux dire le monde idéal, de moins en moins viable à mesure qu'il est plus haut; car il n'est supérieur à l'autre qu'à condition de ne pas être; sa pureté plus grande le relègue plus avant dans l'impossible et dans l'au delà. — Mais son néant n'ôte rien à son prix. Les générations des hommes arrivent tour à tour, au bout de chaque siècle, jusqu'au bord de l'océan froid et sans fond où elles vont s'engloutir; là finit le continent solide; et le promontoire où elles ont entassé leurs bâtisses projette sa grande image sur l'immensité de l'abîme. Elles contemplent avidement ces formes flottantes qui, lustrées par le soleil, reluisent avec des teintes d'émeraude et des scintillements d'or; elles les trouvent plus belles que leur terre et que leur œuvre. Et cependant il n'y a là qu'une image transfigurée de leur terre et de leur œuvre. Elles s'écrient et tendent les bras avec un douloureux désir vers les enchantements de l'éblouissante féerie: Quelques-uns, à tout prix, ont voulu la saisir et se sont précipités. D'autres, oubliant le travail et la vie, restent immobiles sur la plage, perdus dans la contemplation du miroir magique. Les plus réfléchis ont compris que ces fantastiques palais de la mer ne font que répéter, en les agrandissant et en les illuminant, les édifices de la côte, qu'ils changent avec les changements de nos constructions, qu'ils ondoient avec l'agitation des vagues, qu'ils s'empourprent ou se ternissent selon la force ou la pâleur du jour. Mais, tout en sachant qu'ils sont illusoires, ils estiment que le droit de les contempler est le meilleur privilège de l'homme, et, lorsqu'ils ont achevé la tâche de la journée, ils laissent leurs yeux et leur âme errer longuement sur les magnificences de la nappe mouvante, où les plus ternes et les plus rudes choses de la terre prennent la mollesse de l'onde et l'éclat du ciel.

Journal des Débats, 2 mars 1868.

SAINTE-BEUVE

Les amis personnels de M. Sainte-Beuve peuvent s'associer aux regrets qu'un de ses collègues de l'Académie française a déjà manifestés dans le *Journal des Débats*; mais ils ont le droit de s'y associer à leur façon. Ce que les contemporains remarquent surtout chez un homme, c'est le parti qu'il a pris dans leurs querelles politiques ou religieuses; rien ne les intéresse plus vivement; ils le jugent d'après cette pierre de touche. L'inconvénient est qu'elle s'use vite; au bout d'un demi-siècle ou d'un siècle, la postérité en choisit une autre. Alors on estime l'homme d'après la qualité et l'étendue de son esprit, d'après l'originalité et l'importance de son œuvre; c'est à ce point de vue qu'il faut se mettre pour apprécier l'écrivain et le penseur qui vient de mourir. Il fut impopulaire, il y a vingt ans, au Collège de France; il était populaire, l'an dernier, au Sénat. Mais les actions qui tour à tour l'ont rendu populaire et impopulaire n'ont été pour lui qu'accessoires; il eût pu répéter ce que Lagrange disait de lui-même et de son rôle politique sous le premier Empire : « Mes formules, à moi, sont plus générales que cela. »

Il a vécu pour penser; du moins, tel a été son principal objet, surtout pendant les trente dernières années de sa vie. Il a aimé de tout son cœur la vérité vraie, et l'a cherchée de toutes ses forces. Quand on est poussé par cet instinct, le plus noble de tous, on est conduit à pratiquer bien des sacrifices; n'être dupe de rien ni de personne, ni surtout de soi-même; mesurer l'esprit humain et son propre esprit, se défier des beaux noms, des grands mots, de l'enthousiasme; ne pas prendre les aspirations et les exigences de notre sensibilité pour des preuves et des certitudes; démêler les lois de l'optique morale; « considérer le cœur humain comme « un labyrinthe ainsi fait et avec un écho si bien ménagé « qu'une seule et même voix peut se faire à elle-même « la demande et la réponse »; être en garde contre les illusions de la parole humaine, contre les thèmes tout faits de l'opinion, contre les entraînements de l'admiration, contre les engagements de parti; démêler et noter toujours le point faible dans une époque, dans une nation, dans un homme, en autrui, en soi-même : voilà ce qu'il a voulu faire et ce qu'il a fait; telle est l'intention suivie et constante que dissimulent parfois, mais que n'étouffent jamais, les petites malices, les irritations passagères, les complaisances apparentes auxquelles il se laissait aller; le fleuve avait des flots, çà et là un remous, mais il a coulé uniformément, à la fin à pleins bords, et toujours sur la même pente. Pour qui sait voir le fond des pensées, il n'y eut pas d'esprit plus conséquent.

Sans doute jamais il n'a exposé un système; un critique comme lui a peur des affirmations trop vastes et trop précises; il craindrait de froisser la vérité en l'enfermant dans des formules. Mais on pourrait extraire de ses écrits un système complet. Il avait toutes les connaissances de détail qui conduisent aux vues d'ensemble. En fait d'histoire, pour ce qui est de notre siècle et des trois siècles précédents, aucun renseignement ne lui manquait; il avait *vu* les hommes et pénétré à fond jusque dans leur plus intime biographie; son mérite supérieur est d'avoir étudié les événements humains dans les individus vivants qui les font ou qui les souffrent. A ces derniers siècles, les seuls dans lesquels on puisse observer avec certitude et suffisamment la personne humaine, il avait ajouté, autant qu'un connaisseur perspicace et très instruit peut le faire, les autres époques. Jusque dans les dernières années, il étudiait avec un Grec érudit les monuments de l'antiquité grecque. M. Poinsot lui avait fait faire le tour des mathématiques et expliqué l'analyse. Lui-même, dans sa jeunesse, avait poussé loin dans la physiologie, et s'était trouvé interne dans un hôpital. Tout en sachant se cantonner dans son domaine propre, il jetait à chaque instant son regard dans les divers royaumes des savants spéciaux. Avec une promptitude de divination singulière, il en embrassait l'étendue, notait les acquisitions, les lacunes, les jalons, les méthodes; aujourd'hui l'esprit le plus laborieux est obligé de se restreindre à une ou deux sciences; c'est le propre de l'esprit compréhensif de suivre de loin les travailleurs dans les autres champs où il ne lui est pas donné d'entrer. Ainsi muni et curieux, il pouvait avoir des vues générales sur la nature et la condition de l'homme. Qu'on relise dans l'*Histoire de Port-Royal* les chapitres sur Pascal et Montaigne; dans les *Nouveaux Lundis*, un article sur les méditations de M. Guizot, un autre sur les méthodes de l'histoire naturelle appliquées à la critique; qu'on note çà et là, en cent endroits, de petites phrases qui semblent tombées presque sans intention de sa plume, et qui sont aussi profondes que les meilleurs mots épars dans les ouvrages légers de Voltaire, on y trouvera en raccourci une morale, une esthétique, une politique, même une théologie, en première ligne une psychologie, tout un corps de pensées secrètement unies et soudées, et qui, avec celles de Montaigne, de Molière, de La Rochefoucaud, de Voltaire, de Hume, de tous les analystes anciens et modernes, composent l'une des deux grandes philosophies toujours vivantes, celle qui, rabattant beaucoup d'espérances, réduit l'homme au souci de son espèce, et n'admet que l'expérience pour établir la vérité.

Parmi ses œuvres, *Volupté*, les *Poésies*, les *Premiers Portraits* ne doivent être comptés, si on les compare aux autres, que comme des études et des promesses. Ses deux principaux ouvrages sont l'*Histoire de Port-Royal* et les vingt-six ou vingt-sept volumes qui forment les *Causeries du Lundi*. Le premier est unique en son genre; il y en a peu qui soient aussi riches, aussi pleins de faits, aussi instructifs dans la littérature contemporaine. D'ordinaire, toute histoire est maigre et écourtée; les documents manquent ou ont été mal exploités; le lecteur ne voit que des faits, des actions, des résultats; mais leur préparation, le travail d'âme et d'esprit, les fermentations et les conflits intérieurs qui les ont amenés à la lumière sont à jamais perdus; et cependant ce sont ces agitations de sentiments et d'idées qui sont la cause du reste et la vraie matière de l'histoire. *L'Histoire de Port-Royal* a cela de particulier, qu'elle est une grande étude de psychologie; elle est faite avec des portraits d'individus, portraits multipliés et changeants comme l'individu lui-même, sans cesse repris et retouchés avec une fertilité d'observation inépuisable, avec une conscience, une délicatesse, une minutie, une sympathie d'historien que personne n'a surpassées. Des personnes religieuses la lisent avec édification, et des curieux qui l'ont plusieurs fois lue y trouvent chaque fois de nouveaux documents sur le mécanisme de nos facultés et de nos passions. Dans ce sujet restreint, l'auteur s'est espacé; c'est un connaisseur de l'homme qui, rencontrant un cas très significatif et très complet, en fait la plus copieuse monographie, y applique tous ses instruments, tire toutes les conséquences, et vous munit d'un indice d'après lequel vous pouvez entrevoir les lois des autres cas innombrables où nous n'avons pas accès. — Pour les *Lundis*, tout le monde les a lus, et, quand on les relit, ils semblent neufs. Probablement, dans un siècle, ils seront ce que les Lettres de Voltaire, la Correspondance de Grimm et les meilleurs Mémoires du XVIIIe siècle sont pour nous aujourd'hui : un magasin et un trésor de biographies, de renseignements et d'enseignements de toute sorte. Je ne parle pas du talent, de la souplesse et de la légèreté de main, du naturel et de la variété des tons, du style si nuancé et pourtant si coulant, du savoir-vivre charmant qui lui permet de tout dire, de parler de ses ennemis ou, ce qui est plus difficile encore, de parler de lui-même ; aucun écrivain de notre siècle n'a eu cette aisance pour circuler autour des choses, pour les effleurer, les indiquer, et cependant les palper, les sonder, les mesurer, sans jamais manquer au bon goût ou manquer d'agrément. Mais lorsque le lecteur s'est amusé à suivre les fils ténus et les teintes ménagées de ce réseau de soie, il n'a qu'à en essayer l'étoffe ; elle est solide, tissée avec un art original, et la méthode n'est pas moins précieuse que l'œuvre. En cela M. Sainte-Beuve a été un inventeur. Il a importé dans l'histoire morale les procédés de l'histoire naturelle ; il a montré comment il faut s'y prendre pour connaître l'homme ; il a indiqué la série des milieux successifs qui forment l'individu et qu'il faut tour à tour observer afin de le comprendre : d'abord la race et la tradition du sang, que l'on peut souvent distinguer en étudiant le père, la mère, les sœurs ou les frères ; ensuite la première éducation, les alentours domestiques, l'influence de la famille, et tout ce qui modèle l'enfant et l'adolescent ; plus tard, le premier groupe d'hommes marquants au milieu desquels l'homme s'épanouit, la volée littéraire à laquelle il appartient. Vient alors l'étude de l'individu ainsi formé, la recherche des indices qui mettent à nu son vrai fond, les oppositions et les rapprochements qui dégagent sa passion dominante et son tour d'esprit spécial, bref, l'analyse de l'homme lui-même poursuivie dans toutes ses conséquences à travers et en dépit des déguisements que l'attitude littéraire ou le préjugé public ne manquent jamais d'interposer entre nos yeux et le visage vrai. M. Sainte-Beuve, un jour, a lui-même exposé cette méthode, et il y voyait son principal titre auprès de la postérité. A notre avis, il avait raison; cette sorte d'analyse botanique pratiquée sur les individus humains est le seul moyen de rapprocher les sciences morales des sciences positives, et il n'y a qu'à l'appliquer aux peuples, aux époques, aux races, pour lui faire porter ses fruits. Si un jour l'histoire, approfondie et précisée, prend sur nos opinions et sur nos affaires l'autorité que la physiologie possède aujourd'hui en matière médicale, on placera son nom à côté de ceux des critiques spéciaux et des philologues érudits qui, en Allemagne, ont travaillé sur d'autres terrains à la même œuvre; ils apparaîtront tous ensemble comme autant d'architectes et d'ouvriers occupés, par un concert involontaire, à poser les bases d'un monument grand et durable; on ne s'inquiétera guère alors des incidents et des petites querelles qui auront traversé leur vie, comme elles traversent la vie de toute créature active et nerveuse; on prendra ces accessoires de l'homme pour ce qu'ils valent ; on jugera l'écrivain et le penseur d'après son but et la portée de son esprit. Aujourd'hui, autour de lui, il y a des contemporains, des rivalités, des brouilles, des picoteries, des rancunes de personnes, de salon, de parti, de journal, des souvenirs du *Globe*, du *National*, du *Moniteur*, du *Constitutionnel*, du *Temps*, de l'Académie française, du Collège de France, du Sénat. D'ailleurs, un critique est un buisson sur une route ; à tous les moutons qui passent il enlève un peu de laine. Tout cela est éphémère. Mais quelque chose subsistera et peu à peu se dégagera. On verra qu'à travers plusieurs engagements il n'a servi qu'un maître, l'esprit humain ; pour le juger lui-même en critique et d'après ses propres préceptes, j'ose ajouter, en pesant exactement toutes mes paroles, qu'en France et dans ce siècle il a été un des cinq ou six serviteurs les plus utiles de l'esprit humain.

Journal des Débats, 17 octobre 1869.

ÉMILE BOUTMY

PHILOSOPHIE DE L'ARCHITECTURE EN GRÈCE[1]

Le petit livre que nous annonçons au public est très digne de son titre. Il est l'œuvre d'un esprit éminemment philosophique, c'est-à-dire passionné pour les idées générales, habile à les enchaîner, à les ordonner en système, à suivre leurs conséquences jusque dans le détail minutieux et toute la technique d'un sujet. M. Boutmy a pris pour type le Parthénon dans l'architecture grecque, et, parcourant tour à tour la géographie, l'histoire et la psychologie de la race, il a montré comment ces causes générales, jointes à des circonstances temporaires, avaient déterminé, assemblé, distribué tous les traits du chef-d'œuvre dont nous pouvons encore contempler les restes. En cela, il a eu raison; cette sorte d'analyse compréhensive et enveloppante est la vraie lumière. « Le Parthénon, dit-il, étudié isolément « dans sa construction et dans ses formes, ne nous eût « pas livré les secrets les plus profonds du style monu« mental dont il est l'exemplaire accompli. Pour pren« dre toute sa signification, il fallait qu'il se dessinât

1. Le livre de M. Boutmy, entièrement refondu, a paru à la librairie Colin en 1897 sous ce titre : *Le Parthénon et le génie grec.*

« sur le vaste fond que déploie l'âme humaine, dans « son développement d'ensemble. C'est pourquoi, de la « même façon qu'on met une œuvre d'art *au point* et « en perspective, afin de donner ton et relief à tous les « traits essentiels, nous avons placé l'*édifice type* de « l'architecture grecque au centre d'un tableau de la « civilisation générale et au grand jour d'une psycho- « logie du temps et de la race. » — Peut-être un si grand admirateur du génie grec eût-il dû se rappeler les débuts des dialogues de ses maîtres, Platon et Xénophon, l'art antique qui consiste à commencer par de petits faits sensibles, à prendre les lecteurs tels qu'ils sont, avec leurs habitudes paresseuses d'esprit, à les conduire, par degrés et sans qu'ils s'en doutent, vers les vues d'ensemble et les déductions exactes. Il faut toujours un escalier pour monter; l'Acropole avait le sien, très aisé et du plus beau marbre. Sauf cet oubli, personne ne s'est montré plus fidèle sectateur des anciens Grecs, plus imbu de leur esprit, plus naturellement et invinciblement enclin à suivre leurs méthodes. Comme eux, il est analyste d'instinct, il excelle à découper et diviser les idées, ingénieux jusqu'à ne pas craindre l'apparence de la subtilité, aussi fin dans ses raisonnements que dans ses perceptions, dialecticien serré et capable de se confier jusqu'au bout à la logique. Si quelque jeune architecte, employé par Ictinus et élevé par le Socrate des Dialogues, eût voulu expliquer l'ensemble et les détails de son art, c'est avec cette minutie, cette justesse et cette dextérité qu'il eût tissé la trame de son discours. Seulement notre Grec est de Paris et a toute la culture moderne. A cet égard, les deux chapitres qui traitent des sens et de l'intelligence chez l'Athénien sont des morceaux du premier mérite. L'auteur a, au plus haut degré, le tact et la divination historiques, le talent et le goût de l'expression délicatement précise. Après une description du paysage grec, il ajoute : « Tout concourait à fixer l'attention sur le « dehors et à imprimer dans l'œil charmé une série de « dessins et de formes dont le souvenir devait ensuite « diriger la main de l'artiste. Le monde semble s'offrir « tout naturellement à lui comme un musée de belles « images dont les traits et la configuration précise se « perdaient dans l'ombre de sa mémoire, tandis que « leur style général et leur rythme restaient les modé« rateurs de son goût et les guides de sa main. » De là une première présomption, c'est que « l'ordre, la « clarté, le goût des distinctions nettes, l'horreur de la « complexité et de la surcharge, seront les qualités pro« fondes et invétérées du génie hellénique. En ce genre, « il n'y a pas de mesure absolue ; chaque époque, « chaque race a la sienne. Un profil qui nous paraît « rompu et refouillé à l'excès n'a que de la grâce et de « la variété aux yeux de l'Hindou. Où nous croyons « sentir une élégance sobre et une noble retenue, d'au« tres trouveront qu'il y a indigence et nudité. La « même décoration est ici riche et substantielle, là sur« chargée et surabondante ; ici elle est une écriture « ornée où l'on démêle aisément la pensée de l'artiste ;

« là, elle se présente comme un griffonnage indéchif-
« frable qui fait cligner les yeux du spectateur : les sens
« réclament une phrase mieux scandée, des lettres plus
« espacées, des syllabes plus distinctes. Il y a donc pour
« chaque siècle et pour chaque peuple un *étalon* parti-
« culier du goût, et l'on peut dresser en quelque sorte
« une échelle indiquant le degré de *tolérance* relative
« des races en fait de *complexité*. Or la place des Grecs
« est au plus bas de cette échelle, leur tolérance est
« très faible. Tout ce qui ressemble à l'entre-croisement,
« au fractionnement, à la superposition, au fouillis,
« cause évidemment aux architectes grecs un malaise
« très vif; ils l'évitent avec une répugnance naturelle
« et toute spontanée. Ils recherchent les grands partis,
« les divisions larges, les contours arrêtés et précis, ils
« aiment, en un mot, le clair et le simple. » Et l'auteur développe ces principes en une infinité d'applications, examinant tour à tour les lignes extérieures, c'est-à-dire les profils qui se découpent sur le vide, les lignes intérieures, c'est-à-dire les joints et les moulures qui séparent les divers membres solides, les jeux de lumière aux différentes hauteurs de l'édifice, les ornements, leurs éléments, leur structure, leur place. Il y a là des détails exquis, notamment sur la transition de la colonne à l'architrave, sur le déversement de la colonne d'angle, sur la petite inclinaison des murs de la cella, sur la légère convexité de l'entablement. — D'autres considérations sur les tendances analytiques et distributives de l'esprit grec éclairent du jour le plus vif toute la struc-

ture du temple; en vertu de ces tendances, l'architecte grec « se propose en premier lieu de créer autant de « parties distinctes qu'il y a de rôles différents dans « son édifice; secondement..., de différencier ces par- « ties pour l'œil du spectateur; troisièmement, d'écrire « lisiblement la nature de chaque fonction dans les « formes propres à chaque organe. Pour peu qu'on étu- « die un édifice comme le Parthénon, on sera double- « ment frappé, et de ce que les divisions y sont nom- « breuses, et de ce qu'il n'y en a pas une seule qui ne « réponde à une différence dans les fonctions méca- « niques.... » Par exemple, que l'on compare la colonne grecque à la colonne égyptienne ; l'une imite éternelle- ment la tige végétale qui lui a servi de modèle ; l'autre, partie du même point de départ, s'écarte de son type originel et prend un caractère nouveau. « Les canne- « lures ne sont plus les reliefs d'un tronc côtelé ou des « nervures rondes représentant des tiges en faisceau ; « destinées à indiquer avec force par un même trait « répété, et comme par un écho multiple, la direction « verticale de l'effort, elles esquissent des creux où « s'approfondit l'ombre, derrière des arêtes vives qui « accrochent le jour. — Le dessous du chapiteau n'a « plus l'aspect enrubanné qu'on observait dans la « colonne égyptienne; le Grec se contente d'une suite « de fines entailles qui n'ont aucune ressemblance avec « des liens et qui n'ont d'autre rôle que de faire pres- « sentir la terminaison des cannelures. — En redres- « sant le profil de l'échinus, en le rendant camard, en

« le ramenant sur lui-même à la partie haute, le Grec « est infidèle à l'analogie florale; mais c'est qu'il cher- « che à rendre plus net, plus dégagé, plus visiblement « efficace, le geste que semble faire la colonne, en « s'approchant de l'architrave pour en diminuer la por- « tée. — Jamais le Grec n'eût tracé de figures verti- « cales sur l'architrave, à l'exemple de certains archi- « tectes égyptiens; il sait trop bien que le membre « architectural est une sorte de soubassement supé- « rieur, destiné à unir des membres espacés, et qu'une « telle fonction ne comporte que des accents horizon- « taux. — Les ciselures verticales montrent dans le « même sens la tension du triglyphe. — Partout enfin « la direction des forces est marquée aussi nettement « que lorsqu'on indique par des flèches, sur les cartes « marines, la direction des courants. Toute l'organisa- « tion intérieure, et pour ainsi dire tout le jeu dyna- « mique de l'édifice, devient visible au premier coup « d'œil. L'artiste n'imite plus, il invente d'après cer- « taines données; il n'est plus l'esclave d'une fantaisie « aventureuse, il est le ministre d'une appropriation « savante, il raconte à l'esprit dans un seul regard le « rôle essentiel de chaque membre architectural. »

Grâce à cette analyse, les divers organes du temple deviennent vivants, et le sentiment intime de l'architecte est l'âme qui les anime; au lieu de voir dans la créature architecturale un amas de pierres symétriques, on la sent telle qu'elle est, c'est-à-dire comme une sorte d'être intelligent, expressif, tout imprégné de la pensée intérieure qui le fonde et le soutient. Pour exprimer le rôle de la colonnade qui enserre la cella, l'auteur a trouvé des réussites d'expressions tout à fait neuves et vraiment supérieures. « Du reliquaire simple qui en-« tourait jadis la déesse, l'artiste fait un reliquaire à « deux enveloppes : la plus intérieure, la cella, abritera, « pour ne le découvrir qu'à certaines heures, le simu-« lacre divin ; l'autre, la colonnade périptère, le précé-« dera et l'accompagnera de son magnifique et solennel « cortège. Avec son unique élément toujours répété, sa « puissante assiette, ses beaux jeux de lumière multi-« pliés par les cannelures, sa vaste circulation d'air « autour des fûts, et l'insensible évolution de ses om-« bres, la colonnade périptère ressemble à une lente et « superbe procession arrêtée dans son cours ou mar-« chant avec le soleil. Disposée en claire-voie, elle laisse « apercevoir le mur cellaire; elle se double sur le de-« vant et la partie postérieure du temple, mais sans « masquer la porte qui s'ouvre en regard de la statue. « Ainsi, elle ne fait que ceindre l'édifice de majesté et « d'éclat, sans rien ajouter à l'idée d'une clôture ou « d'un voile, et même en reportant cette idée sur le « second plan avec la paroi pleine du sanctuaire. Il y « a je ne sais quoi de magnifique et de singulier tout « ensemble, de royal et pourtant d'accessible, dans « cette disposition, qui permet à l'air et au regard de « jouer librement entre ces admirables corps de « colonne; ce n'est pas une garde, c'est un cortège « d'honneur. La colonne n'écarte pas la procession des

« hommes; elle lui donne le ton et l'allure. Dans cet « arrangement si favorable à la dignité et à la splendeur « de l'édifice, l'artiste a trouvé moyen de ne pas ajouter « un accent au cérémonial et à l'étiquette, à l'inquié- « tude et à l'impression du mystère. Que nous sommes « loin des sept enceintes à murs pleins des pagodes « hindoues, et de leurs portes décroissantes de hauteur « jusqu'au sanctuaire écrasé où s'accroupit le dieu ter- « rible! Ici la déesse ne se dérobe point; elle se montre, « et les grandes colonnes vêtues de lumière, immobili- « sées dans leur marche et dans leur effort vivant, sem- « blent n'être que le premier rang de la *théorie* sacrée « qui se déroule familièrement autour du génie national. »

Nous avons beaucoup cité; il le faut, afin que le lecteur puisse juger par lui-même; pour beaucoup d'auteurs, l'épreuve est dangereuse ; tant mieux pour ceux qui écrivent bien. Nous le devions d'autant plus que cet ouvrage est un *maiden-book*, un premier livre. M. Boutmy, je crois, n'a encore écrit que des articles de journaux et de revues, tous remarquables et remarqués. Il a une qualité rare chez les écrivains et les artistes, la conscience ; même cette conscience est chez lui scrupuleuse et méticuleuse : il ne s'abandonne pas, il ne croit jamais avoir assez étudié et réfléchi, il ne suit pas le premier jet vif et spontané de son impression et de son émotion. De tels débuts sont pleins de promesses ; il faut commencer par être trop attentif, trop serré, trop retenu; qui d'abord se livre et se lâche finira par le désordre et la négligence; la réserve est un bon point de départ, car elle conduit à l'aisance et à la liberté. Plus il écrira, plus il verra qu'on écrit pour autrui; il s'agit d'être compris, aisément, du premier coup; il faut qu'un livre, non seulement soit digne d'être lu, mais qu'il soit lu involontairement, avec attrait, et que, pour cela, il s'accommode à la paresse et à l'inattention humaines. Il n'est point un être solitaire, un simple confident des réflexions que l'on a faites, un ami d'espèce supérieure et d'abord réservé qu'on garde pour soi et pour quelques intimes : il est un être agissant, sociable, public, actif, qui parle à tout le monde, de façon à être entendu, écouté, goûté de tout le monde. Du moins il doit être tel, et si c'est à l'avantage du lecteur, c'est aussi au profit du livre. Une pensée n'atteint sa forme achevée que lorsque, se faisant maniable et portative, elle devient presque populaire; elle comporte toujours des fragments de récits, des peintures, des anecdotes; tous ces petits faits sensibles que Stendhal prisait tant, et qui donnent une grande valeur à ses moindres notes, doivent intervenir dans le tissu du raisonnement, non pour en dénouer, mais pour en colorer les mailles. L'œil a besoin d'être arrêté, retenu, et, en somme, c'est par l'œil et les autres sens que toutes les idées, même les plus abstraites, entrent dans l'esprit. Un philosophe qui a étudié l'antiquité et les débuts de l'intelligence sait tout cela; et il ne lui manque plus qu'une chose, c'est de mettre plus souvent en pratique une règle qu'en théorie il connaît si bien.

Journal des Débats, 22 janvier 1870.

L'OPINION EN ALLEMAGNE

ET LES CONDITIONS DE LA PAIX[1]

La guerre se prolonge, et tous les jours le fléau va s'aggravant. Il est accablant pour la France envahie, mais il est pesant pour l'Allemagne obligée à des efforts extrêmes. Entre les prétentions rivales, il semble qu'il n'y a aucune transaction possible : les Allemands sentent que leurs exigences, même satisfaites, ne feraient qu'entraîner à courte échéance une seconde guerre ; M. de Bismarck l'a dit à M. Jules Favre ; la paix telle qu'ils la dictent serait une simple trêve, et les deux peuples vivraient, en face l'un de l'autre, toujours en alarmes et le fusil à la main. Ainsi nous aurions en perspective un siècle ou au moins un demi-siècle de massacres ; il y a là de quoi réfléchir, même pour des vainqueurs ; la fortune est changeante, et d'ailleurs quel

1. Cet article et le suivant, écrits à Tours pendant la guerre Franco-Allemande, à la requête de la délégation des Affaires Étrangères, étaient destinés à agir sur l'opinion des Neutres et devaient paraître dans les journaux anglais ; ils furent traduits à Tours même par les attachés d'ambassade et n'ont pas été publiés en France. Nous ignorons s'ils l'ont été en Angleterre.

voisinage pour un peuple civilisé qu'un autre peuple, non moins civilisé, non moins nombreux, devenu par nécessité et par honneur son éternel et irréconciliable ennemi !

Beaucoup d'Allemands se résignent à ce lamentable avenir, et le motif qui les décide est l'opinion qu'ils se font de nous. Tel est le poids principal qui pèse aujourd'hui dans la balance, et l'emporte du côté des résolutions extrêmes. J'ai voyagé dans leur pays, je connais leur littérature et leurs journaux; j'ose dire avec assurance que, s'ils veulent nous prendre Metz et Strasbourg, s'incorporer des provinces dont le cœur est tout français, tenir à demeure la ligne des Vosges, nous ruiner, nous accabler, c'est que, pour vivre tranquilles, ils se croient obligés d'abord de nous mater et ensuite de nous lier les mains. Selon eux, la nation française est turbulente, ambitieuse par instinct, accoutumée à intervenir dans les affaires de ses voisins, avide de prééminence, passionnée pour la gloire militaire, et persuadée, comme disait le grand Frédéric, qu'il ne doit pas se tirer un coup de canon en Europe sans sa permission; auprès d'une telle nation, on ne peut dormir en paix; ainsi, par conscience et par intérêt, il faut la réduire à l'impuissance. Lisez les journaux d'Allemagne, les revues graves et même les grands ouvrages étudiés, voilà l'idée qu'on y retrouve à tout propos, parfois hors de propos, sous toutes les formes. — Dernièrement encore, nous avons vu, non sans quelque étonnement, deux historiens illustres, M. David Strauss et M. Heinrich von Sybel, la développer avec toute l'autorité de leur parole, l'un dans l'*Allgemeine Zeitung*, l'autre dans la *Gazette de Cologne*. A leur avis, ce n'est pas seulement l'empereur, c'est la France qui a voulu la guerre. La France était jalouse, dit M. de Sybel; elle voulait regagner son « prestige perdu »; elle ne pouvait souffrir l'unité de l'Allemagne, la nouvelle puissance de la Prusse, le voisinage d'une égale; elle demandait une « revanche, la revanche « de Sadowa ». Son véritable mobile était l'amour-propre blessé, le chagrin de n'être plus la première. Et M. Strauss ajoute : « La France avait laissé « faire la Prusse dans l'espérance de tirer profit, pour « sa prépondérance, des divisions intérieures de l'Al- « lemagne; lorsqu'elle se vit trompée dans son calcul, « elle ne put cacher son dépit »; or rien de plus injuste que ce dépit. « Les réparations que nous faisions à un « logis notoirement inhabitable, les parois que nous « élevions, les murs que nous construisions, tout cela « ébranlait-il la maison du voisin? Cela menaçait-il de « lui ôter l'air et la lumière, de l'exposer à un incen- « die? Nullement; mais notre maison lui semblait « devenir trop belle, il voulait posséder la maison la « mieux bâtie et la plus haute de toute la rue; et « surtout il ne fallait pas que la nôtre devînt trop « solide; il ne devait pas nous être permis de la fer- « mer; le voisin devait garder indéfiniment le privi- « lège d'en prendre à l'occasion, et selon sa fantaisie, « quelques chambres à son usage, et de les réunir à sa

« propre maison, comme il l'avait déjà fait à plusieurs « reprises. » Ainsi envie, vanité puérile, humeur tyrannique, allures soldatesques de l'homme qui se croit fort et dépouille le faible, voilà les sentiments qu'on nous prête, et l'on s'attribue le droit ou même le devoir de museler des querelleurs aussi malfaisants.

Les étrangers qui ont longtemps vécu et beaucoup voyagé en France savent que ce portrait du caractère national est, aujourd'hui du moins, aussi inexact qu'injuste. La majorité, je dirai presque la totalité de la nation, a des sentiments tout autres; ceux-ci ont pu subsister jusqu'en 1820, et, dans un groupe restreint, jusqu'en 1830, ou même jusqu'en 1840. Mais ce groupe est devenu de plus en plus petit; depuis trente ans, il n'a plus que des représentants rares ; son bruit manque d'échos; l'excitation qu'il peut communiquer est factice; son autorité est intermittente. Il faut un mensonge du gouvernement pour lui donner quelque prise sur le public; les transformations sociales et économiques lui ont ôté son ascendant; le danger et l'humiliation de la patrie pourraient seuls le lui rendre. On essayera tout à l'heure de montrer ce qu'il en est; en attendant, voyons les faits sur lesquels les Allemands s'appuient pour refuser toute paix équitable et durable, sous ce prétexte que notre amour-propre national ne peut endurer des égaux.

« La France était jalouse des victoires prussiennes. » — Non pas jalouse, mais inquiète, et à juste titre; l'événement ne l'a que trop prouvé, et M. Rouher pouvait à bon droit éprouver des « angoisses patriotiques ». Nous savons, par une triste expérience, que deux nations qui vivent en paix, peuvent se réveiller en guerre; il suffit pour cela de la vanité et de l'égoïsme des chefs. Le monde politique est ainsi fait que nul État ne peut se livrer en toute assurance à la modération de son voisin. Nous étions donc en droit de prévoir, et nul ne doit s'offenser de nos alarmes. — M. Strauss dit que nous ne voulions pas souffrir dans la rue une maison aussi belle que la nôtre. On peut lui répondre que les États de l'Europe ne sont pas des maisons bourgeoises, mais des palais comme ceux de l'ancienne Florence, munis de garnisons et percés de meurtrières. En face de notre palais, il y en avait un autre, moins spacieux, mais aussi bien armé, avec une trentaine de maisons adjacentes, moyennes ou petites. Tout d'un coup le propriétaire du palais s'adjoint toutes ces maisons, sauf trois, bon gré, mal gré. Par une convention faite avec les trois autres, il perce leurs murailles, réunit le tout sous une seule clôture, et, derrière l'enceinte agrandie, nous voyons se hérisser trois fois plus de fusils que chez nous. Nous savons de plus qu'il est très bon militaire, qu'il est chez lui maître presque absolu, que, de son chef et malgré les réclamations des siens, il a décidé et opéré l'adjonction des vingt-sept maisons, que les habitants annexés, étant de sa famille, ont fini par être fiers de leur annexion, et qu'à son ordre ils marcheront tous comme un seul homme. Y a-t-il là de grands motifs de sécurité, et, quand un palais possède quatre fusils, peut-on le blâmer de voir avec défiance, aux fenêtres du palais qui lui fait face, douze fusils braqués contre lui? C'était là justement la proportion de notre armée en face de l'armée allemande. — Mais je veux suivre la comparaison de M. Strauss. Un matin, nous apprenons qu'un vieux château fort délabré, fort en désarroi, et situé du côté du midi, sur nos derrières, va recevoir comme propriétaire un proche parent de la maison aux douze fusils, en sorte qu'à l'occasion, déjà fusillés en pleine poitrine, nous pourrons bien être fusillés dans le dos. Nous réclamons vivement; est-ce que la réclamation n'est pas juste? Après beaucoup de difficultés, on y fait droit, mais pour l'occasion seulement, et en réservant l'avenir. Sans doute il fallait s'en tenir là, être ou paraître contents, laisser à l'avenir ses embarras et ses expédients, se fier au temps et aux discordes du château délabré, laisser les habitants du palais aux quatre fusils et de l'autre aux douze fusils se fréquenter, se connaître, s'estimer, entrer tous les jours en commerce plus étroit, découvrir que chacun d'eux est utile à l'autre, et finir peut-être par désarmer à demi. — Mais peut-on taxer de jalousie, d'ambition, d'insolence militaire la conduite de celui qui, voyant devant lui une rangée de baïonnettes, souhaite qu'on n'en mette pas une autre derrière lui?

Tel est le sentiment très légitime qui a provoqué de ce côté-ci du Rhin l'irritation dont les Allemands se plaignent : de là, les accusations que M. Thiers et l'opposition ont élevées contre le gouvernement en 1866;

de là, l'attitude des Chambres et d'une portion de la presse. — Mais il ne faudrait par conclure de là que la nation voulait la guerre; elle s'y résignait, elle ne l'aime plus. L'agitation de Paris était factice et, en partie, fabriquée à prix d'argent; l'empereur jouait sur un coup de dé la restauration de son pouvoir personnel; les Chambres qu'il avait nommées étaient complaisantes; plusieurs des journalistes qui prêchaient la guerre avaient des motifs intéressés ou aimaient les phrases à effet. Leur clameur a trompé les Allemands, et les trompe encore; le bruit confus qui sort de la rue empêchait d'entendre une autre parole, celle-ci sincère et sérieuse, la voix basse, triste, universelle de l'opinion. — À partir du 19 juillet, ceux-là même qui poussaient à la guerre l'acceptaient par nécessité, non par choix. La comparaison des deux palais était présente dans leur esprit; ils justifiaient l'appel aux armes en disant qu'il était inévitable, que tôt ou tard il aurait fallu y recourir, que, depuis cinquante ans, les Allemands dans tous leurs écrits étalent leur prééminence, qu'ils se regardent comme la nation élue, qu'ils se croient prédestinés à l'empire, qu'à plusieurs reprises ils nous avaient provoqués, et que l'affaire d'Espagne était la première fissure par laquelle le torrent gonflé de leurs ambitions et de leurs forces essayait de rompre la digue pour submerger les terres voisines. Mais, de prééminence nationale, de prestige à reconquérir, de gloire à gagner, pas un mot; la guerre n'était que de précaution et de défense; je n'ai point entendu un seul homme dans la bourgeoisie ni dans le peuple prononcer les phrases militaires du premier empire; j'ose dire qu'elles auraient dégoûté; nous ne sommes plus infatués, « chauvins », comme on nous en accuse et dans le sens que les étrangers donnent à ce mot. — Au contraire, chez la plupart le chagrin était profond. Deux journaux des plus considérables, les *Débats* et le *Temps*, ont protesté jusqu'au bout contre le recours aux armes. Du 10 au 19 juillet, tous les jours, à Paris, dans la campagne, en chemin de fer, je n'ai trouvé que des vœux pour la paix. — Non seulement tous les hommes que je connaissais, mais tous ceux que je rencontrais détestaient la précipitation avec laquelle le gouvernement poussait sur la pente fatale. Dans les wagons, on entendait des malédictions contre l'empereur aussi fortes que celles qui l'ont suivi dans sa chute; on s'exclamait contre les ministres; on ne comprenait pas comment M. Ollivier et quelques autres avaient pu subir l'ascendant d'une rodomontade militaire; on trouvait odieux les députés qui avaient fermé la bouche à M. Thiers; on s'indignait contre les manœuvres ténébreuses qui allaient chercher des aboyeurs de rue pour étouffer l'opinion sous leur clameur. — A la campagne, depuis la frontière jusqu'aux environs de Paris, les ouvriers, les paysans pensaient de même. Un garde champêtre, dont la fille venait d'accoucher et que je félicitais d'avoir un petit garçon, me répondait avec amertume et d'un air morne : « J'ai lieu de me réjouir, n'est-ce pas? Dans vingt ans, on en fera de la chair à canon: ». — Des villageois parlaient de la récolte qui n'était pas bonne, et se demandaient comment l'hiver on ferait pour vivre. Notez que tous croyaient au succès, à une courte campagne comme celle de Solférino, à la paix prochaine. — Parmi les gens instruits, le chagrin s'aggravait d'autres raisons. Ils jugeaient que la guerre est une folie exécrable, qu'un peuple, comme un particulier, doit être acculé aux dernières extrémités avant de se résoudre au meurtre, qu'en Allemagne comme en France toutes les vies sont précieuses, qu'une pareille guerre allait retarder d'un siècle la civilisation, que deux nations, dont l'une a tant fait et dont l'autre fait tant pour la culture humaine, ne doivent se rencontrer que sur le terrain de la science et des arts utiles, que nous pouvons emprunter aux Allemands la culture savante de l'intelligence et leur enseigner la fine culture de l'esprit, que l'échange entre eux et nous ne peut être de blessures, mais de lumières. — Voilà ce que j'entendais dire dans tous les cercles et aux divers degrés de l'échelle. Par malheur, l'opinion publique n'a pas chez nous, comme en Angleterre, une influence immédiate et commandante sur les affaires publiques : elle ne se manifeste qu'en conversations, elle n'agit qu'à la longue; les étrangers, qui s'en rapportent aux Chambres et aux gazettes, ne connaissent de notre pays que la parade officielle, et, comme M. Strauss et M. de Sybel, ils ignorent ou méconnaissent les vrais sentiments de la nation.

Ce sont là pourtant nos vrais sentiments, ceux qui

subsistent en nous à demeure, et qui, si des événements extrêmes ne viennent pas les exaspérer, persisteront pour diriger notre volonté et notre conduite. Afin de s'en assurer, que nos adversaires considèrent le changement profond qui s'est opéré depuis cinquante ans dans la situation et dans le caractère de nos principales classes. Ils nous jugent encore d'après leurs souvenirs de 1791 et de 1810; leurs grands-pères ont vu l'émigré noble, brillant duelliste, et l'officier de Napoléon, soldat d'éducation et de métier; au delà du Rhin, ces deux figures sont restées légendaires, et leurs images tenaces sont encore empreintes dans l'esprit allemand. On oublie que la première était celle d'une classe chevaleresque et féodale, désormais sans autorité, surannée aujourd'hui, et qui, exclue du pouvoir par la Révolution, s'est elle-même ensuite écartée des affaires. On oublie que la seconde est celle d'une génération éclose au milieu du plus terrible orage, soulevée par l'invasion, exaltée par l'idée d'un nouvel ordre social, élevée dans les camps, poussée en avant par le patriotisme et l'enthousiasme, et à la fin lancée au delà du but par l'impulsion acquise qu'un grand capitaine vint exploiter à son profit. Mais cette génération s'est éteinte, et les survivants de 1815 sont devenus les industriels de 1820. A mesure que le temps marchait, l'esprit belliqueux s'affaiblissait; les mots de liberté et de guerre cessaient de se trouver ensemble. Vers 1831, le parti républicain, Armand Carrel, tâchait encore de les accoupler; mais le gouvernement et la majorité de la nation continuaient à les disjoindre. En 1848, la République déclara qu'ils étaient séparés; nous nous rappelons tous l'acclamation universelle, le sentiment de joie profonde qui accueillit le manifeste de M. de Lamartine aux puissances. L'empire lui-même s'est fondé en disant « qu'il était la paix »; et, si Napoléon III est tombé, c'est pour avoir oscillé entre son sentiment juste du temps présent et l'imitation maladroite du premier empire. Sauf les expéditions de Crimée et d'Italie, l'opinion a considéré toutes ses guerres comme des parades coûteuses et dangereuses, imaginées au profit de la dynastie et au détriment de la nation, arrangées, comme un mauvais opéra, pour faire du bruit et distraire la foule. Est-ce à dire que la nation y ait applaudi? Elle les a tolérées, faute de sifflets pour leur imposer silence, en haussant les épaules, en bouchant ses oreilles, avec un mécontentement si fort, qu'à partir de ce moment l'opposition s'est refaite, et que l'empereur a senti le sol se dérober sous lui; c'est alors qu'il a joué son va-tout.

M. Strauss nous accuse de tout sacrifier à notre passion pour la gloire : « La gloire, dit-il, ce mot qu'un « de vos ministres appelait dernièrement le premier « mot de la langue française, en est au contraire le « plus mauvais et le plus pernicieux, et la nation ferait « bien de le rayer pour un temps de son dictionnaire; « n'est-ce pas en effet le veau d'or devant lequel elle « danse depuis des siècles, — le Moloch auquel elle sa- « crifie aujourd'hui tant de milliers de ses fils et des « fils des nations voisines, — le feu follet qui a tou-

« jours su l'attirer loin des champs prospères du travail « pour la conduire dans le désert et souvent jusqu'au « bord de l'abîme? » — Avec tout le respect que l'on doit à un historien si grave, on peut se demander s'il ne raisonne pas ici en pur historien, c'est-à-dire d'après les grandes lignes, en concluant du passé au présent, en attribuant aux petits-fils les passions des ancêtres, en oubliant l'observation actuelle et personnelle, celle qui emploie les yeux et les oreilles et qui recueille la conversation vivante par delà les documents écrits. J'ai fait quatre fois le tour complet de la France, outre quantité de moindres voyages, et j'ai causé partout avec les ouvriers, encore davantage avec les paysans; j'ai vécu pendant des mois entiers en divers villages : toujours et chez tous, j'ai vu les mêmes idées. La plupart ont de la terre et songent à l'avenir; depuis l'achèvement des chemins de fer, l'hypothèque et l'usure ne pèsent presque plus sur leur petit bien; beaucoup d'entre eux ont quelques obligations, quelques valeurs en papier; leur confortable s'est augmenté; ils ne vivent plus au jour le jour; leur horizon, encore bien étroit, n'est plus bouché par la pensée unique et pressante du pain quotidien; ils n'ont plus des enfants par bandes et au hasard; ils veulent faire de leur fils un paysan aisé, parfois un monsieur.

Avec la situation et le demi bien-être d'un propriétaire, ils ont pris les sentiments d'un propriétaire; ils pensent à économiser, à acquérir; la principale raison qu'ils alléguaient au plébiscite en faveur de l'empire, c'est que depuis vingt ans ils vendent leurs denrées deux fois plus cher. N'est-il pas visible qu'une telle situation et des préoccupations de ce genre ont affaibli et affaiblissent tous les jours la turbulence belliqueuse qu'on nous impute ? Or on compte en France quatre millions de ces propriétaires, quatre millions de familles attachées au sol; environ vingt millions d'habitants employés à l'agriculture La révolution de 89 a été surtout sociale, et une société d'hommes dont la majorité arrive par la possession de la terre, au demi bien-être, puis au bien-être, devient forcément pacifique ; le meilleur moyen de la ramener aux instincts guerriers serait de la ruiner par système. Quant à la bourgeoisie, aux industriels, aux commerçants, aux hommes de profession libérale, à toute la classe de ceux qui portent un habit et possèdent un capital, chacun sait que, depuis quarante ans, et surtout depuis vingt ans, la fortune mobilière s'est prodigieusement accrue, et, avec elle, le besoin du bien-être ; presque toutes les familles aisées ou riches fondent le principal de leur revenu sur quelques morceaux de papier imprimés au nom d'une compagnie, et la maîtresse pensée de leur vie est le désir d'assurer un capital et du bien-être à leurs enfants. Peut-on comparer un pareil esprit à celui de la génération qui vivait au commencement du siècle; alors que l'armée était la grande carrière, et que la guerre continue ouvrait à chaque ambition des perspectives illimitées ? — Encore une fois, la société française a trouvé son assiette : c'est en politique, par l'instabilité de ses gouvernements, du côté du comble, que l'édifice demeure inachevé ; sur les autres points, par l'égalité, par l'admission de tous à tous les emplois, par l'éparpillement de la propriété foncière, par l'énorme augmentation de la propriéte mobilière, il est construit ; nous n'avons plus qu'à l'entretenir, à l'améliorer, à l'orner, surtout à assainir le rez-de-chaussée, qui, comme tous les endroits bas, étroits et mal éclairés, incommode et mécontente ceux qui l'habitent. Or un propriétaire qui s'installe dans une bonne maison n'est pas homme à casser les vitres d'autrui ; il tient aux siennes ; et l'on peut dire avec certitude que la France contemporaine, interrogée sur ses dispositions intimes, laissée à son sens rassis, et consultée loyalement, répondrait qu'à moins d'être poussée à bout et provoquée malgré elle à la guerre, elle veut désormais arranger tranquillement sa maison qui est bonne, et ne souhaite en aucune façon qu'on la mène, fusils chargés, pour camper avec fracas dans deux ou trois chambres du voisin.

Telles sont les véritables pensées de la France ; que nos adversaires veuillent bien les vérifier et les comprendre, et aussitôt le motif sur lequel ils fondent leurs exigences tombera, avec le malentendu qui le soutenait. Ils se glorifient d'obéir à leur conscience ; ce n'est donc point à eux de violenter la conscience d'autrui. Il ne s'agit pas ici de point d'honneur chevaleresque ou militaire ; il s'agit de devoir, et ce serait manquer au devoir que de leur abandonner, comme ils le demandent, deux provinces françaises, un million de nos concitoyens : s'il y a des hommes qui de cœur et de volonté soient Français, ce sont les compatriotes de Kléber, de Rapp, de Kuss et d'Ulrich. Le siége de Strasbourg vient d'en témoigner; la presse allemande elle-même le reconnait. Exiger qu'ils perdent leur patrie, qu'ils en subissent une autre, qu'ils entrent dans les régiments prussiens, pour tirer peut-être plus tard contre des Français, voilà une injustice énorme, digne du premier Napoléon, que les Allemands maudissent comme un malfaiteur. Imposer à la France un tel sacrifice, c'est ordonner à une mère de livrer un de ses enfants; cela est contre la nature et contre la conscience; la bouche qui, sous la contrainte de la force, balbutierait un tel pacte se rétracterait tout bas, et se promettrait à elle-même, comme la Prusse après Iéna, de ne pas couronner une promesse criminelle par une résignation plus criminelle encore. Sur tout le reste, des concessions, de grandes concessions sont possibles; nous pouvons, et nous devons, même au prix de pénibles sacrifices, donner à nos adversaires la preuve que nous acceptons la paix sans arrière-pensée, à demeure, et non comme une trêve. Accordons-leur des garanties; l'intérêt et l'amour-propre en souffriront, il n'importe. Mais qu'ils ne réclament rien au delà, rien qui soit contre notre conscience, rien qu'un peuple honnête ne puisse imposer à un peuple honnête. Sinon, et à supposer qu'ils l'extorquent, ils auront tort ; car l'injustice est une semence impérissable de guerre ; à cet égard, l'histoire, à défaut du cœur, parle assez haut; ils n'ont qu'à consulter leurs souvenirs de 1807 et de 1813, pour savoir que leur oppression a produit leur révolte, et que Wagram, Iéna, ont eu pour fruits Leipsig et Waterloo.

9 octobre 1870.

L'INTERVENTION DES NEUTRES[1]

Un événement considérable vient de s'accomplir. L'Angleterre, à la tête des neutres, intervient pour proposer à la France et à la Prusse une suspension d'armes. En cette circonstance, elle agit de son chef, elle n'est point le mandataire de la France ; l'initiative et la responsabilité lui appartiennent tout entières. Consulté par elle, le Gouvernement français a répondu que pour son compte il ne demandait rien, qu'il ne la chargerait point d'intervenir, et qu'il laissait faire ; qu'en tout cas, étant provisoire et uniquement institué pour la défense, il n'avait point qualité pour traiter de la paix, que ce droit était forcément réservé à une Assemblée constituante ; qu'il ne pouvait donc accepter rien au delà d'un armistice, lequel serait purement militaire et ne préjugerait en rien des conditions de la paix. Telle est en effet la situation que la prise et la déchéance de l'Empereur ont faite aux Prussiens; en face d'eux, pour

1. Cf. page 108 note 1. Cf., sur la démarche de l'Angleterre, le livre de M. Albert Sorel, *Histoire diplomatique de la guerre Franco-Allemande*, et l'article de M. le comte de Moüy, *Revue des Deux-Mondes* du 15 mars 1903.

traiter, ils n'ont *personne*, ils reconnaissent qu'ils n'ont *personne*; et l'Europe s'interpose pour qu'il y ait *quelqu'un*. Elle fait effort en ce moment pour que ce quelqu'un puisse surgir, et à cet effet, de son propre mouvement, elle insiste pour une trêve. Mais une trêve de quinze jours ou de trois semaines comporte, selon toutes les règles de la guerre, le ravitaillement proportionné des places fortes investies, et notamment de Paris. Une trêve qui ne préjuge rien des conditions de la paix, et partant, rien des cessions territoriales, comporte pour toutes les provinces envahies le droit d'élire des députés à l'Assemblée qui traitera. Ainsi l'Angleterre avec la Russie et tous les neutres travaillent à faire admettre par la Prusse les conventions que M. de Bismarck repoussait le mois dernier. Elles mettent tout le poids de leur opinion dans le plateau français de la balance. Ce poids est pesant, et peut s'aggraver encore; car nul ne peut tracer la limite qui sépare l'opinion de l'insistance, l'insistance de la pression, et la pression de l'action. Le gouvernement prussien sera sage s'il y regarde de très près. Pour s'en convaincre il suffit de considérer les raisons qui décident l'Angleterre à intervenir et les raisons qui peuvent engager la Prusse à ne pas repousser cette intervention.

Des politiques à courte vue ont dit aux peuples: chacun chez soi, chacun pour soi. Mais ce proverbe est aussi faux dans la vie des nations que dans celle des individus. Les États européens ressemblent à des log-houses de squatters indépendants campés dans un territoire ; il importe à chacun que la maison du voisin ne soit pas incendiée ; si la maison est brûlée, si la famille bouleversée entre en révolution, si ses habitants ruinés abandonnent le travail régulier et les habitudes d'ordre, si le voisin exaspéré cesse d'être un laboureur pacifique et devient un chasseur aventurier, c'est un péril pour tous ; l'Europe l'a bien vu pendant la Révolution française et l'Empire. La plaie d'un membre met la fièvre dans tout le corps. Supposez la France mutilée, malade pour un demi-siècle, telle enfin que les journaux prussiens le souhaitent, et toujours sur le point de tomber en convulsions. Une telle perspective n'a rien de rassurant pour l'Europe. Ne parlons ici ni en philanthropes, ni en philosophes, ni même en économistes ; laissons de côté le malheur et la destruction de tant de vies, l'arrêt d'une belle civilisation, la fermeture d'un des grands ateliers et d'un des grands marchés du monde ; ne regardons que les conséquences politiques. Tout le monde connait le tempérament excitable des Français ; ils ne sont pas hommes à se résigner, à reconnaître dans leur malheur un châtiment d'en haut, à se courber humblement sous la main de la Providence ; au contraire ils sursautent et s'exaltent ; quelqu'un a dit d'eux que les secousses fortes et prolongées les rendent fous. Or dans les moments de folie, les idées violentes et désordonnées prennent l'empire. Il ne serait pas sain d'avoir au centre de l'Europe, même pour cinq ou six ans, une république socialiste ; si la dévastation qu'elle ferait en France serait affreuse, le mal qu'elle ferait en Europe serait très grand. L'espèce des démolisseurs ne manque nulle part : elle abonde en Angleterre, où la suppression de la petite propriété et le développement de l'industrie ont multiplié si prodigieusement le nombre des gens qui vivent au jour le jour par le travail de leurs mains. Ceux-ci sont unis, organisés en ligues secrètes; il n'est pas sûr que leur ambition se confine toujours dans les questions de salaire, et que, forts de leur multitude, ils ne songent pas un jour à mettre la main sur les choses de l'État; certainement une propagande socialiste venue de France et autorisée par une réussite locale ne serait pas sans effet sur eux. Les idées sont contagieuses, surtout les idées trop simples qui s'autorisent à force de promesses et qui érigent en droits les besoins. Il y a là un péril pour l'Europe, péril encore plus grand que celui de l'ancienne propagande égalitaire, et il importe à l'Angleterre plus qu'à tout autre peuple d'arrêter les événements qui pourraient préparer un foyer à la contagion. — D'autre part, tout le monde sait combien les Français sont capables d'abdiquer leur liberté aux mains de l'homme qui peut leur donner l'ordre civil et la gloire militaire; à cet égard les avènements de Napoléon Ier et de Napoléon III sont concluants; on peut admettre sans se hasarder beaucoup que chez eux toute période révolutionnaire a chance de finir par un despotisme guerrier; s'ils passent par les troubles que nous disions, il est probable qu'un maréchal heureux, quelque parvenu de génie, ralliant leurs forces, conduisant leur enthousiasme, ouvrira une nouvelle carrière de batailles et livrera encore une fois l'Europe aux aventures. — Ces prévisions sont conjecturales, mais nul esprit à longue portée ne peut les écarter comme vaines, et nul homme d'État ne doit fermer les yeux devant les redoutables fantômes que le raisonnement, autorisé par l'expérience, nous fait entrevoir dans l'avenir.

D'autres motifs sont encore plus pressants. Il n'est pas bon qu'il y ait un homme comme Napoléon Ier en Europe; à plus forte raison il n'est pas bon qu'il y ait en Europe un peuple animé de sentiments analogues à ceux de Napoléon Ier. Or tel est aujourd'hui le cas de la Prusse. Il suffit pour en être certain d'avoir lu les livres et les journaux qui se publient en Allemagne depuis trente ans. On y pose en principe que le peuple allemand est la nation élue, qu'étant le plus vertueux, le plus éclairé et le plus grand de tous, il doit avoir la suprématie dans le monde, que sa primauté intellectuelle et morale doit être complétée par son ascendant politique. De par la force des choses et de par la volonté de Dieu, il a « une mission historique » et cette mission il la remplit. Voilà la phrase demi fataliste et demi mystique qui, dans son vague inquiétant, résume les aspirations allemandes. La formule est si populaire qu'elle est devenue officielle et pénètre dans les manifestes des gouvernements. Elle s'étale dans tous leurs livres, elle entre dans l'éducation, elle descend de toutes les chaires; on peut dire avec vérité que la guerre présente est l'œuvre des professeurs, de même que la

Révolution française fut l'œuvre des encyclopédistes. A la fin du dernier siècle, le Français ayant établi l'égalité se croyait de bon cœur supérieur aux autres peuples, les malmenait, les conquérait, agissait en homme convaincu qu'il leur apportait une civilisation plus haute. — Aujourd'hui l'Allemand trouve un ressort égal dans un orgueil semblable, orgueil moins bruyant, moins étalé, mais plus tenace, nourri par une plus longue méditation, partant plus intraitable et plus envahissant; lui aussi il croit faire honneur aux populations qu'il conquiert, et ne doute pas que l'Alsace extorquée ne soit bientôt heureuse et fière d'être de la grande nation qui est la nation allemande. Parti de là, il va loin. C'est en Allemagne une idée populaire et une doctrine scientifique que tout ce qui parle allemand appartient de droit à l'Allemagne et doit lui revenir tôt ou tard; tant pis pour l'histoire et les traités; le propriétaire légitime reprend son bien où il le trouve, même transformé, même mélangé d'éléments étrangers, hier le Schleswig à demi danois, aujourd'hui l'Alsace française et la moitié de la Lorraine française, demain les portions de la Suisse, de l'Autriche, et de la Russie où l'on parle allemand. Sur ce dernier article les diplomates nient; mais lisez les correspondances des journaux allemands sur l'état des provinces russes de la Baltique, causez avec des professeurs et des officiers et vous apprendrez jusqu'où vont les prétentions nationales. La « mission historique » les pousse bien au delà encore; selon leurs formules, un peuple a le droit d'acquérir

« tout ce qui est indispensable à son développement ; » entre autres les débouchés et notamment la mer. De là les ports militaires récents, Kiel enlevé au Danemark, des vues sur le Jutland et les îles danoises, d'autres vues sur la Hollande, un regard hasardé sur Trieste. Un Allemand s'exalte à froid ; ses théories se raidissent en convictions et au bout d'un demi-siècle passent à l'acte. Plus impétueuses et plus brusques, mais non plus personnelles et non plus dangereuses étaient celles du premier Napoléon ; lui aussi, de son besoin, il concluait à son droit et faisait sa main aux dépens de l'Europe. Conduite par l'Angleterre, l'Europe lui a résisté. Aujourd'hui la situation est la même avec cette différence que le danger, quoique plus lointain, est plus grand, puisqu'il est produit, non par l'ambition d'un homme, mais par l'ambition d'un peuple, non par l'élan militaire d'un gouvernement viager, mais par la rapacité consciencieuse, systématique et méditée d'une nation vivace. L'Angleterre a raison de prendre contre l'une les précautions qu'elle a prises contre l'autre ; elle suit son propre exemple en ralliant aujourd'hui comme autrefois tous les neutres pour mettre une digue au torrent.

Telles sont les raisons que l'Angleterre et les neutres peuvent se donner à eux-mêmes ; ils en ont d'autres à présenter au gouvernement prussien. Admettons que ses succès continuent ; même au plus haut de ses espérances, il ne compte pas prendre Paris et Metz avant deux mois et en sacrifiant moins de cent mille hommes. Une fois au Louvre et à l'Hôtel de Ville, les Prussiens trouveront-ils devant eux ce quelqu'un qui manque aujourd'hui et sans lequel il n'y a point de traité valable ou même possible ? Huit ou dix membres du Gouvernement provisoire, captifs à Paris, auront-ils qualité pour conclure, et leur état de prisonniers leur donnera-t-il une autorité que libres ils n'ont pas et ne peuvent avoir? Ainsi même après la capitulation de Paris, la guerre se prolonge ; les Prussiens se donnent la tâche de poursuivre le gouvernement qui siège à Tours, de prendre Bourges, Lyon, Rennes, Rouen, Bordeaux, Toulouse, Marseille, soixante-dix départements ; nous sommes au premier janvier, c'est une campagne en plein hiver, il reste à vaincre deux ou trois cent mille hommes et il s'agit d'occuper toute la France. — Poussons les choses à bout, toute la France est occupée, les Prussiens n'ont plus à faire qu'à des guérillas. La question demeure toujours la même. Avec qui vont-ils traiter? Admettons par impossible qu'une Assemblée constituante se réunisse au Palais législatif ou que l'Empereur déchu rentre aux Tuileries sous la menace ou la protection de leurs baïonnettes. Est-ce là un gouvernement autorisé? Quelqu'un croit-il qu'il puisse tenir ce qu'il promettra ? Y a-t-il un adversaire qui ose se fier à sa signature ? Y aura-t-il un Français qui se sente engagé par ses engagements ? Un pareil traité serait-il autre chose qu'une trêve sans durée précise, à terme arbitraire, moins qu'un armistice ? C'est donc à la guerre qu'il conduit, à la guerre indéfinie. Ainsi la Prusse, en poussant la France à bout, s'est mise avec la France dans une impasse ; nulle issue pour l'une ni pour l'autre; mais dans l'intérêt de l'une comme de l'autre, il faut une issue, et le seul moyen d'en ouvrir une, c'est que le vainqueur s'effaçant à demi, pour un instant, laisse le vaincu changer d'attitude et fournir à tous les deux un passage commun. Ce passage est l'armistice tel qu'on l'a défini, l'armistice qui sans rien préjuger permette la libre et universelle élection d'une Constituante, ayant qualité et autorité pour engager à demeure le peuple entier qu'elle représentera et qui l'aura choisie. Il est dans les intérêts du Gouvernement prussien d'en laisser convoquer une; car on ne se bat que pour obtenir une certaine chose et on ne l'obtient pas, tant qu'on n'a point devant soi *quelqu'un*, assemblée, monarque, gouvernement régulier qui puisse effectivement la concéder.

Appuyés de tels motifs, au nom de l'intérêt prussien et persuadés par leur propre intérêt, l'Angleterre et les neutres peuvent parler ferme; c'est quelque chose que l'insistance de l'Europe entière, surtout quand l'Europe a pour elle l'humanité, le bon sens, l'opinion, et que, pour résister à ses sollicitations, elle ne trouve contre elle que la violence aveugle d'un parti militaire. Nous espérons que dans son entremise elle ira jusqu'au bout. L'homme de sang-froid qui voit une rixe sur le grand chemin laisse d'abord les adversaires se battre; mais si l'un d'eux terrassé et meurtri entraîne avec lui son ennemi dans une fondrière et si l'autre s'acharne au risque de rouler lui-même dans le trou sanglant, les passants qui ont un peu de cœur et de raison s'arrêtent, s'émeuvent, s'inquiètent, refusent de demeurer muets et immobiles. Ils exhortent le vainqueur d'abord d'une voix calme, puis avec véhémence, en haussant le ton à mesure que le péril croît; et à la fin, si le furieux s'obstine, ils ont le droit d'intervenir de la main comme de la voix.

Octobre 1870.

FONDATION DE L'ÉCOLE LIBRE

DES SCIENCES POLITIQUES

Un homme, ayant donné sa procuration, se trouve tout d'un coup, par la faute de ses mandataires, engagé dans une opération désastreuse, bientôt demi-ruiné, en faillite ; voyant sa caisse vide et les recors dans sa maison, il prend le meilleur procureur possible afin de pourvoir au plus pressant, et le charge de mettre de l'ordre dans les comptes, d'équilibrer la recette et la dépense, d'éconduire au plus tôt tous les recors. Mais cela ne suffit pas ; il est évident que, s'il n'est pas imbécile ou fou, il voudra profiter de son expérience, et désormais prendre part à ses affaires, connaître son budget, comprendre ses procès, se mettre en état de raisonner avec ses mandataires, lire le Code, faire ses comptes, étudier le papier timbré.

Voilà à peu près où nous en sommes. Nous avons donné nos pouvoirs à un très habile homme d'affaires, et en ce moment il liquide en notre nom ; mais nous serions bien sots si nous ne faisions pas davantage. Nous serons toujours obligés d'avoir recours à des procureurs ; mais le paysan le plus obtus raisonne avec le sien, et, quand son notaire ou son avoué lui propose un acte, il s'en fait expliquer les conséquences. Tâchons de ne pas être plus obtus qu'un paysan; car il s'agit, pour nous comme pour lui, d'affaires personnelles et graves. Les intérêts publics de la France sont les intérêts privés de chaque Français; nous ne le savons que trop aujourd'hui; chacun peut trouver une leçon dans l'aspect de sa maison effondrée ou pillée, de ses bois dévastés, de son commerce arrêté, de ses impositions accrues, de son revenu diminué, de son avenir compromis. En présence de pareils désastres, il ne suffit pas d'avoir des impressions et des préférences en politique; il faut y regarder de plus près, d'aussi près que pour faire une entreprise industrielle ou un placement de fonds; avoir une opinion motivée, fondée sur des faits, des chiffres et des documents sûrs. Il y en a en politique comme dans le reste; ce qui manque, c'est une institution qui les rassemble, les coordonne et les mette à la portée du public. Voilà le but d'une entreprise que le *Journal des Débats* annonçait il y a quelques jours : la fondation d'une *École libre des sciences politiques*.

Y a-t-il des sciences politiques? A tout le moins, il y a des groupes de renseignements positifs qui, en matière politique, servent à préciser la discussion, à diriger le jugement, à limiter le champ du rêve, de l'extravagance et de l'erreur. Nous avons conversé longuement et plusieurs fois avec les fondateurs de l'œuvre, MM. Boutmy et Vinet, et nous nous associons de toutes nos sympathies à l'esprit prudent et pratique dans lequel ils la conçoivent. Non seulement ils ne songent pas à soutenir un parti, mais ils veulent maintenir l'enseignement en dehors des théories; ce qu'ils souhaitent, c'est de contribuer à la connaissance des faits et documents statistiques, moraux, diplomatiques, militaires, commerciaux, législatifs, historiques de toute espèce, sans lesquels on ne peut avoir d'idée nette ou d'opinion autorisée sur les affaires publique. Un Anglais, un Américain bien élevé les possède; nous ne les possédons pas, et c'est pour cela que nous nous abstenons ou nous décidons en aveugles. Républicains, absolutistes, partisans de la monarchie modérée, socialistes, quelles que soient nos préférences, nous en avons besoin, ne fût-ce que pour avoir confiance en notre jugement et ne pas mépriser notre choix. Le lecteur en jugera par cette analyse des dix cours que comprend le programme; je ne fais que le commenter d'après les entretiens de M. Boutmy.

Un premier cours traitera *des limites et communications naturelles, des races, des langues et des religions dans les principaux États*. Ceci est le dessin général de l'échiquier politique. Les sept ou huit États qui ont une place importante dans le monde jouent un rôle qui, en grande partie, est déterminé d'avance par la nature de leur sol et de leur climat, par le caractère de la race ou des races qui les composent, par la religion qu'ils ont adoptée. Aujourd'hui, nous vivons en Europe sous la pression et sous les menaces d'un empire plus redoutable que celui de Napoléon Ier ou de Charles-Quint, et il n'est pas un Français qui ne regarde avec espoir ou désir du côté de l'Autriche et de la Russie. Quelle est la cohésion de cet amas de races enchevêtrées des deux côtés du Danube et maintenues ensemble depuis quatre siècles par une organisation militaire, par une tradition historique, par l'ascendant héréditaire d'une famille souveraine? Qu'est-ce que cette immense plaine froide située au delà du Niemen, où des serfs du XIIIe siècle, conduits par des officiers nobles, obéissent avec un enthousiasme religieux à un czar qui est presque leur Pape? Sans ces notions de géographie et d'ethnographie, il est impossible d'avoir une idée, même grossière, des questions qui peuvent surgir à propos de la Turquie et de l'Égypte, de l'Algérie et de l'Irlande, du Danemark ou des États-Unis. Elles forment un cadre préalable, et c'est entre leurs vastes lignes que se distribue le reste.

D'autres lignes plus précises marquent les stations du mouvement historique que celles-là ont dirigé. Il s'agit des traités qui fixent la position et les droits respectifs des puissances. Un second cours exposera *les antécédents et les conditions des traités conclus entre les grands États depuis la paix de Westphalie*. Certainement on y lira les pièces elles-mêmes et la correspondance des ambassadeurs; il n'y a pas de meilleure école. A cet égard, notre ignorance est déplorable; les trois quarts des gens cultivés raisonnent sur les alliances et remanient la carte de l'Europe en politiques de café; ils croient que le rôle de diplomate est à leur portée, à la portée de tout le monde; nous avons eu, l'an dernier, la preuve de cette présomption et de cette insuffisance, et nous n'avons qu'à lire certains journaux ou la plupart des brochures pour les retrouver tous les jours. Ce caquet est vite rabattu par l'étude des documents originaux; ils sont en grand ce que sont en petit de bonnes requêtes d'avoué, de bons rapports auprès d'un conseil d'administration. On y voit la difficulté et les complications des grandes affaires; on peut y admirer le plus souvent des merveilles de logique, de tact, de science positive, de prévision; on y devient modeste, et l'on y apprend le présent par le passé. Nous lisons en ce moment les dépêches qui ont précédé la dernière guerre; si les bavards et les imprudents qui poussaient alors la roue fatale avaient eu sous les yeux celles des ambassadeurs au Congrès de Vienne en 1814 et en 1815, s'ils avaient pesé une à une les idées de M. de Hardenberg et de Guillaume de Humboldt, ils auraient réfléchi deux fois devant l'abîme de haine et de rancune toujours ouvert au delà du Rhin, et dans lequel ils nous précipitaient. Un tel cours est un antidote contre l'habitude de déraisonner dans la politique extérieure; et c'est par une étude de ce genre que tous les diplomates éminents ou seulement compétents ont préparé leur aptitude, leur génie ou leur talent.

Revenons maintenant dans l'intérieur de chaque État, et notamment de la France. Un troisième cours a pour objet *le travail et la richesse*. M. Thiers évaluait dernièrement la production totale de la France à quinze ou seize milliards par an; M. Dudley Baxter porte la somme de tous les salaires et revenus de l'Angleterre à une vingtaine de milliards. Voilà le résumé et le sommaire qu'il faudrait avoir approximativement pour les principaux États de l'Europe et pour les États-Unis. A côté de ce total, il faut avoir les sommes partielles.

Par exemple, quel est, d'après les statistiques officielles ou vérifiées, en France et dans les principaux États, le produit, compté en nature ou évalué en argent, de l'agriculture, de l'industrie, du commerce, et de chaque branche du commerce, de l'industrie, de l'agriculture? Quel est le rendement du pays en céréales, en vin, en viande, en fer manufacturé, en tissus, en houille, en industries de luxe? Quel est le chiffre de la population? quel est celui de la population adulte, valide, et qui travaille? Quelle est la proportion des différentes classes, agriculteurs, ouvriers, chefs d'exploitations agricoles, industrielles et commerciales, personnes adonnées aux professions libérales, rentiers? Comment se distribue la richesse? Quel est le salaire moyen de l'ouvrier ou du laboureur? Quel est le prix des objets de première nécessité, le pain, la viande, la boisson, le logement, le feu, la lumière? Des comparaisons de ce genre entre les différents États sont infiniment instructives, surtout si l'on ajoute pour chaque État la comparaison des diverses périodes successives, si pour la France, par exemple, on note les progrès de la population et de la richesse depuis 1789 jusqu'à nos jours, si l'on met en regard les profits et les dépenses du journalier à la fin de l'ancien régime et aujourd'hui. Une telle enquête donne le budget de la nation et l'histoire du bien-être, et ses conclusions sont les fondements de toutes les mesures que nous devons prendre, comme de toutes les espérances que nous pouvons former.

Depuis cent ans, une science nouvelle, l'économie politique, a pris cette question pour domaine; elle y a répondu par diverses théories qui, lentement élaborées, aboutissent aujourd'hui, sur plusieurs points, à des conclusions universellement admises. L'*Histoire des variations et des progrès de ces théories depuis Adam Smith* fera le sujet du quatrième cours. Là-dessus il n'est pas besoin d'insister. Ces théories sont des forces, elles ont fait abolir en Angleterre la loi sur les céréales; reconnues ou contestées dans leur application, elles interviennent aujourd'hui dans tous les débats qui concernent la production et l'échange. A tout le moins il faut les connaître, d'autant plus qu'elles ne peuvent manquer d'intervenir dans la lutte plus profonde qui divise aujourd'hui les classes. Qu'est-ce que le capital? Quels sont les services actuels qu'il rend et de quels services antérieurs est-il l'amas? A quel titre produit-il un intérêt? Dans ces derniers temps, un manuel d'économie politique a été rédigé pour nos colléges, et les questions de cette espèce sont considérées en Angleterre et en Amérique comme si importantes, que pas un homme un peu cultivé n'y est étranger. Il n'y a que trois cours d'économie politique à Paris, et je ne sais pas s'il y en a d'autres en France. Celui-ci a sa place obligée dans la Faculté dont nous parlons.

A côté de ces cours qui exposent le budget de la nation, il en faut un autre qui explique le budget de l'État. Il a pour titre *les Finances*. Quel est le chiffre total des recettes et des dépenses de l'État en France et chez les autres peuples civilisés? Comment se subdivisent cette recette et cette dépense? Combien pour la dette, pour l'armée, pour la marine, pour les travaux publics, pour la magistrature, pour l'instruction, pour l'administration, pour les cultes? Combien par l'impôt foncier, par les douanes, par l'enregistrement, par les droits sur le tabac et les spiritueux, par la poste? Pourquoi tels impôts dans tels États? A quelles conditions telle sorte de taxe est-elle supportable ou oppressive? Quelles sont les raisons et les expériences pour et contre l'impôt sur le revenu? Quelle est, dans chaque État, l'histoire de la dette, et de chaque sorte principale d'impositions? Rien de plus utile que de savoir comment l'Angleterre en 1815, comment les États-Unis depuis la défaite du Sud, comment la Hollande si chargée ont manœuvré sous un faix immense. D'autre part, si l'on veut juger nos régimes successifs, il n'y a qu'à constater les surcroîts inégaux qu'ils ont ajoutés tour à tour à notre dette. Budgets, impôts, crédits, emprunts, organisations financières étudiées dans leur histoire et comparées chez les principaux peuples, tel est l'objet du cours; et, sans une étude de ce genre, personne, en matière de finances, n'a le droit d'avoir un avis.

Nous arrivons aux cours qui touchent de plus près la vie morale. L'un des plus essentiels, à mon avis, est celui de *Droit comparé*. Il n'y en a point dans nos Facultés de Droit : pourtant tous ceux qui s'occupent d'histoire savent par expérience que le document le plus instructif sur les mœurs et le caractère d'une nation est l'ensemble de ses lois civiles, car elles régissent la vie privée de chaque citoyen ; on a sous les yeux le tableau des mœurs, si aux lois écrites on ajoute les coutumes régnantes. Qu'est-ce que le mariage en France, aux États-Unis, en Angleterre, en Allemagne ? Quelle est l'autorité légale ou effective du mari et du père ? On ne peut comprendre ni juger la loi de son pays si l'on ne connaît pas celle des autres ; pour conserver ou pour corriger notre code, il faut savoir comment des conditions différentes entraînent à l'étranger des règles et des pratiques différentes : pourquoi un Anglais ou un Américain peut déshériter ses enfants ; pourquoi il peut se marier sans le consentement de ses parents ; pourquoi en son pays une femme peut se passer de dot ou n'en avoir qu'une très petite ; comment cette dot, si elle est constituée, est mise à l'abri ; quels sont là-bas et en Allemagne les effets du droit d'aînesse et les conditions du divorce. A cette histoire de la famille depuis 1800 dans les pays civilisés, le cours ajoutera celle de la criminalité et de la procédure. Comment juge-t-on en Angleterre et en Amérique ? Quelles sont chez nous et là-bas les garanties de l'accusé et les moyens d'assurer la répression ? En quoi diffèrent les rôles d'un juge anglais et d'un juge français ? Quels sont les avantages et les inconvénients de la caution en matière criminelle ? En quels cas et avec quels effets l'institution du jury est-elle appliquée dans chaque nation ? Si le professeur a vu la machine à l'œuvre, il saura qu'elle n'est qu'un organe dans un corps vivant, que cet organe ne peut être transporté tel quel dans un autre corps, qu'on ne doit toucher à un organisme qu'après des réflexions et avec des précautions infinies ; ici, comme en toute matière sociale, la science engendre la prudence, et l'étude minutieuse diminue le nombre des révolutionnaires en diminuant celui des théoriciens.

Ici s'ouvre le premier cours de droit politique ; il a pour titre : *De l'Administration*, et aura pour sujet « les différents systèmes d'administration locale et cen-« trale appliqués chez les principales nations depuis le « XVIIe siècle. » La commune, le canton, l'arrondissement, le département, avec leurs magistrats et leurs conseils élus ou nommés par le pouvoir central, voilà les subdivisions et les pouvoirs en France, et il est utile de les comparer membre à membre à leurs correspondants d'Angleterre, d'Amérique, de Prusse, d'Italie et d'Espagne, en considérant tour à tour dans chaque pays la dimension des groupes locaux, leur degré de liberté et d'initiative, les attributions de chaque pouvoir, le mode d'élection, la façon d'assurer la responsabilité des autorités diverses, les habitudes et les traits de caractère national qui font marcher dans un pays une machine destinée à l'immobilité dans un autre. Si la Belgique est un pays libre, si l'Italie, dans ces derniers temps, a pu traverser des secousses si rudes, cela tient en grande partie à leur antique organisation municipale. Il est très bon de songer à décentraliser la France ; mais, pour concevoir les conditions du problème, il faut au préalable savoir exactement, outre l'état des pays dans lesquels la centralisation est moindre, l'histoire détaillée de notre administration locale et centrale en 1791, sous le Directoire, sous le premier Empire, sous la Restauration, sous le roi Louis-Philippe et jusqu'à nos jours.

Pour achever l'étude des grands organes sociaux, il reste à faire un cours sur l'armée ; celui-là a pour titre *Histoire comparée de l'organisation militaire chez les principaux peuples depuis Frédéric II.* Les différents modes du recrutement volontaire ou obligatoire, par conscriptions partielles ou totales, l'ordre de mobilisation des classes, l'éducation du soldat et de l'officier, l'adaptation de l'armement et de la discipline aux progrès de l'art militaire, ce sont là des matières qui exigent un homme spécial. Un pareil cours aura égard à ses auditeurs ; il a pour but, non de former des officiers, mais de fournir à des citoyens les moyens d'avoir une opinion dans les questions militaires. Si désormais, en France, tout le monde doit être soldat, il est bon que, librement et après enquête, chacun soit convaincu qu'il doit l'être. L'organisation de l'armée en Allemagne est aujourd'hui la question qui nous intéresse le plus. Il nous importe aussi de savoir comment s'est improvisée et a vécu l'armée en Amérique, ce que valaient en 1792 et en 1793 les premières levées de la République française, à quoi mène l'élection des officiers par les soldats, ce que peuvent des institutions qui, comme celles de la Russie, de l'Angleterre, ou des Confins militaires en Autriche, font de l'homme un soldat pour vingt ans, pour toute la vie, parfois de père en fils, ce que comporte le caractère de chaque nation ou le degré de civilisation de chaque pays.

Tout cela aboutit à l'*Étude comparée des constitutions politiques en vigueur depuis la fondation de la République américaine en* 1776. Plusieurs parties du sujet ont été exposées par M. de Laboulaye au Collège de France; nous avons dans les ouvrages de M. de Tocqueville la meilleure description de l'Ancien régime chez nous et de la république démocratique aux États-Unis. Il s'agit de réunir ces études éparses pour en faire un corps. Presque tous les États depuis cent ans sont gouvernés par deux Chambres et par un président, roi ou empereur. Exposer dans les différents pays les attributions de chaque pouvoir, les modes d'élection des députés, la composition de la Chambre basse et de la Chambre haute, les raisons qui ont soutenu ou fait tomber l'édifice, l'appropriation complète ou insuffisante de chaque édifice au caractère et à la position de ses habitants, éclairer l'histoire de nos dix Constitutions fragiles par le contraste des Constitutions analogues qui ont subsisté, examiner le gouvernement parlementaire en Belgique, en Hollande, en Italie, en Suède, en Angleterre, aux États-Unis, ce sont là autant d'études capables de modérer notre manie de fabriquer à la volée une Constitution parfaite et notre habitude de mettre à bas, au nom d'un principe abstrait, celle que nous avons.

Les neuf cours précédents ne sont guère que des exposés de faits et des résumés de l'expérience; le dernier fera le récit des utopies et des projets, car ces projets et ces utopies sont aussi des forces; il sera l'*Histoire des théories contemporaines relatives à l'organisation des sociétés*, et marquera l'influence de ces théories sur la société moderne. Il est bon de connaître ses adversaires, leur mobile, leur principe et leur puissance. Depuis Babeuf jusqu'à Saint-Simon et Fourier, depuis Proudhon, Louis Blanc et Cabet jusqu'à l'Internationale, plusieurs sortes de milléniums ont été construits sur le papier, et nous savons quels ravages ils font dans des cerveaux incultes conduits par des cerveaux demi-cultivés. Si la religion vient les consacrer, ils peuvent aboutir à des constructions effectives, quoique partielles et peu durables; les sectes fanatiques de la Russie, les Mormons et les perfectionnistes des États-Unis montrent quel est le mobile nécessaire pour les édifier. — A côté des rêveries, les théories soutenables ou du moins discutables fournissent le complément du cours; nous n'en manquons pas. Depuis celles de M. de Bonald et du comte de Maistre, de Benjamin Constant et de M. de Laboulaye, de M. de Broglie, de M. Guizot, de M. Paradol et de M. Le Play, la monarchie paternelle et absolutiste, le régime de la liberté complète, le système constitutionnel avec toutes ses variétés et toutes ses nuances, ont trouvé des apologistes et des réformateurs conséquents, ingénieux, savants, et dont les idées méritent d'être exposées avec détail. Ici encore l'enseignement doit être surtout historique; il ne s'agit point de professer une doctrine, mais de faire connaître des doctrines, et le premier devoir du maître est de ramener son cours à n'être qu'une source d'informations.

Telles sont les vues d'ensemble d'après lesquelles a été conçue l'École des Sciences politiques. Des conférences, ou cours accessoires, devront s'y adjoindre; à mon sens, il en est une entre autres dont on ne peut se passer et qui aura pour objet l'histoire comparée de l'enseignement public chez les principaux peuples de l'Europe, notamment en Allemagne et en France. Parfois un voyageur qui aura étudié avec les yeux quelques portions de la vie d'un peuple étranger, un savant spécial qui pourra parler sur quelques questions actuelles et importantes, sera invité à faire deux ou trois leçons. — Dans les cours eux-mêmes, les maîtres s'attacheront surtout à fournir des cadres, à indiquer les sources, à suggérer les recherches, à enseigner l'art de travailler et de trouver. — Je ne pense pas que les auditeurs manquent; sur trois mille étudiants en droit à Paris, on en compte dix-sept cents qui, ayant de l'aisance ou de la fortune, considèrent leurs études comme un complément d'éducation et ne veulent point devenir hommes de loi; ils ont du loisir, surtout pendant les deux premières années, et sans doute beaucoup d'entre eux, au lieu de prendre au hasard une opinion politique, voudront apprendre avant de croire et savoir avant de parler. — Les cours dureront deux ans ; chacun d'eux se composera de vingt leçons environ, en tout cent leçons par an ; c'est assez et ce n'est pas trop. Voilà le cadre préalable ; au reste, un enseignement qui a pour fondement l'expérience consultera lui-même l'expérience pour se développer s'il en a besoin. — Les professeurs sont désignés et ont accepté. — Notez surtout que l'École est *libre*, sans aucune attache, fondée et soutenue entièrement par des souscriptions privées, et que, de compte fait, la somme nécessaire à son entretien annuel est modique : mille souscripteurs suffiront ; notre pays ne mériterait pas grande estime s'il ne s'y trouvait pas mille personnes disposées à donner quelques louis par an pour fonder l'instruction politique. — En ce moment, c'est au gouvernement que nous nous adressons, pour lui demander, non de l'argent, mais l'autorisation que la loi exige, pour obtenir de lui la permission de nous instruire de nos affaires, pour remplir de faits, de chiffres et de documents les têtes qui, si elles restent vides, ne logeront que l'indifférence ou les utopies, pour étudier sérieusement et silencieusement, sans aucun drapeau à notre porte, hors du bruit de la rue et des préjugés des partis. Les noms les plus honorables servent de répondants à l'entreprise, et je ne compte pas parmi les moindres celui de l'homme désintéressé, dévoué, vraiment libéral et vraiment français, dont le zèle, le patriotisme, le tact délicat, le talent d'organisation, l'esprit actif et modéré, ont commencé, conduit et poussé presque à terme une œuvre aussi utile à la science qu'à son pays.

Journal des Débats, 17 octobre 1871.

DU SUFFRAGE UNIVERSEL

ET DE LA MANIÈRE DE VOTER

Parmi les lois que va faire l'Assemblée nationale, l'une des premières et la plus importante est certainement celle qui concerne les élections. Comment seront nommés les députés de l'Assemblée future? — Sur cette question capitale, il est utile que l'opinion publique prévienne la décision de la Chambre ; nous devons nous enquérir au préalable, examiner, discuter, sortir de l'attente inerte et vague ; il faut que chaque particulier tâche d'avoir un avis. C'est pour cela que je me hasarde à présenter le mien, afin d'en provoquer d'autres.

I

Il est très probable que le suffrage universel sera maintenu. — Sans doute, nous n'en avons pas fait trop bon usage ; nos gouvernements l'ont manié comme un cheval robuste et aveugle ; selon le côté où on le tirait, il a donné à droite ou à gauche ; aujourd'hui il semble qu'il refuse de marcher[1]. Néanmoins, je ne crois pas

1. Dans la dernière élection des conseils généraux, deux électeurs sur trois n'ont pas voté.

qu'on puisse ni qu'on veuille s'en défaire. — La première raison, c'est qu'il est employé depuis vingt-trois ans ; or quand une habitude est déjà vieille d'un quart de siècle, elle est puissante. — En outre, l'opinion libérale, ou, du moins, l'opinion populaire est pour lui; c'est pourquoi beaucoup de gens qui ne l'aiment guère consentiront à le garder pour ne pas retirer au gouvernement nouveau les sympathies de la multitude. — Une troisième raison plus forte, c'est qu'il paraît conforme à l'équité. Que je porte une blouse ou un habit, que je sois capitaliste ou manœuvre, personne n'a droit de disposer, sans mon consentement, de mon argent ou de ma vie. Pour que cinq cents personnes réunies dans une salle puissent justement taxer mon bien, ou m'envoyer à la frontière, il faut que, tacitement ou expressément, je les y autorise; or la façon la plus naturelle de les autoriser est de les élire. Il est donc raisonnable qu'un paysan, un ouvrier, vote tout comme un bourgeois ou un noble; il a beau être ignorant, lourd, mal informé; sa petite épargne, sa vie sont à lui et non à d'autres; on lui fait tort, quand on les emploie sans le consulter, de près ou de loin, sur cet emploi.

Admettons-nous ce principe? — En ce cas, nous devons l'appliquer loyalement et de bonne foi. Si le contribuable est consulté, qu'il soit consulté effectivement et non pas seulement en apparence. Si nous l'appelons à voter, faisons la loi de telle sorte que son bulletin ne soit pas un simple morceau de papier noirci qu'on lui met dans la main et qu'il glisse dans une boite, mais un acte de confiance, une marque de préférence, une œuvre de volonté, un véritable choix. Ne lui donnons pas un droit de suffrage illusoire. Accommodons la loi à son état d'esprit, à son degré d'intelligence; nous ne la faisons pas pour l'homme en soi, pour le citoyen idéal, pour le Français de l'an 2000, mais pour le Français de 1871, pour le paysan, l'ouvrier, le bourgeois de nos villages et de nos villes, pour l'homme en blouse, en vareuse ou en redingote, que nous voyons tous les jours dans nos champs et dans nos rues. Il faut qu'elle soit proportionnée, adaptée à cet homme; sinon elle sera une tromperie, une loi malhonnête, et il n'y a rien de pis que la malhonnêteté de la loi.

II

Cela suffit pour rejeter d'abord le scrutin de liste. D'ailleurs il est à peine besoin de le combattre; tous les gens réfléchis sont d'accord pour le traiter de jonglerie. Il semble qu'il ait été inventé pour contraindre l'électeur à choisir des hommes qu'il ne connaît pas, à voter au hasard, en aveugle. — Vous lui ordonnez de nommer huit, dix, quinze, et jusqu'à quarante-trois députés à la fois. A peine s'il en connaît de nom deux ou trois; encore faut-il pour cela qu'il soit un homme instruit, éclairé. S'il est un paysan, un ouvrier, même un petit boutiquier de village, un artisan maître, les chances sont nombreuses pour que tous ces noms lui soient étrangers. — Admettons qu'il s'informe. Quelqu'un lui répond que telle liste est la bonne; sur cette réponse, il vote, et, plus souvent, il ne vote pas, il se méfie. Car à quoi bon voter pour huit inconnus plutôt que pour huit autres, et qui lui dit que, des deux bulletins glissés dans sa poche, le bon n'est pas celui qu'il y a laissé? — Vous voulez l'arracher à ses préférences locales, à ses intérêts de clocher? Fort bien, mais voici un moyen encore plus efficace; délivrez-le aussi de ses préférences départementales. C'est trop peu de lui faire nommer les huit, dix, vingt ou quarante-trois députés de son département; qu'il nomme tous ceux de la France, sept cent cinquante. De cette façon son choix sera pur de toute pensée égoïste. En outre, il aura la satisfaction et la gloire de se voir représenté, non par un petit groupe de députés, mais par l'Assemblée nationale tout entière. D'ailleurs l'opération sera facile : deux ou trois conciliabules parisiens fabriqueront d'avance les deux ou trois listes nécessaires; elles partiront par la poste, et les électeurs des départements n'auront d'autre peine que d'en mettre une dans l'urne. Ils sauront que l'une est rouge, l'autre blanche, l'autre entre les deux; je recommanderais même aux entrepreneurs électoraux de fabriquer des papiers de ces trois couleurs, alors ils seraient parlants; l'électeur n'aurait besoin que d'avoir des yeux, et un chien savant pourrait presque voter à sa place. — Pour moi, j'ose croire qu'un paysan, un ouvrier, n'est pas un chien savant, mais un homme, que, s'il vote, il doit faire œuvre d'homme, c'est-à-dire juger son candidat, et il me suffit de relire les circulaires de M. Ledru-Rollin en 1848, de M. Gambetta en 1871, pour reconnaître dans les inventeurs du scrutin de liste des dictateurs déguisés en libéraux, persuadés que leur volonté privée vaut mieux que la volonté publique, qui, en feignant de nous consulter, nous dictent notre réponse, et se font nos maîtres sous prétexte d'être nos serviteurs.

III

Il faut donc que l'électeur nomme un seul député et ne soit pas obligé d'en nommer une bande. — Comment faire pour qu'alors son vote ne soit pas seulement la remise d'un bulletin, mais le choix d'un individu, une préférence motivée, décidée, personnelle? — En ce sujet, la plupart des gens qui tâchent de bien raisonner habitent de grandes villes; ils apportent involontairement dans leur examen des habitudes de citadins; ils oublient que la France ne se compose pas seulement de grandes cités, mais surtout de hameaux, villages, bourgs et petites villes[1]. 13 200 000 personnes habitent des communes au-dessous de 1000 âmes; 15 500 000 personnes habitent des communes de 1000 à 5000 âmes; sur 38 millions de Français, en voilà près de 29 millions qui vivent à la campagne ou

1. *Statistique de la France*, résultats généraux du dénombrement de 1866, publiés en 1869. Tous les chiffres qui suivent sont tirés de ce document officiel.

dans de très petits centres. — Le lect ur a-t-il voyagé à pied en France ? a-t-il fait séjour dans divers villages, bourgades et petites villes ? a-t-il l'habitude, quand il est à la campagne, de causer familièrement avec les villageois ? — D'après les dernières statistiques, sur dix millions d'électeurs, on compte environ cinq millions de cultivateurs, petits propriétaires, fermiers, journaliers et autres personnes travaillant à la terre, deux millions d'ouvriers proprement dits, un million et demi de boutiquiers, artisans maîtres, petits entrepreneurs et autres personnes appartenant à la demi-bourgeoisie, un million et demi de rentiers, hommes attachés aux professions libérales, gros industriels et négociants, personnes de la classe éclairée et supérieure. Voilà les gens qui vont voter : sur 20 votants, 10 paysans, 4 ouvriers, 3 demi-bourgeois, 3 hommes cultivés, aisés ou riches. Or la loi électorale, comme toute loi, doit avoir égard à la majorité, aux *quatorze* premiers. Par conséquent, rassemblons nos souvenirs et rappelons toute notre expérience pour nous figurer le moins inexactement possible ces quatorze premiers, leur état d'esprit, le nombre de leurs idées, les limites et la portée de leur intelligence. De cela dépendra le reste.

Il faut donc voir les hommes d'aussi près que possible, et pour cela faire encore un pas. Nous parlions tout à l'heure de cinq millions de cultivateurs ; mais la population rurale[1] est bien plus nombreuse. Elle com-

1. On appelle ainsi la population des communes qui ont moins de 2,000 âmes.

prend 70 pour 100 de la population totale, *quatorze* électeurs sur vingt. En effet, outre les cultivateurs, il faut ranger parmi les paysans tous ceux qui en ont les mœurs, les idées, les habitudes, tous ceux dont l'horizon, comme celui du cultivateur, ne s'étend guère au delà du clocher de la paroisse, c'est-à-dire un nombre énorme d'ouvriers fileurs, carriers, mineurs, dont la manufacture n'est pas dans une ville, un nombre très considérable de débitants et petits artisans maîtres, charrons, charpentiers, menuisiers, épiciers, marchands de vin qu'on trouve dans chaque village, un nombre presque aussi grand d'ouvriers de campagne, charretiers, manœuvres, sabotiers, forestiers, compagnons, qui, vivant aux champs, ont à peu près le degré de culture de leur voisin qui fauche ou laboure. — Or, en France, sur cent personnes du sexe masculin, il y en a trente-neuf illettrées, c'est-à-dire ne sachant pas lire ou ne sachant pas écrire. Comme ces illettrés appartiennent presque tous à la population rurale, cela fait dans cette population 39 illettrés sur 70. Ainsi, l'on ne se trompe pas de beaucoup si l'on estime à 7 sur 14, à la moitié du total le nombre des électeurs ruraux qui n'ont pas les premiers rudiments de l'instruction la plus élémentaire. Voilà déjà un indice d'après lequel on peut apprécier leur intelligence politique.

Il m'est souvent arrivé de causer avec eux sur les affaires publiques. A quinze lieues de Paris, tel, cultivateur et petit propriétaire, ne savait pas ce que c'est que le budget; quand je lui disais que l'argent versé chez le percepteur entre dans une caisse à Paris pour payer l'armée, les juges et le reste, qu'on tient registre de toutes les recettes et dépenses, il ouvrait de grands yeux; il avait l'air de faire une découverte. — Après les premiers emprunts du second Empire, un fermier normand disait à un de mes amis, orléaniste : « Ce « n'est pas votre gueux de Louis-Philippe qui nous « aurait donné de la rente à 67 francs. » — Après la guerre de 1859, en Italie, un paysan des environs de Paris approuvait l'expédition, et, pour toute raison, disait : « Oui, oui, on a bien fait de montrer que les « Français sont encore des hommes. » — Après le coup d'État, des cultivateurs me répétaient dans les Ardennes : « Louis-Napoléon est très riche, c'est lui qui va payer « le gouvernement; il n'y aura plus d'impôts. » — Aux environs de Tours, l'année dernière, des villageois voulaient passer sans payer sur les ponts à péage et monter en première classe au prix des troisièmes. « Puisque « nous sommes en république, nous avons le droit de « faire ce qui nous plait; il n'y aura plus de gendar- « mes. » — Je viens de lire la correspondance de vingt-cinq à trente préfets de 1814 à 1830; l'ignorance et la crédulité des populations rurales sont étonnantes. Au moment de l'expédition d'Espagne, des maires viennent demander au préfet du Loiret s'il est vrai que les alliés vont traverser le pays pour aller en Espagne et laisser en France une nouvelle armée d'occupation. Pendant plusieurs années, dans plusieurs départements, au mois de mars, on croit fermement que Napoléon arrive à

Brest avec 400 000 Américains, ou à Toulon avec 400 000 Turcs. — En maint endroit vous trouveriez encore des villageois qui se défient obstinément des nobles et les soupçonnent de vouloir rétablir les droits féodaux; l'assassinat de M. de Moneyis et quantité de paroles prononcées l'an dernier dans les campagnes ont prouvé que, dans beaucoup de cerveaux, il n'y a guère plus de lumières en 1870 qu'en 1815. — J'ai entre les mains un paquet de lettres et suppliques écrites au préfet, à l'ingénieur, aux principaux administrateurs d'un département de l'Est par de petits propriétaires de campagne, par des pompiers, par des boutiquiers de village : on n'imagine pas un pareil état d'esprit, un tel ahurissement, une si grande difficulté à penser et à raisonner, un vide si parfait de notions générales, une telle incapacité à comprendre les droits des particuliers ou les intérêts du public.

Ce sont encore des *sujets*, non plus sous un roi, mais sous un maître anonyme. Ils savent qu'il y a quelque part, bien loin, une grande chose puissante, le gouvernement, et qu'il faut lui obéir, parce qu'elle est puissante; autrement gare l'amende, les gendarmes et la prison! Sans doute, elle est utile, puisque les gendarmes arrêtent les malfaiteurs, et que les cantonniers bouchent les trous des routes. Mais surtout et avant tout elle est redoutable; les petits sont sous sa main toujours et en cent façons, par le percepteur, par le maire, par l'agent voyer, par le sous-inspecteur des forêts, par le commissaire de police, par le garde champêtre, par les commis des droits réunis, pour percer une porte, abattre un arbre, bâtir un hangar, ouvrir une échoppe, transporter une pièce de vin. Qu'une loi soit promulguée, qu'un arrêté soit rendu, qu'un fonctionnaire soit remplacé, l'auteur est toujours cet être abstrait, indéterminé, lointain, dont ils n'ont aucune idée nette, le gouvernement. — « *On* ordonne ceci. *On* ordonne cela. » — Cet *on* si vague est leur vrai souverain; ils le subissent ou l'acceptent comme le froid en hiver ou le chaud en été, comme un je ne sais quoi fatal, supérieur, établi de temps immémorial et sur lequel ils n'ont pas de prise. Renversé, rétabli, remplacé, renouvelé, peu leur importe; pour eux il est toujours à peu près le même. Le maire sait qu'à la ville, dans un bel appartement, est un monsieur digne, en habit brodé, qui le reçoit deux ou trois fois par an, lui parle avec autorité et condescendance, et souvent lui fait des questions embarrassantes. Mais, quand ce monsieur s'en va, il y en a un autre à sa place, tout pareil, avec le même habit, et le maire, de retour au logis, dit avec satisfaction : « Monsieur le préfet m'a toujours conservé sa bienveillance, quoiqu'on l'ait déjà changé plusieurs fois. »

IV

Tel est l'état d'esprit et, par suite, l'aptitude politique de *quatorze* électeurs sur vingt. — Je sens combien cette esquisse est insuffisante. Pour en faire un portrait, il faudrait écrire un volume et avoir le talent d'un romancier philosophe, celui de M. Flaubert dans *Madame Bovary*; on y trouvera le tableau de deux villages normands. Si nous avions cinq ou six ouvrages pareils sur d'autres provinces de la France, il suffirait d'y renvoyer le lecteur. — En attendant, je le prie de compléter par ses propres remarques les indications précédentes et de se demander quel mode de suffrage est à la portée des hommes qu'on vient de décrire. — Il est trop clair qu'ici le plébiscite, l'appel au peuple, l'invitation à voter sur la forme du gouvernement n'est qu'un tour de passe-passe, une pure duperie. Autant vaudrait demander à nos villageois s'ils sont whigs ou tories, s'ils préfèrent la constitution de Rome à celle d'Athènes. En cela, le scrutin de liste de la démocratie autoritaire et les plébiscites de l'Empire sont des escamotages légaux de même espèce, tous les deux également fondés sur le respect apparent et sur le mépris réel de la volonté publique. En effet, l'électeur, même un peu éclairé, à plus forte raison l'électeur ignorant, est vis-à-vis de son mandataire, comme vis-à-vis de son médecin ou de son avoué. Tout son office est de décider en quel homme spécial il a le plus de confiance; l'un lui fera ses lois, comme les autres gouverneront sa santé ou son procès. Son droit est de pouvoir opter pour celui qu'il croit le plus capable et le plus honnête, et le devoir du législateur est de lui en fournir les moyens, c'est-à-dire de lui permettre de choisir entre les individus que personnellement il connait ou sur lesquels il a des renseignements de première main, semblables à ceux d'après lesquels il s'adresse à tel avoué ou médecin plutôt qu'à tel autre. — Or, même dans le mode d'élection qui paraît le plus naturel, c'est-à-dire quand chaque arrondissement nomme un seul député, peut-on dire que l'électeur, tel que nous l'avons décrit, connaisse les candidats, ait une préférence véritable et fasse un choix? — Supposez une assemblée de cinq cents représentants : de l'avis de tous les bons juges, il ne faut pas qu'elle soit plus nombreuse; sinon elle n'est qu'une foule. Cela fait 1 député pour 20 000 électeurs, et pour un district d'environ 100 000 âmes. Or, un district de cette étendue est le quart d'un département et comprend un peu plus de 1000 kilomètres carrés, c'est-à-dire un carré de 8 à 9 lieues de côté. D'après les dernières statistiques, il contient en moyenne 33 communes au-dessous de 500 âmes, 23 communes de 500 à 1000 âmes, 17 bourgs et petites villes de 1000 à 5000 âmes, une ville moyenne ou grande au-dessus de 5000 âmes. Maintenant je le demande aux lecteurs qui ont vécu en province : sur les 20 000 électeurs du district, combien y en a-t-il qui aient une opinion personnelle, ou du moins une opinion à peu près fondée, sur les trois ou quatre candidats qui se disputent leurs suffrages? combien y en a-t-il qui leur aient parlé, qui les aient vus deux fois, qui sachent d'eux autre chose que la couleur du paletot et de la voiture dans lesquels ils ont fait leur tournée électorale? — Un villageois français vit dans un cercle de deux lieues de rayon;

son horizon ne s'étend pas au delà. Il sait ce qui se passe dans les trois ou quatre villages environnants, et quelque chose des bruits qui courent dans la petite ville où il porte ses denrées; mais il ne sait pas autre chose. Toute la journée il est aux champs, et le travail agricole cloue la pensée de l'homme à la terre. Il songe à la récolte, aux chances de la pluie et du froid, à l'engrais, au prix du grain; quand le soir il rentre assis sur son cheval, les jambes pendantes, il n'y a guère que des images et point d'idées dans sa tête. Le dimanche, il boit, il oublie. De loin en loin il devise avec ses voisins qui ont juste le même degré d'information que lui. S'il apprend quelque nouvelle, c'est le samedi au marché de la petite ville; au retour, sur sa charrette, il la rumine; mais, à son insu, sa cervelle inculte la transforme en une légende ou en un fabliau. Dans la semaine, on voit sur la route vide le colporteur qui passe, le facteur rural, l'épicier, qui va renouveler ses provisions; ce sont là ses *auteurs*, ses messagers d'information. Très peu lisent *le Moniteur des communes*, affiché à la mairie; il faut quelque guerre, un grand danger, le récit d'une bataille, pour en attrouper cinq ou six alentour. En ce cas on les voit, bouche béante, autour du lecteur qui épelle et ânonne, avaler, sans les digérer, les phrases emphatiques, abstraites, disproportionnées, dont un rédacteur parisien les fournit. A présent, quelques-uns rapportent le samedi *le Petit Journal*, mais la plupart s'en défient, comme de tout autre imprimé. A leurs yeux, les écritures, gazettes, proclamations, prospectus, sont des « mécaniques d'enjôleurs, » tout comme le papier timbré de l'huissier ou l'avertissement du percepteur, arrangées exprès pour extraire l'argent des poches. Ils sont sur leurs gardes; ils ont été tant de fois trompés! — Dans leur esprit soupçonneux, précautionné, toujours en éveil contre les artifices de la parole, il y a quelque chose du fellah, de l'ancien taillable, du pauvre homme opprimé qui, au siècle dernier, par crainte du collecteur, se donnait exprès l'air misérable, laissait sa masure en ruines, cachait ses provisions dans un silo, et couvait anxieusement le petit-pot enfoui où ses pièces de douze sous venaient une à une faire un tas. Quoique enrichi et propriétaire, le campagnard est toujours le fils de ce vieux corvéable. Il croit difficilement à la bienveillance, aux services gratuits d'un homme d'une autre classe; dans un village de l'Est, où les habitants vivent de pommes de terre, j'ai vu un manufacturier bienfaisant vendre, au prix coûtant, pendant une année de disette, du riz qu'il faisait venir exprès d'Amérique; les paysans lui disaient en achetant : « Dame, monsieur, nous aimons autant vous faire gagner qu'un autre ». — Ils vivent entre eux; par rapport aux autres classes, ils sont isolés. Nous n'avons pas de vie publique en France; sauf le ridicule comice agricole qu'a décrit M. Flaubert[1], le paysan, le bourgeois, le noble, chacun reste chez soi, et ne communique qu'avec ses pareils; nous ne savons pas nous

1. Notez que l'institution est excellente, car elle est la seule qui mette les diverses classes en contact mutuel.

associer et nous rassembler par des sociétés de chant, de tir de pigeons, comme en Belgique et en Suisse, par des manifestations, des meetings, des ligues politiques, économiques ou morales, comme en Amérique et en Angleterre. — D'ailleurs entre le paysan, parent de la glèbe, marié à la terre, et l'homme cultivé, la distance est si grande, qu'elle fait presque un abîme. Dans un village, à douze lieues de Paris, ils demandent au principal propriétaire, comment il peut perdre tout son temps à lire. Il faudrait un George Sand pour traduire nos idées dans leur langue. Idées et langue, rien ne nous est commun; nos phrases générales, notre littérature de citadins n'entrent pas dans leurs têtes; elles restent arrêtées au seuil, sans pouvoir franchir un grand vide que rien n'a encore comblé; nous n'avons pas, comme en Angleterre ou en Allemagne, la poésie populaire[1] et le protestantisme pour servir de pont. — Par toutes ces causes, le cercle où se meut l'esprit du villageois est d'une étroitesse extrême. Non seulement l'idée des intérêts généraux lui manque, mais encore il n'a ni renseignements, ni opinion sur les hommes qui vivent au delà de son horizon restreint.

V

En effet, supposez qu'on l'appelle à voter, lui et les vingt mille électeurs de l'arrondissement, pour élire un

1. Schiller, Gœthe, Burns, la Bible en langue vulgaire, le *Prayer Book*.

député, et prenons le cas le plus ordinaire. Les candidats sont un grand propriétaire du pays, peut-être un ingénieur en chef, un président ou un procureur général, plus souvent quelque grand manufacturier ou commerçant, parfois un notaire ou un médecin, de loin en loin un publiciste de Paris ou le rédacteur en chef d'un journal du département. Sans doute, on les connaît au chef-lieu; mais combien d'électeurs savent leur nom ou quelque chose d'eux en dehors de leur nom, dans les 33 communes au-dessous de 500 âmes, dans les 23 communes de 500 à 1000 âmes, même dans les 17 bourgs et petites villes de 1000 à 5000 âmes? A peine un sur dix au delà de la banlieue de la ville; à peine un sur quatre ou cinq dans tout l'arrondissement. — Le villageois apprend pour la première fois le nom du journaliste de Paris; il n'a jamais lu un article du journaliste départemental; il a vu peut-être deux fois dans sa vie l'ingénieur en tournée, et aperçu une fois au comice agricole la veste de chasse du grand propriétaire. Il n'a jamais eu affaire avec le grand manufacturier ou commerçant; quant au notaire, au médecin, au procureur général, au président, ils sont pour lui des personnages vagues. N'allant point au chef-lieu, il n'a d'informations que sur les gens de sa commune ou de son canton, sur son juge de paix, sur son agent voyer, sur le médecin ou le notaire de village auxquels en cas urgent il s'adresse. Il est trop ignorant, trop isolé, trop peu répandu; il a trop peu le désir, et il a eu trop rarement l'occasion de se répandre. — Les correspondances administratives dont je parlais tout à l'heure répètent à maintes reprises que jamais, sauf dans les grandes secousses, le campagnard ne s'occupe de politique; en effet, depuis quatre-vingts ans, l'administration s'en occupe pour lui et l'en décharge. Il n'a donc qu'une ressource, c'est de s'enquérir et de consulter son voisin. — Mais, en France, l'esprit égalitaire est tout-puissant, et la hiérarchie manque; c'est pourquoi l'inférieur n'a pas de confiance en son supérieur, ni l'ouvrier en son maître, ni le petit fermier en son propriétaire, ni l'homme qui porte une blouse en l'homme qui porte une redingote. Presque jamais il ne va prendre conseil auprès d'eux : ce sont des bourgeois. Je pourrais même citer des arrondissements où il suffit que les gros fermiers, les propriétaires adoptent un nom pour que les journaliers adoptent l'autre. — Règle générale : le villageois ne reçoit conseil que de ses égaux; il ne parle volontiers d'affaires publiques qu'avec les gens de la même condition et du même habit, qui trinquent avec lui et parlent son langage. Même dans les départements très dévots, dans le Nord, par exemple, les curés n'agissent sur lui qu'à travers sa femme. — Il est donc fort embarrassé; car son conseiller n'en sait pas plus que lui-même. — Là-dessus, dans les deux ou trois élections qui ont précédé la chute du second empire, nous avons eu par les enquêtes des révélations étranges. Un témoin disait : « J'avais les deux billets dans ma poche; mais, « ma foi! bonnet blanc, blanc bonnet, c'était pour moi « la même chose, et j'ai pris le premier venu ». — Un autre, à peu de distance de Paris, répondait à un de mes amis : « Je ne connaissais ni l'un ni l'autre; alors, des « deux, j'ai pris le bulletin qui m'allait le mieux à l'œil ». C'était la forme des lettres qui l'avait décidé; quant au nom qu'il avait préféré, il ne se le rappelait plus, mais il savait encore l'autre, parce qu'il avait gardé le bulletin dans sa poche. — Un troisième veut savoir quel est le bon bulletin ; on le lui dit, il va le mettre dans l'urne; le lendemain, on lui demande ce qu'il a fait de l'autre : « Oh ! je l'ai donné à Pierre, qui est un mauvais gars ; il « a voté avec, c'est bien fait, il le mérite ». — Naturellement, sur des gens si peu éclairés, si mal informés, si incapables d'avoir une préférence véritable, les mauvais moyens ont tout leur effet. — Nous savons tous comment les élections se sont faites pendant vingt ans. Le gouvernement lâchait sur l'électeur toute la troupe de ses fonctionnaires, maires, juges de paix, et jusqu'aux gardes champêtres, aux cantonniers, aux facteurs ruraux; les gens allaient à l'urne poussés comme des moutons, d'autant plus qu'on leur montrait là toute la pâture qu'ils pouvaient souhaiter : subventions à l'église, établissement d'un pont, d'un embranchement de chemin de fer, etc. En outre, le candidat riche payait un bavard déclassé, un orateur de cabaret dans chaque commune; celui-là faisait boire et racolait des votes, à grands coups d'éloquence appropriée. Aussi l'élection coûtait 10000 francs au candidat, souvent 30000, 40000 et jusqu'à 100000, les *rastels*, les mâts de Cocagne pavoisés, les fêtes et tombolas dans un parc, les fournitures d'un équipement neuf et d'une musique aux pompiers sont choses très dispendieuses; mais ce charlatanisme grossier est efficace. — De ce genre est aujourd'hui la propagande des radicaux. Un déclamateur à tête chaude, quelque sournois à figure de fouine (j'en ai vu) vient de la ville et leur jure qu'il est du peuple, que tout sera pour le peuple, qu'il n'y aura plus de maîtres, que tous les impôts seront payés par les riches, etc. Le pauvre Prévost-Paradol, avant de partir pour l'Amérique, écrivait à un ami que, pour devenir député en France, il fallait être un homme du gouvernement ou posséder une terre de quarante mille livres de rente, ou descendre jusqu'aux déclamations et aux affiliations démagogiques. — Ainsi mené, assourdi, séduit, le campagnard, comme un cheval surmené, finit par prendre le mors entre ses dents et reste immobile; habitué, comme il l'est, à juger des choses par leurs effets utiles, à se défier de la prévoyance humaine, à subir la domination des grandes forces aveugles qui nourrissent ou tuent sa récolte, il arrive à considérer ceux qui l'invitent à choisir son gouvernement, du même œil que ceux qui lui proposeraient de régler les saisons une fois pour toutes. Probablement, il se dit à lui-même quand, n'ayant point d'avis sur les gens, il essaye, par hasard, d'avoir un avis sur les choses : — « L'Empire, « c'était bien; nous vendions nos denrées deux fois plus « cher; et, pendant vingt ans, les partageux n'ont pas « osé souffler. Mais ce n'était pas son oncle; il a bien « mal fait la guerre, il a mis les Prussiens chez nous;

« nous voilà ruinés par sa faute; et puis il est dehors
« et on dit qu'il est ramolli. — Les Orléans, c'était bien
« aussi; ils n'étaient pas méchants, et on a eu la paix;
« mais les bourgeois étaient maîtres, et on leur donnait
« toutes les places. — Hénri V, c'est un roi pour les
« curés et les seigneurs. Les nobles se sont bien battus
« l'an dernier; mais s'ils veulent ravoir les droits féodaux
« et faire la guerre pour le pape....? — La république!
« on nous promet tout, c'est peut-être trop. Je prendrais
« de bon cœur ma part du gros domaine qui est là-bas;
« mais, si on partage aussi mon champ, gagnerai-je au
« change? D'ailleurs cela ferait bien du désordre, et,
« parmi les rouges qui nous prêchent au cabaret, il y
« trop de fainéants, de propres à rien, sauf à crier et à
« boire. J'ai payé les 45 centimes à la république de
« 1848; j'ai bien peur de payer beaucoup à celle-ci;
« pourtant, en ce moment, elle ressemble aux anciens
« gouvernements; elle n'est pas trop mauvaise. » — Tel est, je crois, son idée secrète, ou, plus exactement, son instinct. Au fond, si l'on parvenait à exprimer les répugnances vagues et les velléités informes qui flottent dans son esprit trouble, je suis persuadé que le gouvernement de son choix serait « le gouvernement des gendarmes, » à une seule condition, c'est que les gendarmes fussent braves gens et pas trop durs au pauvre monde. En fait de régime, il accepte celui qui existe, et notamment la république présente, non par amour, mais par crainte de pis; voilà son poids dans la balance politique. Mais, si on lui demande de

voter, de choisir entre des candidats qu'il ne connait pas, il se défie ; il est averti par son expérience ; il se souvient des calamités récentes auxquelles a conduit son vote ; il aime mieux ne pas s'engager, il refuse de se déranger. — C'est ce qui vient d'arriver aux élections et il est à craindre que le dégoût électoral ne se propage. Il est possible que le suffrage direct en France aboutisse dans deux ans à des urnes aux trois quarts vides. L'électeur ne voudra plus tourner la machine, et sa raison secrète sera qu'après dix épreuves il en a trouvé la poignée trop haute et trop lourde pour sa main.

VI

Si, mon ami, il faut voter; autrement les casse-cou et les drôles feront marcher à leur profit et à tes dépens la machine dont le jeu emporte toute ton épargne et toute ta vie. Seulement c'est à tes législateurs d'adapter la poignée à ta main. La machine et la poignée ne sont précieuses que par leurs effets; tu n'es pas fait pour elles, elles doivent être faites pour toi. Il ne s'agit pas ici de t'enlever ton droit, mais de te fournir les moyens de l'exercer. On ne veut pas te traiter en dupe, encore bien moins en brute, mais en homme. On te demande de déposer dans l'urne, au lieu d'un bulletin indifférent que tu ne comprends pas, un bulletin préféré que tu comprends. — Ce n'est pas le suffrage universel qui aujourd'hui est chez nous impuissant et malfaisant, c'est le suffrage direct. Car, si le cercle du département ou même celui de l'arrondissement est trop large pour l'électeur rural, il en est un autre plus étroit, plus proportionné, où son intelligence et son information peuvent agir avec discernement et certitude, je veux dire *la commune*. — Que dans ce cercle restreint il choisisse trois ou quatre hommes connus de lui et les envoie au chef-lieu d'arrondissement ; que ces électeurs du second degré, une fois réunis, lui nomment son député. Par ce moyen, le premier moteur de la machine est toujours entre ses mains ; c'est encore lui qui donne le branle. Seulement, au lieu de le donner en aveugle, il le donne en homme clairvoyant, et, s'il veut, il le dirige. On ne retire pas la poignée de sa main ; au contraire, on la met à sa portée en y soudant une seconde pièce que son bras peut atteindre, et par laquelle tout le mouvement de la machine lui appartient.

Je dis qu'en ce cas son choix sera véritable, accompagné de discernement. — Une première preuve est frappante, c'est la composition des conseils municipaux. De l'aveu de tous les observateurs, dans les villages, dans les bourgs, dans les petites villes, et même dans les villes moyennes, ils sont aussi bons qu'ils peuvent l'être, recrutés presque toujours parmi les hommes les plus sensés, les plus intelligents, les plus probes. Les choses ne se passent autrement que dans quelques très grandes villes ; c'est justement parce qu'une très grande ville est une foule, où l'on se coudoie sans se connaître, et où les trois quarts des votants n'ont pas d'avis fondé sur les candidats. — Mais ailleurs, dans les cercles petits ou moyens, c'est-à-dire dans presque toute la France, un aventurier, un faiseur, un homme de réputation douteuse, un simple bavard, arrive rarement au conseil municipal; il est vérifié, pesé par toutes les mains; on conteste son aloi, on trouve son poids trop léger. Ce cultivateur, ce villageois, si peu renseigné quand il s'agit de personnages lointains et d'affaires générales, est très bien informé quand il s'agit de ses voisins et des intérêts locaux. En tout ceci, il est curieux, avisé; son attention, faute de s'étendre sur tout le grand cercle, s'est appliquée plus forte sur le petit; les causeries de la veillée, les *disettes* ont fait leur office. — Il n'y a pas un ménage, une fortune, une conduite dans la paroisse qu'il n'ait percée à jour; car il a du bon sens, il est souvent fin, il a eu le temps et les moyens de se faire une opinion; il a vu à l'œuvre le juge de paix, le médecin, le notaire, le curé, le maire, le gros fermier, l'usinier, le propriétaire; il sait si le curé est ambitieux et tracassier, si le juge de paix décide en homme juste, si le médecin exploite trop ses clients, si le maire prend à cœur les intérêts de la commune, si le manufacturier est dur, si le propriétaire ou le fermier sont gens laborieux et entendus, si tel ou tel est un homme capable, actif, sûr en affaires. Bien mieux, il connaît le plus souvent les familles, la parenté, les tenants et les aboutissants, et c'est là-dessus qu'il juge. On ne l'en fera pas démordre par des raisonnements, encore moins par de grandes phrases. Il a vu et pratiqué l'homme, cela lui suffit, et il a raison.

Voilà pourquoi il veut que son candidat soit du pays, et que, pendant de longues années, il ait fourni matière à l'observation de ses voisins ; en cela, il a raison encore. Qu'il soit défiant, et parfois envieux, qu'il ne choisisse pas toujours l'homme instruit, renfermé, dépourvu de biens au soleil, je l'accorde. Mais, avec un tel procédé d'enquête, s'il omet parfois d'élire un candidat de mérite, il n'élit presque jamais un homme taré, ou de vie scandaleuse, un malhonnête homme, un simple déclamateur, ni surtout un de ces candidats inconnus qui, comme des champignons, surgissent en un matin sur une terre pourrie. — Même examen et même triage dans les petites villes : un aubergiste, un petit débitant, un maître menuisier savent jusque dans le moindre détail la position, la vie, le caractère de tous les hommes de leur classe et de tous les bourgeois : c'est que pendant quinze ans, chaque soir, ils les ont passés au crible. — Ainsi, pour quatorze, et peut-être pour dix-sept électeurs sur vingt, autant l'information est pauvre, inexacte ou nulle, quand, par le suffrage universel direct, ils nomment le député de l'arrondissement, autant l'information est riche, exacte et sûre quand, par le suffrage universel indirect, ils nommeront les électeurs du second degré chargés d'aller choisir ce député au chef-lieu. — A mon sens, cette raison est décisive, car elle met tout ensemble la lumière dans l'élection et la loyauté dans la loi.

VII

Supposez donc que le législateur leur dise : « Je vous « dois une loi juste, et vous n'êtes pas traités selon la « justice, lorsque, appelés à donner votre confiance, « vous êtes forcés de choisir entre des gens que vous « ne connaissez pas. A présent, vous les connaîtrez, et « vous ne donnerez votre confiance qu'avec certitude. « Désormais, dans chaque commune, cent électeurs du « premier degré nommeront un électeur du second « degré. Je ne limite pas votre choix ; quel que soit « votre élu, riche, pauvre, noble, bourgeois, ouvrier, « paysan, cela vous regarde. Je n'exige de lui aucune « preuve, aucun degré de fortune ou d'éducation ; je « n'exclus que les faillis et les gens condamnés par les « tribunaux ; à vous de choisir, où vous le trouverez, « l'homme le plus honnête, le mieux informé, le plus « capable. Voilà pour les campagnes, les bourgs et les « petites villes. — Pour les villes moyennes et grandes, « chaque quartier nommera ses électeurs, de la même « façon qu'une commune ordinaire. — Tous ces élec- « teurs élus se trouveront, à un jour marqué, au chef- « lieu d'arrondissement. Là, pendant trois jours, au « nombre d'environ deux cents, ils causeront entre eux « et avec leurs amis, ils s'assembleront plusieurs fois « dans une grande salle pour écouter les candidats et « les interroger. Le troisième jour, ils nommeront le « député, et reviendront, chacun dans sa commune,

« pour vous dire, à l'amiable, les raisons de leur choix. » — Y a-t-il, là-dedans, un privilège pour une classe? Mais un duc académicien y est traité sur le même pied qu'un manœuvre, et l'envie égalitaire la plus aigre n'y peut trouver une faveur pour personne. — Quelqu'un pourra-t-il soupçonner une pareille loi d'être hostile au peuple, et arrangée en défiance du grand nombre? Mais c'est justement pour le peuple, pour le grand nombre qu'elle est faite, et ceux qui la décrient, au nom de ce qu'ils nomment emphatiquement les principes, prouvent par cela même qu'ils sacrifient le peuple vivant, les travailleurs, les pauvres, à une théorie usée, à une phrase de livre, à un pur jeu de logique et d'abstractions.

En effet, suivons les conséquences. Ce suffrage à deux degrés est si bien conforme à la nature des choses qu'en fait il existe aujourd'hui chez nous; sans lui, le suffrage direct, tel que nous l'avons depuis vingt ans, ne fonctionnerait pas. — Car d'abord l'électeur rural, et, en général, l'électeur ordinaire, a suivi pendant tout l'empire l'impulsion du sous-préfet et du maire; ainsi, c'est le sous-préfet, le maire et surtout l'empereur qui, sous l'empire, ont été effectivement les électeurs du second degré. Toutes les fois que le gouvernement interviendra par une candidature officielle ou par une préférence avouée, il en sera de même. Aussi bien, des électeurs du second degré sont tellement nécessaires qu'aujourd'hui, dans les campagnes, nombre de gens se plaignent, disant que, puisque le gouvernement ne leur indique plus le bon candidat, ils ne savent pour qui voter. Mais à présent nous répugnons tous à cette usurpation du gouvernement; il n'est pas un libéral qui n'aspire à s'en passer et ne loue M. Thiers qui s'en abstient. Voilà donc la direction officielle tout à fait mise à l'écart. — A sa place que reste-t-il? Je connais à quelques lieues de Paris une commune où, au mois de juillet dernier, l'élection s'est faite à quatre degrés. Vingt journalistes de Paris, réunis en comité, avaient dressé la liste de l'Union de la presse parisienne; un habitant de la commune alla chercher les bulletins de cette liste et la fit adopter au maire, aux membres du conseil municipal, aux plus anciens du village assemblés un soir chez lui; ceux-ci la distribuèrent aux autres électeurs; et sur 146 votants la liste eut 130 voix; il y eut donc là trois sortes d'intermédiaires et quatre degrés de suffrage bien comptés. Qu'on le sache ou qu'on l'ignore, qu'on s'en réjouisse ou qu'on s'en irrite, il y en a toujours au moins deux. — Seulement, quand ils ne sont point établis par la loi, quand les habitants ne sont pas appelés publiquement à faire un choix exprès, l'électeur du second degré est de mauvaise espèce. — Tantôt il est l'agent électoral d'un candidat riche qui lui donne de l'argent pour faire boire : en ce cas c'est un homme acheté, sans conscience, une créature qui se remue pour gagner quelques écus ou obtenir une place, et qui travaille par des intrigues de clocher ou des excitations de cabaret. — Tantôt il est expédié par un club de la ville, comité anonyme où des têtes chaudes, des esprits gâtés par une demi-culture, des rêveurs à principes, des avocats et des médecins sans clientèle, une foule de brouillons et de déclassés, se vengent de leur avortement irremédiable en rebâtissant la société sur le papier; en ce cas, c'est un *politician* de bas étage qui, de village en village, vient attiser la guerre sociale et racoler des voix pour le Robespierre futur du chef-lieu. — L'élection faite, le premier rentre chez lui et le second retourne à la ville; le tour est joué, aucun n'est responsable. Tout s'est passé en conciliabules, en buvettes, sous le manteau de la cheminée; ils n'étaient point des mandataires, ils n'ont point de compte à rendre. — Voilà comment, sous le suffrage direct, les choses se passent, et c'est merveille qu'à travers des intermédiaires si trompeurs, le bon sens public aboutisse encore à des choix passables ou à peu près bons.

Au contraire, admettons que la loi nous appelle à choisir nous-mêmes ces intermédiaires. — Tout est public; le grand jour luit sur l'élection et sur les candidats. L'électeur n'est plus livré aux insinuations, au charlatanisme; le futur député n'a plus besoin de parader dans la rue, avec une voiture pavoisée; l'émissaire de la ville n'est pas reçu à décrier ou exalter tel ou tel de la commune. Ces mauvais moyens, efficaces quand l'électeur doit opter entre deux inconnus, sont faibles quand il doit choisir entre des hommes de sa paroisse. Il n'a rien à apprendre des courtiers d'élection; il en sait plus qu'eux, et son opinion, fondée sur son expérience personnelle, est tenace. Il juge donc par lui-même, et choisit ses électeurs du second degré en connaissance de cause, à peu près comme son conseil municipal.

Quels seront-ils? — Très probablement les mêmes ou presque les mêmes que les membres du conseil municipal, c'est-à-dire des gens choisis entre les plus capables, les plus honnêtes et les plus anciens de la commune. — Je dis les mêmes ou presque les mêmes; car il semble que le mandat, étant différent, introduira dans les choix quelque différence. Il est à croire que, dans les villages, les bourgs et même dans les petites villes, les électeurs auront un peu moins égard à l'ancienneté de la résidence, à la possession de biens au soleil, et un peu plus égard à l'éducation, à l'habitude de fréquenter le chef-lieu et la capitale, à tous les indices d'après lesquels ils reconnaissent dans un homme une instruction plus variée, une plus grande aptitude politique, et la possession d'un horizon plus étendu. — Dans le village dont je parlais tout à l'heure, l'habitant qui a fait adopter la liste de l'*Union parisienne* n'était établi que depuis un an; on ne l'eût pas nommé au conseil municipal. Mais il était le seul qui allât fréquemment à Paris; lui seul avait un avis motivé et pouvait fournir des renseignements précis sur les candidats de la liste; à cause de cela, et d'un consentement unanime, il a fait l'office d'électeur du second degré. — Je pense donc que le groupe des électeurs ainsi élus pourra différer du conseil municipal par le nom de quelques membres; qu'on y verra en moins deux ou trois fermiers et vieux habitants, en plus deux ou trois hommes de la classe cultivée, un juge de paix, un notaire, un médecin; dans plusieurs villages de Bretagne, le curé; çà et là le maître d'école, souvent le propriétaire riche, qui réside plusieurs mois, ou quelque capitaine retraité; dans les villes petites et moyennes, outre les fabricants, les commerçants et les rentiers, un banquier, un ingénieur, un président du tribunal, un publiciste estimé, bref une proportion aussi grande de probité et de bon sens, et une proportion plus grande d'information et d'intelligence. — Conduisons ces élus au chef-lieu d'arrondissement; ils y retrouvent ceux du chef-lieu lui-même. Non seulement, tous ensemble, ils sont l'élite du district, et les plus capables de bien choisir, mais encore, n'étant que deux cents, ils peuvent raisonner par groupes, s'éclairer les uns les autres. En outre, ils font une assemblée naturelle. — Dès lors, ce n'est plus par des professions de foi affichées, chefs-d'œuvre d'emphase et de vague, que les candidats doivent s'expliquer; ils sont tenus de comparaître en personne, de parler eux-mêmes, de quitter les lieux communs, de répondre à des interrogations précises, d'engager d'avance leur opinion sur des mesures prochaines, sur des lois imminentes. La parole est bien moins menteuse que l'écriture; car alors on voit l'homme, on écoute son accent, on devine d'instinct s'il est hâbleur, on n'a pas de peine à savoir s'il est ignorant ou borné. Devant une pareille assemblée bien des candidats officiels de l'empire auraient balbutié ou succombé. — Mais le plus grand des avantages, c'est que voilà un *meeting* tout fait, une véritable réunion politique à l'anglaise ou à l'américaine, grave, modérée, ayant un but déterminé, peu disposé à souffrir les déclamations de carrefour, c'est-à-dire une école de politique sérieuse, de discussion libre, d'informations mutuelles et d'esprit public. Tout cela nous manque en France et cette lacune est encore plus grave que celle de l'instruction primaire; car, s'il est mauvais que dans la maison paternelle l'enfant ne sache pas lire, il est pire que dans la vie publique l'adulte ne sache pas raisonner. — Grâce au suffrage à deux degrés, les électeurs élus font leur apprentissage, et certainement il n'y en aura pas un qui quitte le chef-lieu sans en rapporter une provision plus grosse d'idées et de faits.

Il revient donc dans sa commune, et là, dans les conversations, en s'expliquant sur le compte des candidats entre lesquels il a choisi, il communique aux gens quelque chose de ce qu'il vient d'apprendre. — Notez qu'il est tenu de s'expliquer et même d'agir conformément à ses explications. En effet, ici la corruption, telle qu'on l'a reprochée aux électeurs de la monarchie de Juillet, n'est guère à craindre. Le nôtre n'est pas comme eux un électeur né, un mandataire par droit de fortune, irresponsable; autour de lui se trouvent ceux qui l'ont choisi. Les villageois, les habitants des bourgs et des petites villes sont jaloux, très éveillés sur les profits de leurs voisins; sans nul doute, si le vote de l'électeur élu lui attire quelque faveur, si le gouvernement, par l'entremise du député, lui donne, pour lui ou pour les siens, quelque place, on le saura; tout se sait en province; l'envie y va jusqu'à la calomnie. Il est donc forcé d'être intègre; sinon, à l'élection suivante, on ne le chargera plus d'aller choisir le député. — Grâce à cette âpre surveillance et à cette répression infaillible, il est probable que les électeurs élus feront honnêtement leur office, et qu'en outre, dans tous les entretiens privés, dans une quantité de conférences demi-publiques, ils devront donner les raisons de leur vote, faire la biographie du candidat, raconter ses réponses, rappeler ses promesses, résumer de leur mieux la discussion. Dès lors nous pouvons, sans trop de témérité, prévoir sur toute la surface du pays une multitude de conversations et presque d'enseignements politiques. Il peut se faire que, dans le grand ennui de la vie de province, les questions ainsi présentées attirent et occupent ce nombre infini d'esprits qui parcourent le cercle vide du commérage. On aura ainsi organisé la vie politique par la hiérarchie locale, légale, naturelle et spontanée des informations et des intelligences, et l'on aura les avantages des clubs sans en avoir les inconvénients. — Songeons-y bien : le suffrage universel et direct, tel que nous l'avons, est une armée de pionniers, dans laquelle on ne trouve encore que des manœuvres et des ingénieurs en chef. Tout le corps intermédiaire manque, conducteurs, piqueurs, sergents d'escouade. Le manœuvre est trop loin de ses chefs, il ne les connaît pas, il marche en aveugle, avec ses pareils, en troupeau, lorsqu'il est poussé. Il n'agit pas de cœur et de volonté, il n'a pas de confiance. Pour qu'il ait confiance, laissons-lui désigner ses sous-officiers, son petit état-major secondaire et local. Ces sous-officiers sont à sa portée, il les montre du doigt. Une fois qu'il les aura adoptés, il les suivra, et la cohue, qui se précipite, se disperse ou s'arrête à la moindre alarme, deviendra un corps intelligent, qui marche en bon ordre vers un but qu'il se propose et qu'il atteint.

VIII

Le mode de suffrage à deux degrés qu'on vient de décrire n'est pas le seul applicable; je l'ai suivi en détail, pour faire toucher au doigt des conséquences précises. Mais il en est d'autres, notamment celui qui ne ferait point élire à part les électeurs du second degré, et donnerait cet emploi aux membres du conseil municipal qui auraient réuni le plus de voix. — Sur tout cela, la discussion décidera; l'essentiel, c'est que l'élection du député se fasse à deux degrés. Ainsi se fera chez nous l'éducation politique de la foule et le contre-coup n'en sera pas mauvais sur l'Assemblée des représentants. Toujours, dans une démocratie, le suffrage à deux degrés choisit mieux que le suffrage direct. Là-dessus l'exemple des États-Unis est décisif, et M. de Tocqueville l'invoque à notre appui Il oppose la

Chambre des représentants, composée d'inconnus et d'intrigants, au Sénat, composé d'hommes supérieurs et illustres. Il remarque que cette Chambre des représentants est produite par l'élection directe et ce Sénat par l'élection à deux degrés. C'est par cette différence de leurs sources qu'il explique l'inégalité de leurs mérites. C'est parce que les sénateurs sont nommés par les législatures de chaque État, qu'ils sont des personnages éminents. Si l'envie démocratique et les manœuvres des *politicians* sont puissantes sur des assemblées primaires et sur des *conventions* populaires, elles se trouvent faibles sur une assemblée restreinte et occupée d'affaires; le mérite a tous ses droits devant elle : elle aurait honte d'écarter les talents; la vérité et l'équité, étouffées ailleurs, font enfin entendre leur voix. « Il « suffit, dit encore Tocqueville, que la volonté popu- « laire passe à travers une assemblée choisie, pour s'y « élaborer en quelque sorte et en sortir revêtue de « formes plus nobles et plus belles. Les hommes ainsi « élus représentent toujours exactement la majorité de « la nation qui gouverne; mais ils ne représentent que « les pensées élevées qui ont cours au milieu d'elle, « les instincts généreux qui l'animent, et non les petites « passions qui souvent l'agitent, et les vices qui la « déshonorent.... Je ne ferai pas difficulté de l'avouer; « *je vois dans le double degré électoral le seul moyen de* « *mettre l'usage de la liberté politique à la portée de* « *toutes les classes du peuple*. Ceux qui espèrent faire « de ce moyen l'arme exclusive d'un parti, et ceux qui

« le craignent, me paraissent tomber dans une égale « erreur[1]. »

Le *Temps*, 5 décembre 1871

On n'a indiqué ici que l'idée générale de la réforme ; c'est qu'on n'avait point la prétention de rédiger une loi.

Il est un autre principe dont on a évité de parler, pour ne point compliquer la question, celui qui propose la *représentation des minorités*. Le lecteur le trouvera expliqué dans un ouvrage récent, de M. Ernest Naville[2]. Tel que M. Naville le présente, il ne semble pas approprié à la majorité des électeurs français. Mais on pourrait l'employer en partie, et notamment pour le choix des électeurs du second degré, soit que le conseil municipal les fournisse, soit qu'on les nomme à part.

Contre le suffrage universel à deux degrés, je n'ai recueilli que deux objections :

1° « Les gazettes radicales diront au peuple qu'on lui vole son droit. » — Si elles le disent, ce sera faux ; car la loi dont il s'agit ne confère de privilège à aucune classe et n'est faite que dans l'intérêt du plus grand nombre.

2° « Les ouvriers des grandes villes seront mécontents. » — S'ils le sont, cela sera fâcheux, mais, à moins que le gouvernement ne se sente très faible, il n'importe ; car ils ne sont qu'une minorité, environ un contre neuf, et n'ont pas le droit d'imposer leurs préférences aux neuf autres.

1. Tocqueville, *De la Démocratie en Amérique*, II, 52.
2. *La Réforme électorale*, par Ernest Naville, correspondant de l'Institut. — 1 vol. chez Didier.

ÉTUDES DE PSYCHOLOGIE

I

TH. RIBOT

L'HÉRÉDITÉ

L'auteur de ce très remarquable ouvrage, M. Ribot, est un disciple des philosophes anglais contemporains, et notamment de M. Herbert Spencer. Il a déjà publié, sur *la Psychologie anglaise contemporaine*, une étude très complète et très précise, que nous avons annoncée ici même[1]. Aujourd'hui, avec plus de liberté et d'originalité, il aborde une grande question qui, dans son cadre limité, résume les solutions les plus nouvelles et les plus curieuses de la science moderne. L'ouvrage est très *suggestif*; on peut le recommander à tous ceux qui veulent se faire une idée du progrès accompli en philosophie, en psychologie et même en biologie, depuis trente ans. Un grand pas a été fait; le point de vue a été déplacé, et l'aspect général des choses s'est trouvé différent. Désormais il faut laisser aux écoles de rhétorique les vieilles thèses de Descartes et de Leibniz, plus

1. Cf. *Journal des Débats*, 13 mars 1870.

ou moins revernies par l'enseignement officiel; pareillement il faut laisser aux écoles d'anatomie les vieilles thèses de Cabanis et de Broussais, plus ou moins rajeunies par les découvertes du microscope. Ni le spiritualisme ordinaire ni l'ancien matérialisme ne sont aujourd'hui des positions tenables. On ne peut plus discuter en philosophie la question des substances; on ne s'occupe que des phénomènes, c'est-à-dire des faits ou événements. J'ose même dire que, dans la nature, il n'y a pas autre chose. Du moins, et de l'avis des plus éminents penseurs contemporains, il n'y a pas autre chose qui puisse être atteint par la connaissance. Cela posé, les barrières infranchissables qui semblaient séparer à jamais les différents êtres, tombent pièce par pièce et une à une; une série de découvertes positives montre la continuité de la nature et la parenté des choses. La principale de ces découvertes est celle qui ramène les uns aux autres les phénomènes cérébraux et les phénomènes mentaux. Trois points sont acquis. Le premier est que les sensations, souvenirs, désirs, etc., dont nous avons conscience, sont composés d'éléments dont nous n'avons pas conscience, que le moi visible n'est que l'extrémité et l'affleurement de ce moi obscur, que des milliers et des myriades d'événements latents s'assemblent et se combinent en nous pour construire nos événements manifestes, à peu près comme les vibrations obscures d'un boulet qui s'échauffe parviennent, en s'accumulant, à produire la lumière du même boulet incandescent; par cette longue superposition d'échelons souterrains, le monde mental va rejoindre le monde physiologique. En second lieu, il est prouvé que chacun de nos événements intérieurs, même le plus compliqué, même le plus délicat, une pensée abstraite, un sentiment fugitif, a pour correspondant et pour condition un mouvement moléculaire qui se propage dans les cellules de l'écorce grise cérébrale, ce qui établit une liaison originelle entre le phénomène mental et le phénomène physiologique. En dernier lieu, il est très probable que les deux phénomènes n'en sont qu'un, vu du dedans et vu du dehors, par l'endroit et par l'envers, par la conscience et par les sens, ce qui explique à la fois pourquoi notre esprit les conçoit comme hétérogènes, et pourquoi notre expérience nous les montre comme inséparables. M. Ribot manie ces hautes théories avec une grande sûreté de main; il a l'esprit critique, distingue soigneusement ce qui est certain, ce qui est probable, ce qui est simplement conjectural, marque les limites de la pleine lumière, de la demi-clarté, de la pénombre. Bien mieux, il a l'esprit philosophique Ses résumés rapides et clairs conduisent tour à tour le lecteur aux divers points de vue de la spéculation contemporaine; il faut s'y transporter pour savoir combien le simple point de vue scientifique est restreint, quels espaces s'étendent au delà, ce que valent les grosses affirmations qui réduisent tout à des développements de cellules et à des conflits d'atomes, quel aspect nouveau prennent les choses lorsqu'on étudie nos idées-mères en psychologue et en critique.

En tout ceci, Herbert Spencer est son guide préféré; on en pouvait prendre un pire; très hardi et très sceptique, fécond en hypothèses prudentes, nourri des sciences positives et habile à faire un ou deux pas, sans plus, au delà des certitudes acquises, décidé tout à la fois à étendre autant que possible et à limiter autant qu'il le faut la connaissance humaine, on peut le considérer comme une sorte de Darwin en philosophie. Nul n'a exposé plus complètement la théorie de l'évolution; il l'a tirée du cadre spécial où d'abord on l'a étudiée, et qui est la zoologie jointe à la botanique; par des considérations très abstraites, et pourtant très précises, il l'a étendue à l'ensemble des choses. On doit remercier M. Ribot de nous familiariser avec une doctrine si compréhensive, si haute, et cependant si peu connue en France que beaucoup d'hommes instruits, parmi nous, ignorent encore aujourd'hui le nom de son auteur.

Quand on dit qu'un individu, animal ou homme, reçoit tous ses caractères physiques et moraux par héritage, on ne veut point dire qu'il n'hérite que de son père ou de sa mère, ou de tous les deux réunis. Le magasin où il les puise est plus vaste et comprend tous ses ascendants mâles ou femelles en remontant à l'infini; encore faut-il ajouter que tel caractère qu'il possède aujourd'hui ne s'est point manifesté dans ses ascendants directs, mais dans quelqu'un de leurs collatéraux, et qu'après être demeuré latent pendant plusieurs générations, il reparaît tout d'un coup en lui par atavisme; de même dans les animaux dont la génération est alternante : par exemple chez les méduses, le fils ne reproduit pas son père, ni son grand-père, ni son aïeul, mais son bisaïeul. Selon M. Ribot, l'hérédité ainsi conçue est la loi stricte ; s'il y a des exceptions, elles sont l'œuvre de l'accident. Sauf accident, c'est-à-dire sauf perturbation, tout ce que nous avons et tout ce que nous sommes est un legs de nos ascendants. On peut le prouver rigoureusement pour les caractères physiques, et grâce à la correspondance établie entre le physique et le moral, on peut conclure de même pour les caractères moraux ; l'hérédité physiologique nous garantit l'hérédité psychologique. « Toutes les formes de l'activité mentale sont « transmissibles : instincts, facultés perceptives, imagi- « nation, aptitude aux beaux-arts, raison, aptitude aux « sciences et aux études abstraites, sentiments, pas- « sions, énergie du caractère ; et les formes morbides « aussi bien que les autres : folie, hallucination, idio- « tie. » — De là plusieurs conséquences importantes et des vues à longue portée sur l'histoire humaine ; car la persistance des aptitudes et tendances léguées y joue un rôle prépondérant. La ténacité du caractère héréditaire et transmis explique les obstacles qui empêchent telle civilisation, telle religion, tel groupe d'habitudes mentales et morales de se greffer sur une souche différente ou sauvage. De jeunes Chinois adoptés en bas âge par la Société des Missions, élevés en Europe, retournent en Chine, très résolus à propager la religion chrétienne ; « à « peine débarqués, l'esprit de leur race les ressaisit ; ils « oublient leurs promesses, perdent leurs croyances

« chrétiennes; on dirait qu'ils n'ont jamais quitté la « Chine. » Aux Philippines, un petit noir de trois ans, enlevé dans une battue, élevé par un Américain, conduit à New-York, Paris et Londres, était devenu un gentleman, parlait le français, l'anglais, l'espagnol, ne chaussait que de fines bottes vernies. De retour à Manille, il disparut; un naturaliste allemand le retrouva quelques années après parmi les petits noirs de la montagne. En Australie, des indigènes qu'on avait pris à la mamelle, nourris dans les écoles, instruits dans les mathématiques et les humanités, se sont enfuis à vingt ans pour aller vivre nus avec leurs anciens camarades, marauder, vagabonder et manger des lézards crus. L'instinct primitif, en vain recouvert par notre vernis, fait éruption, comme chez les petites hirondelles qui, mises en cage au sortir de l'œuf, se brisent les ailes contre leurs barreaux quand arrive la saison du grand vol et de l'émigration. — Voilà une des plus grandes forces historiques, et elle est d'autant plus efficace que chaque peuple, par la sélection qu'il pratique sur lui-même, travaille incessamment à l'augmenter, en refusant l'existence ou le développement aux individus dont le caractère ne s'accorde pas avec le sien. On peut admettre que, dans une nation livrée à elle-même, les traits nationaux tendent à s'approfondir, et que, partant, le caractère national tend à s'exagérer. « Par une suite de supplices et de « persécutions, dit Galton, la nation espagnole a été « vidée de libres-penseurs, à raison de 1000 personnes « par an pour les trois siècles entre 1471 et 1781, une

« moyenne de 100 personnes ayant été exécutées, et de « 900 emprisonnées chaque année durant cette période. « Pendant ces trois siècles, il y a eu 32000 personnes « brûlées, 17000 brûlées en effigie (la plupart sont « mortes en prison ou ont quitté l'Espagne), et « 291000 condamnées à la prison ou à d'autres peines. « Il est impossible qu'une nation résiste à une politique « pareille sans qu'elle amène une grave détérioration de « la race ; elle a eu pour résultat notable la formation « de la race inintelligente et superstitieuse de l'Espagne « moderne. » — La France porte au cœur une plaie moindre, mais analogue ; sans la Saint-Barthélemy et la révocation de l'édit de Nantes, nous aurions aujourd'hui le gouvernement parlementaire, libéral et régulier. D'une façon générale, il faut poser que toute grande amputation, toute destruction ou expulsion, celle de l'aristocratie en 1793, comme celle des protestants en 1685, est funeste, non seulement parce qu'elle ôte à l'arbre une de ses branches, mais encore parce que la sève, manquant d'un de ses écoulements naturels, va s'engorger et moisir dans le reste de l'économie. La morale de ceci est qu'il faut tolérer nos adversaires, vivre avec eux, profiter de leur opposition, les regarder dans le corps social comme des organes aussi essentiels que nous-mêmes. — D'autres conséquences non moins curieuses portent une vive lumière sur le développement de l'humanité. Car l'hérédité transmet non seulement le fonds primitif, mais encore les acquisitions ultérieures l'Européen aujourd'hui « possède vingt ou trente pouces

« cubes de cerveau de plus que le Papou. » On a mesuré une collection de crânes parisiens du XIIe siècle et vérifié que leur capacité moyenne, comparée à celle des crânes contemporains, était à peu près comme quarante à quarante et un. Ce quarantième de capacité ajouté au vase indique le perfectionnement du contenu. Si aujourd'hui l'enfant d'un Européen naît doux et civilisé d'avance, au lieu d'être poussé par une force irrésistible à se sauver dans les bois comme le négrito des Philippines, ou à vivre, comme le gitano, en vagabond et en voleur, c'est que, par un progrès insensible, les habitudes raisonnables et sociables accumulées par les générations antérieures se sont emmagasinées dans l'organisme et sont aujourd'hui innées dans les descendants. Voilà comment « il arrive que, de sauvages, incapables de compter « le nombre de leurs doigts et qui parlent une langue « où il n'y a que des noms et des verbes, sortent à la « longue nos Newton et nos Shakespeare. »

Ainsi chaque vie intelligente ou vertueuse ajoute un petit accroissement aux bons instincts ou aux belles facultés de l'humanité future, comme une torche qui, ayant brillé, laisse après elle une pincée de cendres pour fertiliser le champ qu'elle a d'abord éclairé et réchauffé; c'est ce monceau de cendres qui, grossi de siècle en siècle, fournit la substance aux pensées vraies comme aux actions nobles, et, par degrés, change en une riche moisson la maigre récolte des anciens jours. — On aurait de la peine à prétendre qu'une théorie qui conduit à ces conclusions soit immorale; on l'a prétendu cependant, ou du moins on a feint de le craindre. C'est un honneur pour la philosophie contemporaine que de n'avoir point cette crainte. M. Ribot s'est fié à la science, et la science aboutit à la morale, en ne cherchant que la vérité.

Journal des Débats, 23 novembre 1873.

II

TH. RIBOT, BAIN, HERBERT SPENCER

La Philosophie de Schopenhauer, par Th. Ribot. — Principes de Psychologie, par Herbert Spencer, traduit de l'anglais par Th. Ribot et Espinas. — Les Sens et l'Intelligence, par Bain, traduit de l'Anglais par Cazelles. — L'esprit et le Corps, par Bain.

Les quatre ouvrages dont on vient de lire les titres ont été publiés le mois dernier, et nous les annonçons avec plaisir; car non seulement ils sont importants et méritent d'être lus, mais encore ils prouvent qu'en France on commence à ouvrir les yeux, à regarder au delà du cercle officiel, à redevenir curieux. Pendant un demi-siècle la philosophie n'a guère été chez nous qu'un exercice littéraire ou un enseignement de collège, tandis qu'en Allemagne elle se développait en grandes constructions spéculatives, et qu'en Angleterre elle reprenait la vieille et bonne route, si longtemps abandonnée, de l'induction et de l'expérience. Aujourd'hui, dans le monde pensant, c'est la philosophie anglaise qui prend l'empire; celle d'outre-Rhin n'a plus qu'un intérêt historique; mais cet intérêt est encore grand; parmi ces immenses ballons dégonflés qui gisent à terre, celui de Schopenhauer est le dernier en date et le plus brillant; le lecteur français peut s'arrêter devant la vaste et ingénieuse carcasse du ballon crevé, avant de regarder l'œuvre plus bornée, mais plus solide, autour de laquelle se rallient aujourd'hui les espérances et les efforts.

Le livre de M. Ribot sur Schopenhauer est fort agréable à lire, d'abord parce qu'il est bien écrit, ensuite parce que Schopenhauer est un philosophe d'espèce rare. On trouve en lui, non seulement un penseur, mais un homme; il a une biographie, il a eu des passions, une originalité, des bizarreries; Allemand d'origine, il est Anglais et Français d'éducation; misanthrope et détracteur de l'espèce humaine, son plus grand souci est la gloire, et il passe sa vie à s'irriter de l'oubli où les contemporains le laissent. Autre trait plus remarquable encore : il a un style; tout ce qu'il dit a de l'accent; ses colères, ses tristesses, son enthousiasme, son pessimisme éclatent à chaque pas dans ses raisonnements; il s'abandonne à des boutades de cynique, à des paradoxes d'humoriste, à des invectives de pamphlétaire; bref, ses écrits sont vivants. Pour le fond, sa théorie est unique; de son propre aveu, il est bouddhiste, c'est-à-dire persuadé que la vie humaine, toute vie, est un mal; que le bien suprême, non seulement pour l'homme, mais pour toute créature, serait l'anéantissement; que c'est là qu'il faut tendre, et à la façon bouddhiste, par l'abnégation, par l'oubli de soi, par l'amortissement des désirs, par l'ascétisme et la chasteté, par la connaissance du fond des choses, qui est le vide. En effet, reprenant et développant une idée de Kant, il arrive à considérer le monde extérieur à peu près de la même manière que les bouddhistes, c'est-à-dire comme une grande fantasmagorie, une illusion produite par la structure de l'esprit, et à laquelle rien dans le dehors ne correspond. Le monde, tel que nous le percevons, est évidemment « un phénomène cérébral ». — « Ce monde tout entier, avec l'immensité de l'espace « dans lequel le Tout est contenu et l'immensité du « temps dans lequel le Tout se meut, avec la prodi« gieuse variété des choses qui remplissent l'espace et « le temps, ce monde cesserait d'exister si les cer« veaux ne pullulaient sans cesse, pareils à des cham« pignons, pour recevoir l'univers prêt à sombrer dans « le néant, et se renvoyer entre eux, comme un ballon, « cette grande image identique en tout, dont ils expri« ment l'identité par le mot d'objet. » Voilà d'étranges et grandioses spéculations ; on y est conduit assez vite lorsqu'on admet avec Kant que le temps et l'espace n'existent pas en dehors de notre esprit, et ne sont en soi que des formes imposées à nos impressions par la courbure particulière et inexplicable du miroir intérieur que nous appelons notre intelligence. Sans doute, la plupart des lecteurs ne verront dans cette théorie que le roman d'un fou. Si elle est un roman, elle n'est pas celui d'un fou, mais d'un très grand esprit, d'un génie très compréhensif et très hardi : qu'on l'appelle hypothèse, je le veux bien; mais la théorie contraire, celle que nous acceptons avec tout le monde, est aussi une hypothèse; seulement elle est moins compliquée et s'adapte plus aisément aux phénomènes; plus commode et plus simple, nous n'avons pas d'autre raison pour la préférer. Pareillement, si les savants, amateurs de science positive, reprochent aux philosophes de perdre leur temps à ces rêveries creuses, nous dirons qu'elles ne sont pas si creuses. Des géomètres récents ont construit une géométrie en supposant que le Postulatum d'Euclide est faux, et ils sont arrivés à des théorèmes non seulement nouveaux, mais utiles. D'autres imaginent et expriment par des équations un espace qui, au lieu d'avoir trois dimensions comme le nôtre, en a quatre, cinq, six, ou un plus grand nombre. D'autres composent avec des éléments analytiques des surfaces géométriquement irréalisables et contradictoires, dans lesquelles ils constatent des groupes enchaînés de propriétés inconnues[1]. Cette excursion dans l'imaginaire rend un double service. D'abord, comme M. de Talleyrand le disait de la théologie, elle donne de la subtilité à l'esprit; il n'y a pas d'exercice plus fortifiant; on en sort muni de méthodes et tout préparé pour les sciences particulières. Aujourd'hui, par exemple, dans presque tous les livres d'histoire écrits en allemand, on recon-

1. Voir à ce sujet le petit traité de M. Salçta sur la notion d'espace et sur le Postulatum d'Euclide.

nait l'influence lointaine ou prochaine de Hegel ; c'est à son école, directement ou indirectement, que les auteurs de tant de doctes manuels ont appris à classer, à généraliser, à concevoir les époques historiques comme des moments, à chercher les causes intérieures, le développement spontané, le devenir incessant des choses. — D'autre part, il n'y a pas d'étude qui nous fasse mieux sentir nos limites et introduise plus efficacement dans nos habitudes mentales la dose modérée de scepticisme sans laquelle on court toujours risque d'être un dogmatique intempérant et intolérant, c'est-à-dire un sot ; car on y apprend très vite que ce que nous appelons une vérité indubitable est seulement une vérité très probable ; que notre idée de nous-mêmes et des autres choses n'est qu'une hypothèse vraisemblable, bien faite, utile pour guider nos prévisions, la meilleure entre toutes celles qui se sont présentées jusqu'ici, mais peut-être insuffisante et provisoire, en tout cas destinée à céder la place à une autre lorsque de nouveaux faits observés, des mesures plus exactes, des rapprochements inattendus viendront élargir et rectifier nos conceptions.

De toutes ces hypothèses, la plus récente, la plus considérable, la mieux accommodée à l'ensemble des sciences contemporaines est celle de M. Herbert Spencer. On en verra les grandes lignes dans les *Principes de psychologie*, que nous annonçons, et dans ses *Premiers Principes*, traduits par M. Cazelles. A la vérité, le lecteur aura besoin de faire effort. MM. Ribot et Espinas ont traduit trop littéralement; nombre de mots ne sont pas français et beaucoup de constructions sont à peine françaises; on ne peut guère comprendre ce volume qu'en l'étudiant paragraphe à paragraphe et la plume à la main. M. Ribot, qui expose clairement et qui est un disciple si zélé d'Herbert Spencer, devrait bien repenser à sa façon, et dans les cadres de notre langue, la doctrine de son maître, ajouter un volume d'exposition à ses deux volumes de traduction. Alors Herbert Spencer trouverait chez nous, outre des admirateurs pour le respecter, des lecteurs pour le goûter. Quoi qu'il en soit, même sous cette forme brute, l'ouvrage est d'un grand prix. Laissons de côté dans Herbert Spencer la partie faible et arriérée, c'est-à-dire l'hypothèse scolastique d'une substance inconnaissable; le reste est aussi neuf que fécond. Il a le rare mérite d'étendre à l'ensemble des phénomènes, à l'histoire entière de la nature et de l'esprit, les deux conceptions maîtresses qui, depuis trente ans, renouvellent les sciences positives : l'une, qui est celle de Mayer et de Joule, sur la conservation de la force; l'autre, qui est celle de Darwin, sur la sélection naturelle. Un certain effet étant donné, par exemple l'élévation d'un kilogramme à un mètre de hauteur, si cet effet périt, si ce kilogramme tombe d'un mètre, l'effet détruit est remplacé par un second effet équivalent au premier, à tel point que, si l'on recueille exactement tout le second, on peut reproduire exactement tout le premier sans déchet ni surplus. Cette quantité d'effet, toujours la même sous ses différentes formes et à travers ses différents sièges, est la vraie substance des êtres, la portion indestructible et cachée qui dure sous tous les changements, et que le changement n'atteint pas. A présent, dans un ordre quelconque d'existence, prenez des choses homogènes, toutes semblables les unes aux autres, et supposez qu'en un point seulement, par une cause ou par une autre, une différence, aussi légère qu'on voudra, s'introduise, et qu'une des portions du tout cesse d'être absolument semblable aux autres portions. Voilà tous les principes d'Herbert Spencer. Par une série de déductions et de conjectures qui sont des applications plus hardies de la loi de Darwin, il montre très ingénieusement, avec beaucoup de vraisemblance, que cette petite différence en produira d'autres, que les différences iront s'accumulant, que l'ensemble homogène deviendra de plus en plus hétérogène; qu'il s'organisera, que son organisation, toujours plus compliquée, comprendra des organes de plus en plus spéciaux, que, par un progrès insensible et forcé, on verra se superposer dans le monde les étages successifs de la vie, de la sensation et de la pensée. Il est vrai qu'un pareil procédé philosophique a des inconvénients. A mesure que, par cette construction, on pose un étage sur un étage, l'édifice devient plus chancelant; on a échafaudé hypothèse sur hypothèse; la première était à peu près solide, la dernière ne l'est plus du tout; il y a là trop de matériaux douteux; la fragilité de chaque assise est accrue de celle de toutes les autres. Aussi bien, telle est l'impression du lecteur et peut-être même celle de l'auteur; sans doute les choses ont pu se passer ainsi, mais elles ont pu se passer autrement; voilà une voie naturelle par laquelle la vie a pu se former, mais il y en a peut-être d'autres à côté, non moins naturelles; la vérification décisive manque; il faudrait le calcul ou des expériences spéciales pour la fournir; la loi qui nous est présentée n'a rien d'analogue aux lois rigoureuses de Cuvier ou de Geoffroy-Saint-Hilaire; elle ressemble plutôt aux cosmogonies de Buffon ou de Lamarck. Non qu'elle soit une œuvre de pure imagination déductive : l'auteur sait le détail des choses; il est au courant des recherches les plus récentes de la science la plus scrupuleuse; à chaque pas de sa construction, il s'y réfère, il en fait usage, il s'y accommode; mais on voit qu'il est en quête d'une explication plutôt que d'une démonstration; c'est pourquoi son livre ajoute peu aux sciences positives. Mais il ajoute beaucoup à l'esprit humain; il ouvre des horizons, il suggère des aperçus, il réunit des groupes de faits séparés, il établit des ensembles. Des naturalistes et des physiologistes de profession liront avec profit la première et la cinquième partie de ce volume. Sur la structure, la genèse, les fonctions, la coordination du système nerveux, sur la liaison de l'action nerveuse et des phénomènes mentaux, il a des vues originales et compréhensives, capables de provoquer chez les savants spéciaux des recherches spéciales. Parfois même, par la seule vertu de l'analogie, il arrive à des conceptions qui, pour devenir des théories prouvées, n'ont plus besoin que de preuves. Bref, ses facultés et sa méthode sont celles du vrai philosophe, explorateur aux grandes enjambées et au long regard, qui devance les ingénieurs ordinaires pour leur indiquer la bonne route qu'il ne construit pas et qu'ils construiront[1].

M. Bain est un esprit d'une autre trempe, spécialiste plutôt que généralisateur, psychologue de goût et d'instinct, mais non métaphysicien, si ce n'est par occasion. De ces deux ouvrages que nous avons cités, le premier, *l'Esprit et le Corps*, est insuffisant ; non qu'il soit indigne de son auteur, mais il n'aurait pas dû entrer dans la collection de résumés complets et souvent profonds qui composent la *Bibliothèque internationale*. Une moitié est un hors-d'œuvre, une sorte de remplissage : c'est l'histoire assez superficielle des théories de l'âme. L'autre moitié n'est guère qu'une *lecture* de 143 pages, dans lesquelles un seul morceau[2], est important ; le lecteur qui en resterait là ne mettrait pas M. Bain au rang qu'il mérite. L'autre ouvrage, au contraire, sur les *Sens et l'Intelligence*, est capital. M. Bain est un grand ana-

1. La deuxième édition que M. Ribot et M. Espinas ont traduite est un livre nouveau, complètement refondu et extrêmement augmenté. Sur un point important (théories des sensations élémentaires), j'ai eu l'honneur d'arriver aux mêmes conclusions que M. Herbert Spencer, indépendamment et par une méthode différente. M. Herbert Spencer n'avait pas encore publié cette seconde édition, qui est de décembre 1870.

2. Sur les conditions physiques de la mémoire.

lyste, un parfait anatomiste de l'esprit, excellent pour disséquer avec précision et délicatesse tous les phénomènes mentaux, pour les suivre jusque dans leurs éléments, pour les recomposer avec exactitude et précaution, pour les classer méthodiquement selon leurs affinités naturelles. On peut ne pas accepter sa conclusion principale, douter que les procédés auxquels il ramène toutes les opérations mentales soient primitifs et essentiels, penser que l'association des idées et des émotions n'explique point tout dans notre machine intellectuelle, espérer qu'une autre division des phénomènes serait plus instructive et plus féconde en conséquences, il n'en est pas moins vrai que presque toutes ses théories particulières sont vraies, et que l'une d'elles au moins, nouvelle autant que solide, est de la plus haute importance : je veux parler de la manière dont il explique notre perception de l'étendue ; selon lui, cette perception a pour éléments primitifs nos sensations musculaires de locomotion. Le germe de la théorie était dans Brown, mais la théorie complète, avec tout le cortége des preuves, est de notre auteur; on peut dire qu'il l'a mise hors de conteste. Voilà une découverte positive et définitive, qui est en même temps un service de premier ordre. Car, d'une part, elle coupe par la racine toute l'argumentation par laquelle les philosophes critiques, Kant et Schopenhauer, par exemple, essayent de nous persuader que l'étendue n'existe pas; que cette idée est un simple produit de notre structure mentale; que rien en dehors de nous ne correspond à notre idée de l'espace. Et, d'autre part, elle dissipe complètement les ténèbres que les philosophes spiritualistes, Reid et Royer-Collard, par exemple, amoncelaient à l'origine de nos connaissances, disant qu'entre la sensation et l'étendue on ne peut concevoir rien de commun, que si la première provoque en nous la perception de la seconde, c'est par un mystère impénétrable, qu'en psychologie comme ailleurs il faut admettre l'incompréhensible et finir par la foi. A notre avis, les plus grandes controverses philosophiques peuvent être terminées de la même façon et par les mêmes moyens; la psychologie y suffit, j'entends la psychologie expérimentale, celle qui laisse de côté comme un vieux bagage inutile la question des forces, facultés, substances spirituelles et autres entités vides, et qui assure chacun de ses pas par le contrôle constant de la physiologie et de la pathologie. La science de l'esprit ne va point sans celle du système nerveux; la science de l'esprit sain ne va point sans celle de l'esprit malade; la Salpêtrière et l'amphithéâtre de vivisection sont des succursales indispensables au cabinet du psychologue; ajoutez-y l'histoire des animaux et des diverses races humaines, par suite l'histoire de l'intelligence et des instincts. L'esprit n'est point une monade isolée, mais la plus haute fleur d'un grand arbre aux milliers de branches; pour comprendre la fleur, il faut connaître l'arbre.

Telle est la méthode contemporaine, la culture nouvelle appliquée au champ si longtemps stérile où l'on ne voyait pousser que des chardons scolaires; en contemplant dans nos auteurs anglais la première récolte qu'elle donne, on jugera quelles moissons elle peut faire lever.

Journal des Débats, 4 mars 1874.

PROSPER MÉRIMÉE[1]

J'ai rencontré plusieurs fois Mérimée dans le monde. C'était un homme grand, droit, pâle, et qui, sauf le sourire, avait l'apparence d'un Anglais; du moins il avait cet air froid, *distant*, qui écarte d'avance toute familiarité. Rien qu'à le voir, on sentait en lui le flegme naturel ou acquis, l'empire de soi, la volonté et l'habitude de ne pas donner prise. En cérémonie surtout, sa physionomie était impassible. Même dans l'intimité et lorsqu'il contait une anecdote bouffonne, sa voix restait unie, toute calme; jamais d'éclat ni d'élan; il disait les détails les plus saugrenus, en termes propres, du ton d'un homme qui demande une tasse de thé. La sensibilité chez lui était domptée jusqu'à paraître absente; non qu'elle le fût, tout au contraire; mais il y a des chevaux de race si bien matés par leur maître, qu'une fois sous sa main ils ne se permettent plus un soubresaut. — Il faut dire que le dressage avait commencé de bonne heure. A dix ou onze ans, je crois, ayant commis quelque faute, il fut grondé très sévèrement et renvoyé

1. Préface des *Lettres à une inconnue*, publiées chez Michel Lévy.

du salon; pleurant, bouleversé, il venait de fermer la porte, lorsqu'il entendit rire; quelqu'un disait: « Ce pauvre enfant! il nous croit bien en colère! » — L'idée d'être dupe le révolta; il se jura de réprimer une sensibilité si humiliante, et tint parole. *Memneso apistein*, « souviens-toi d'être en défiance », telle fut sa devise. Etre en garde contre l'expansion, l'entraînement et l'enthousiasme, ne jamais se livrer tout entier, réserver toujours une part de soi-même, n'être dupe ni d'autrui ni de soi, agir et écrire comme en la présence perpétuelle d'un spectateur indifférent et railleur, être soi-même ce spectateur, voilà le trait de plus en plus fort qui s'est gravé dans son caractère, pour laisser une empreinte dans toutes les parties de sa vie, de son œuvre et de son talent[1].

Il a vécu en amateur : on ne peut guère vivre autrement quand on a la disposition critique ; à force de retourner la tapisserie, on finit par la voir habituellement à l'envers. En ce cas, au lieu de personnages beaux et bien posés, on contemple des bouts de ficelle; il est difficile

1. On dirait qu'il s'est peint lui-même dans Saint-Clair, personnage du *Vase étrusque*. « Il était né avec un cœur tendre et « aimant; mais, à un âge où l'on prend trop facilement des im- « pressions qui durent toute la vie, sa sensibilité trop expan- « sive lui avait attiré les railleries de ses camarades.... Dès lors, « il se fit une étude de cacher tous les dehors de ce qu'il regar- « dait comme une faiblesse déshonorante.... Dans le monde, il « obtint la triste réputation d'insensible et d'insouciant.... Il avait « beaucoup voyagé, beaucoup lu, et ne parlait de ses voyages et de « ses lectures que lorsqu'on l'exigeait. » — Darcy, dans *la Double Méprise*, est encore un caractère analogue au sien.

alors d'entrer avec abnégation et comme ouvrier dans une œuvre commune, d'appartenir même au parti que l'on sert, même à l'école que l'on préfère, même à la science qu'on cultive, même à l'art où l'on excelle ; si parfois on descend en volontaire dans la mêlée, le plus souvent on se tient à part. Il eut de bonne heure quelque aisance, puis un emploi commode et intéressant, l'inspection des monuments historiques, puis une place au Sénat et des habitudes à la cour. Aux monuments historiques, il fut compétent, actif et utile ; au Sénat, il eut le bon goût d'être le plus souvent absent ou muet ; à la cour, il avait son indépendance et son franc-parler. Voyager, étudier, regarder, se promener à travers les hommes et les choses, telle a été son occupation ; ses attaches officielles ne le gênaient pas. D'ailleurs, un homme d'autant d'esprit se fait respecter quand même ; son ironie transperce les mieux cuirassés. — Il faut voir avec quelle désinvolture il la manie, jusqu'à la tourner contre lui-même, et faire coup double. Un jour, à Biarritz, il avait lu une de ses Nouvelles devant l'impératrice. « Peu après ma lecture, je reçois la visite d'un homme « de la police, se disant envoyé par la grande-du- « chesse. « Qu'y a-t-il pour votre service ? — Je viens, de « la part de Son Altesse Impériale, vous prier de venir « ce soir chez elle avec votre roman. — Quel roman ? « — Celui que vous avez lu l'autre jour à Sa Majesté. — « Je répondis que j'avais l'honneur d'être le bouffon de « Sa Majesté et que je ne pouvais aller travailler en ville « sans sa permission, et je courus tout de suite lui ra-

« conter la chose. Je m'attendais qu'il en résulterait au « moins une guerre avec la Russie, et je fus un peu « mortifié que, non seulement on m'autorisât, mais en- « core qu'on me priât d'aller le soir chez la grande- « duchesse, à qui on avait donné le policeman comme « factotum. Cependant, pour me soulager, j'écrivis à la « grande-duchesse une lettre d'assez bonne encre. » Cette lettre « d'assez bonne encre » serait une pièce curieuse, et je suis sûr qu'on ne lui a plus envoyé le factotum. — Quant aux corps constitués, il n'est guère possible de les aborder avec plus de sérieux extérieur et moins de déférence intime. Grave, digne, posé dans sa cravate, quand il faisait une visite académique ou improvisait un discours public, ses façons étaient irréprochables; cependant, en sourdine, la serinette d'arrière-plan jouait un air comique qui tournait en ridicule l'orateur et les auditeurs. « Le président des « antiquaires s'est levé et tout le monde avec lui. Il a « pris la parole et a dit qu'il proposait de boire à ma « santé, attendu que j'étais remarquable à trois points « de vue, c'est à savoir : comme sénateur, comme « homme de lettres et comme savant. Il n'y avait que la « table entre nous, et j'avais une grande envie de lui « jeter à la tête un plat de gelée au rhum.... Le lende- « main, j'ai entendu le procès-verbal de la veille, où il « était dit que j'avais parlé très éloquemment. J'ai fait « un speech pour que le procès-verbal fût purgé de tout « adverbe, mais en vain. » — Candidat à l'Académie des inscriptions, et conduit chez des érudits d'aspect redoutable, il écrivait au retour : « Avez-vous jamais vu « des chiens entrer dans le terrier d'un blaireau? « Quand ils ont quelque expérience, ils font une mine « effroyable en y entrant, et souvent ils en sortent plus « vite qu'ils n'y sont entrés, car c'est une vilaine bête à « visiter que le blaireau. Je pense toujours au blaireau « en tenant le cordon de la sonnette d'un académicien, « et je me vois *in the mind's eye* tout à fait semblable « au chien que je vous disais. Je n'ai pas encore été « mordu cependant; mais j'ai fait de drôles de rencon- « tres. » Il fut reçu et eut, à côté des autres, son terrier archéologique. Mais on devine bien qu'il n'était pas d'humeur à se confiner dans celui-ci ni dans un autre; tous ceux qu'il habita avaient plusieurs sorties. Il y avait en lui deux personnages : l'un qui, engagé dans la société, s'y acquittait correctement de la besogne obligée et de la parade convenable; l'autre qui se tenait à côté ou au-dessus du premier, et d'un air narquois ou résigné le regardait faire.

Pareillement il y avait en lui deux personnages dans les affaires de cœur. Le premier, l'homme naturel, était bon et même tendre. Nul n'a été plus loyal, plus sûr en amitié; quand il avait une fois donné sa main, il ne la retirait plus. On le vit bien quand il défendit M. Libri contre les juges et contre l'opinion; c'était l'action d'un chevalier qui, à lui seul, combat une armée. Condamné à l'amende et conduit en prison, il ne prit point des airs de martyr, et mit autant de grâce à subir sa mésaventure qu'il avait mis de bravoure à la provoquer. Il n'en dit rien, sauf dans une préface, et encore en manière d'excuse, alléguant qu'il avait dû, « au mois de juillet « précédent, passer quinze jours dans un endroit où il « n'était nullement incommodé du soleil et où il jouissait « d'un profond loisir. » Rien de plus ; c'est le sourire discret et fin du galant homme. — Outre cela, serviable, obligeant ; des gens qui le priaient de s'employer pour eux s'en allaient déconcertés par sa froide mine ; un mois après, il arrivait chez eux, ayant en poche la faveur demandée. Dans sa correspondance, il lui échappe un mot frappant que tous ses amis disent très vrai : « Il « m'arrive rarement de sacrifier les autres à moi-même, « et, quand cela m'arrive, j'en ai tous les remords possi- « bles. » — A la fin de sa vie, on trouvait chez lui deux vieilles dames anglaises auxquelles il parlait peu, et dont il ne semblait pas se soucier beaucoup ; un de mes amis le vit les larmes aux yeux, parce que l'une d'elles était malade. Jamais il ne disait un mot de ses sentiments profonds ; voici une correspondance d'amour, puis d'amitié, qui a duré trente ans ; la dernière lettre est datée de son dernier jour, et l'on ne sait pas le nom de sa correspondante. Pour qui sait lire ces lettres, il y est gracieux, aimant, délicat, véritablement amoureux, et, qui le croirait ? poète parfois, ému jusqu'à devenir superstitieux, comme un Allemand lyrique. Cela est si étrange, qu'il faut citer presque tout. — « Vous aviez « été si longtemps sans m'écrire, que je commençais à « être inquiet. Et puis j'étais tourmenté d'une idée sau- « grenue que je n'ai pas osé vous écrire. Je visitais les

« Arènes de Nîmes avec l'architecte du département, « lorsque je vis à dix pas de moi un oiseau charmant, « un peu plus gros qu'une mésange, le corps gris de « lin, avec des ailes rouges, noires et blanches. Cet « oiseau était perché sur une corniche et me regardait « fixement. J'interrompis l'architecte pour lui demander « le nom de cet oiseau. C'est un grand chasseur, et il « me dit qu'il n'en avait jamais vu de semblable. Je « m'approchai, et l'oiseau ne s'envola que lorsque « j'étais assez près de lui pour le toucher. Il alla se poser « à quelques pas de là, me regardant toujours. Partout « où j'allais, il semblait me suivre, car je l'ai trouvé à « tous les étages de l'amphithéâtre. Il n'avait pas de « compagnon, et son vol était sans bruit comme celui « d'un oiseau nocturne. Le lendemain, je retournai aux « Arènes et je revis encore mon oiseau. J'avais apporté « du pain que je lui jetai, mais il n'y toucha pas. Je lui « jetai ensuite une grosse sauterelle, croyant, à la forme « de son bec, qu'il mangeait des insectes, mais il ne « parut pas en faire cas. Le plus savant ornithologiste de « la ville me dit qu'il n'existait pas dans le pays d'oiseaux « de cette espèce. Enfin, à la dernière visite que j'ai « faite aux Arènes, j'ai rencontré mon oiseau toujours « attaché à mes pas, au point qu'il est entré avec moi « dans un corridor étroit et sombre, où lui, oiseau du « jour, n'aurait jamais dû se hasarder. Je me souvins « alors que la duchesse de Buckingham avait vu son « mari, sous la forme d'un oiseau, le jour de son assas- « sinat, et l'idée me vint que vous étiez peut-être morte

« et que vous aviez pris cette forme pour me voir. « Malgré moi, cette bêtise me tourmentait, et je vous « assure que j'ai été enchanté de voir que votre lettre « portait la date du jour où j'ai vu pour la première fois « mon oiseau merveilleux. » — Voilà comment, même chez un sceptique, le cœur et l'imagination travaillent; c'est une « bêtise » ; il n'en est pas moins vrai qu'il était sur le seuil du rêve et dans le grand chemin de l'amour[1].

Mais, à côté de l'amoureux, subsistait le critique, et le conflit des deux personnages dans le même homme produisait des effets singuliers. En pareil cas, il vaut peut-être mieux n'y pas voir trop clair. « Savez-vous « bien, disait La Fontaine, que, pour peu que j'aime, je « ne vois les défauts des personnes non plus qu'une taupe « qui aurait cent pieds de terre sur elle? Dès que j'ai un « grain d'amour, je ne manque pas d'y mêler tout ce « que j'ai d'encens dans mon magasin. » C'est peut-être pour cela qu'il était si aimable. — Dans les lettres de Mérimée, les duretés pleuvent avec les douceurs : « Je « vous avouerai que vous m'avez paru fort embellie au « physique, mais point au moral.... Vous avez toujours

1. Voici de lui une action généreuse et délicate; Béranger, en pareil cas, en fit une semblable : « J'allais être amoureux, quand je suis parti pour l'Espagne. La personne qui a causé mon voyage n'en a jamais rien su. Si j'étais resté, j'aurais peut-être fait une grande sottise, celle d'offrir à une femme digne de tout le bonheur dont on peut jouir sur la terre, de lui offrir, dis-je, en échange de la perte de toutes les choses qui lui étaient chères, une tendresse que je sentais moi-même très inférieure au sacrifice qu'elle aurait peut-être fait.

« la taille d'une sylphide, et, bien que blasé sur les « yeux noirs, je n'en ai jamais vu d'aussi grands à « Constantinople ni à Smyrne. Maintenant, voici le « revers de la médaille : vous êtes restée enfant en « beaucoup de choses, et vous êtes devenue, par-dessus « le marché, hypocrite.... Vous croyez que vous avez « de l'orgueil; j'en suis bien fâché, mais vous n'avez « qu'une petite vanité bien digne d'une dévote. La « mode est au sermon aujourd'hui. Y allez-vous? Il ne « vous manquait plus que cela. » — Et un peu plus tard : « Dans tout ce que vous dites et tout ce que « vous faites, vous substituez toujours à un sentiment « réel un convenu.... Au reste, je respecte les convic- « tions, même celles qui me paraissent le plus absurdes. « Il y a en vous beaucoup d'idées saugrenues, pardon- « nez-moi le mot, que je me reprocherais de vous ôter, « puisque vous y tenez et que vous n'avez rien à mettre « à la place. » — Après deux mois de tendresses, de querelles et de rendez-vous, il conclut ainsi : « Il me « semble que tous les jours vous êtes plus égoïste. Dans « *nous*, vous ne cherchez jamais que *vous*. Plus je « retourne cette idée, plus elle me paraît triste.... Nous « sommes si différents, qu'à peine pouvons-nous nous « comprendre. » Il paraît qu'il avait rencontré un caractère aussi rétif et aussi indépendant que le sien, « *a lioness, though tame*, » et il l'analyse. « C'est dom- « mage que nous ne nous voyions pas le lendemain « d'une querelle; je suis sûr que nous serions parfai- « tement aimables l'un pour l'autre.... Assurément,

« mon plus grand ennemi, ou, si vous voulez, mon « rival dans votre cœur, c'est votre orgueil; tout ce « qui froisse cet orgueil vous révolte; vous suivez votre « idée, peut-être à votre insu, dans les plus petits « détails. N'est-ce pas votre orgueil qui est satisfait « lorsque je baise votre main? Vous êtes heureuse « alors, m'avez-vous dit, et vous vous abandonnez à « votre sensation, parce que votre orgueil se plaît à « une démonstration d'humilité.... » — Quatre mois plus tard, et à distance, après une brouille plus forte : « Vous êtes une de ces *chilly women of the North*, vous « ne vivez que par la tête.... Adieu, puisque nous ne « pouvons être amis qu'à distance. Vieux l'un et l'autre, « nous nous retrouverons peut-être avec plaisir. » Puis, sur un mot affectueux, il revient. — Mais l'opposition des caractères est toujours la même; il ne peut souffrir qu'une femme soit femme : « Rarement je vous « accuse, sinon de ce manque de franchise qui me met « dans une défiance presque continuelle avec vous, « obligé que je suis de chercher toujours votre idée « sous un déguisement.... Pourquoi, après si longtemps « que nous sommes ce que nous sommes l'un pour « l'autre, êtes-vous encore à réfléchir plusieurs jours « avant de répondre à la question la plus simple?... « Entre votre tête et votre cœur, je ne sais jamais qui « l'emporte, vous ne le savez pas vous-même, mais « vous donnez toujours raison à votre tête.... S'il y a « un tort de votre part, c'est assurément cette préfé- « rence que vous donnez à votre orgueil sur ce qu'il y

« a de tendresse en vous. Le premier sentiment est au « second, comme un colosse à un pygmée. Et cet « orgueil n'est au fond qu'une variété de l'égoïsme. » Tout cela finit par une bonne et durable amitié. — Mais n'admirez-vous pas cette manière agréable de faire sa cour? On se rencontrait au Louvre, à Versailles, dans les bois des environs; on s'y promenait en tête à tête, en secret, longuement, même en janvier, plusieurs fois par semaine; il admirait « une radieuse physionomie, « de fines attaches, une blanche main, de superbes « cheveux noirs, » une intelligence et une instruction dignes de la sienne, les grâces d'une beauté originale, les attraits d'une culture composite, les séductions d'une toilette et d'une coquetterie savantes; il respirait le parfum exquis d'une éducation si choisie et d'une « nature si raffinée qu'elles résumaient pour lui toute une « civilisation »; bref, il était sous le charme. Au retour, l'observateur reprenait son office; il démêlait le sens d'une réponse, d'un geste; il se détachait de son sentiment pour juger un caractère; il écrivait des vérités et des épigrammes, que le lendemain on lui rendait.

Tel il fut dans sa vie, et tel on le retrouve dans ses livres. Il a écrit et étudié en amateur, passant d'un sujet à un autre, selon l'occasion et sa fantaisie, sans se donner à une science, sans se mettre au service d'une idée. — Ce n'était pas faute d'application ou de compétence. Au contraire, peu d'hommes ont été plus et mieux instruits. Il possédait six langues, avec leur littérature et leur histoire, l'italien, le grec, le latin, l'anglais, l'espagnol et le russe; je crois qu'en outre il lisait l'allemand. De temps en temps une phrase dans sa correspondance, une note dans ses livres, montre à quel point il avait poussé ces études. Il parlait *calo*, de manière à étonner les bohémiens d'Espagne. Il entendait les divers dialectes espagnols et déchiffrait les vieilles chartes catalanes. Il savait la métrique des vers anglais. Ceux-là seuls qui ont étudié une littérature entière, dans l'imprimé et dans le manuscrit, pendant les quatre ou cinq âges successifs de la langue, du style et de l'orthographe, peuvent apprécier ce qu'il faut de facilité et d'efforts pour savoir l'espagnol comme l'auteur de *Don Pèdre*, et le russe comme l'auteur des *Cosaques* et du *Faux Démétrius*. Il était naturellement doué pour les langues et en avait appris jusque dans l'âge mûr : vers la fin de sa vie, il devenait philologue et s'adonnait, à Cannes, aux minutieuses études qui composent la grammaire comparée. — A cette connaissance des livres il avait ajouté celle des monuments; ses rapports prouvent qu'il était devenu spécial pour ceux de la France; il comprenait, non seulement l'effet, mais encore la technique de l'architecture. Il avait étudié chaque vieille église sur place, avec l'aide des meilleurs architectes; sa mémoire locale était excellente et exercée : né dans une famille de peintres, il avait manié le pinceau et faisait bien l'aquarelle; bref, en ceci comme en tout sujet, il était allé au fond des choses; ayant l'horreur des phrases spécieuses, il n'écrivait qu'après avoir touché le détail probant. On trouverait difficilement une tête d'historien dans laquelle la collection préalable, bibliothèque et musée, soit si complète. — Ajoutez-y des dons encore plus rares, ceux qui permettent de faire revivre ces débris morts, je veux dire l'expérience de la vie et l'imagination lucide. Il avait beaucoup voyagé, deux fois en Grèce et en Orient, douze ou quinze fois en Angleterre, en Espagne et ailleurs, et partout il avait observé les mœurs, non seulement de la bonne compagnie, mais de la mauvaise. « J'ai mangé plus d'une fois à la gamelle avec des gens « qu'un Anglais ne regarderait pas, de peur de perdre « le respect qu'il a pour son propre œil. J'ai bu à la « même outre qu'un galérien. » Il avait vécu familièrement avec des gitanos et des toréadors. Il faisait des contes le soir à une assemblée de paysans et de paysannes de l'Ardèche. Un des endroits où il se trouvait le mieux à sa place, c'était dans une venta espagnole, avec « des muletiers et des paysannes d'Andalousie ». Il cherchait des types frustes et intacts, « par « une curiosité inépuisable de toutes les variétés de l'es« pèce humaine, » et formait dans sa mémoire une galerie de caractères vivants, la plus précieuse de toutes; car les autres, celles des livres et des édifices, sont des coquilles jadis habitées, maintenant vides, dont on ne comprend la structure qu'en se figurant, d'après les espèces survivantes, les espèces qui ont vécu. Par une divination vive, exacte et prompte, il faisait cette reconstruction mentale. On voit par *la Chronique de Charles IX*, par *les Débuts d'un aventurier*, par *le*

Théâtre de Clara Gazul, que tel est son procédé involontaire. Ses lectures aboutissent naturellement à la demi-vision de l'artiste, à la mise en scène, au roman qui ranime le passé. Avec tant d'acquis et des facultés si belles, il eût pu prendre dans l'histoire et dans l'art une place à la fois très grande et très haute; il n'a pris qu'une place moyenne dans l'histoire, et une place haute, mais étroite, dans l'art.

C'est qu'il se défiait, et que trop de défiance est nuisible. Pour obtenir d'une étude tout ce qu'elle peut donner, il faut, je crois, se donner tout entier à elle, l'épouser, ne pas la traiter comme une maîtresse avec qui l'on s'enferme deux ou trois ans, sauf à recommencer ensuite avec une autre. Pour produire tout ce dont il est capable, il faut que l'homme, ayant conçu quelque forme d'art, quelque méthode de science, bref, quelque idée générale, la trouve si belle qu'il la préfère à tout, notamment à lui-même, et l'adore comme une déesse qu'il est trop heureux de servir. Mérimée aussi pouvait s'éprendre et adorer; mais, au bout d'un temps, le critique en lui se réveillait, jugeait la déesse, trouvait qu'elle n'était pas assez divine. Toutes nos méthodes de science, toutes nos formes d'art, toutes nos idées générales ont quelque endroit faible; l'insuffisant, l'incertain, le convenu, le postiche y abondent; il n'y a que l'illusion de l'amour qui puisse les trouver parfaites, et un sceptique n'est pas longtemps amoureux. Celui-ci mettait son lorgnon, et, dans la belle statue, démêlait le manque d'aplomb, la restauration fausse et spécieuse, l'attitude de mode : il se dégoûtait et s'en allait, non sans motifs. Il les indique en passant, ces motifs; il voit ce qu'il y a de hasardé dans notre philosophie de l'histoire, ce qu'il y a d'inutile dans notre manie d'érudition, ce qu'il y a d'exagéré dans notre goût pour le pittoresque, ce qu'il y a d'insipide dans notre peinture du réel. Que les inventeurs et les badauds acceptent le système ou le style, par amour-propre ou par niaiserie; pour lui, il s'en défend, ou, s'il ne s'en est pas défendu, il s'en repent. « Vers l'an de grâce « 1827, j'étais romantique. Nous disions aux classiques : « Point de salut sans la *couleur locale*. Nous entendions « par couleur locale ce qu'au xviie siècle on appelait les « *mœurs*; mais nous étions très fiers de notre mot, et « nous pensions avoir imaginé le mot et la chose. » Depuis, ayant fabriqué des poésies illyriennes que les savants d'outre-Rhin traduisirent d'un grand sérieux, il put se vanter d'avoir fait de la couleur locale. « Mais le « procédé était si simple, si facile, que j'en vins à douter « du mérite de la couleur locale elle-même, et que je « pardonnai à Racine d'avoir policé les sauvages héros « de Sophocle et d'Euripide. » — Vers la fin de sa vie, il évitait de parti pris toutes les théories; à ses yeux, elles n'étaient bonnes qu'à duper des philosophes ou à nourrir des professeurs : il n'acceptait et n'échangeait que des anecdotes, de petits faits d'observation, par exemple, en philologie, la date précise où l'on cesse de rencontrer dans le vieux français les deux cas survivants de la déclinaison latine. A force de vouloir la certitude, il desséchait la science et ne gardait de la plante que le bois sans les fleurs. — On ne peut expliquer autrement la froideur de ses essais historiques. *Don Pèdre, les Cosaques, le Faux Démétrius, la Guerre sociale, la Conjuration de Catilina*, études solides, complètes, bien appuyées, bien exposées, mais dont les personnages ne vivent pas; très probablement, c'est qu'il n'a pas voulu les faire vivre. Car, dans un autre écrit, *les Débuts d'un aventurier*, reprenant son faux Démétrius, il a fait rentrer la sève dans la plante, en sorte qu'on peut la voir tour à tour sous les deux formes : terne et roide dans l'herbier historique, fraîche et verte dans l'œuvre d'art. Évidemment, quand il préparait dans cet herbier ses Espagnols du XIVe siècle ou les contemporains de Sylla, il les voyait par l'œil intérieur aussi nettement que son aventurier; du moins cela ne lui était pas plus difficile; mais il répugnait à nous les faire voir, n'admettant dans l'histoire que les détails prouvés, se refusant à nous donner ses divinations pour des faits authentiques, critique au détriment de son œuvre, rigoureux jusqu'à se retrancher la meilleure partie de lui-même et mettre son imagination sous l'interdit.

Dans ses œuvres d'art, le critique domine encore, mais presque toujours avec un office utile, pour restreindre et diriger son talent, comme une source qu'on enferme dans un tuyau pour qu'elle jaillisse plus mince et plus serrée. Il avait, de naissance, plusieurs de ces talents que nul travail n'acquiert et que son maître Stendhal ne possédait pas : le don de la mise en scène, du dialogue, du comique, l'art de poser face à face deux personnages et de les rendre visibles au lecteur par le seul échange de leurs paroles. De plus, comme Stendhal, il savait les caractères et contait bien. Il soumit ces vives facultés à une discipline sévère, et, par un effort double, entreprit de leur faire rendre le plus d'œuvre avec le moins de matière. — Dès l'abord, il avait beaucoup goûté le théâtre espagnol, qui est tout nerf et tout action; il en reprit les procédés, pour composer sous un faux nom de petites pièces d'un sens profond et d'intention moderne. Chose unique dans l'histoire littéraire, plusieurs de ces pastiches, *l'Occasion*, *la Périchole*, valent des originaux. — Nulle part la saillie des caractères n'est si nette et si forte que dans ses comédies. Dans *les Mécontents* et dans *les Deux Héritages*, chaque personnage, suivant un mot de Gœthe, ressemble à ces montres parfaites, en cristal transparent, sur lesquelles on voit en même temps l'heure exacte et tout le jeu du mécanisme intérieur. Tous les détails portent et sont chargés de sens; c'est le propre des grands peintres de dessiner en cinq ou six coups de crayon une figure qu'on n'oublie plus. Même dans des pièces moins réussies, par exemple dans *les Espagnols en Danemark*, il y a des personnages, le lieutenant Charles Leblanc et sa mère l'espionne, qui resteront à demeure dans la mémoire humaine. Au fond, si un sceptique aussi déterminé avait daigné avoir une esthétique, il aurait expliqué, je crois, que, pour un connaisseur de l'homme, chaque homme se réduit à trois ou quatre traits principaux, lesquels s'expriment complètement par cinq ou six actions significatives; le reste est dérivé ou indifférent; c'est temps perdu que de le montrer. Les lecteurs intelligents le devineront, et il ne faut écrire que pour les lecteurs intelligents; laisser le bavardage aux bavards, ne prendre que l'essentiel, ne le traduire aux yeux que par des actions probantes, concentrer, abréger, résumer la vie, voilà le but de l'art. — Du moins, tel est le sien, et il l'atteint mieux encore dans ses récits que dans ses comédies; car les exigences de la mise en scène et de l'effet comique ne surviennent pas pour grossir les traits, charger la vérité, mettre sur la figure vivante un masque de théâtre[1]. L'écrivain, ayant moins d'obligations et plus de ressources, peut dessiner plus juste et moins appuyer. La plupart de ses Nouvelles sont des chefs-d'œuvre, et il est à croire qu'elles resteront classiques. Il y a de cela plusieurs raisons. D'abord, en fait; voici trente ou quarante ans qu'elles durent, et *Carmen*, *l'Enlèvement de la redoute*, *Colomba*, *Matteo Falcone*, *l'Abbé Aubain*, *Arsène Guillot*, *la Vénus d'Ille*, *la Partie de trictrac*, *Tamango*, même *le Vase étrusque* et *la Double Méprise*, presque tous ces petits édifices sont aussi intacts qu'aux premiers jours. C'est qu'ils sont bâtis en pierres choi-

1. Le Résident dans les *Espagnols en Danemark*, le Comte et les autres gentilshommes dans *les Mécontents*, Kermouton et le marchand de beurre dans *les Deux Héritages*. Mais, en revanche, quels résumés vrais que les caractères de Clémence, de Sévin et de miss Jackson!

sies, non en stuc et autres matériaux de mode. Point de ces descriptions qui passent au bout de cinquante ans et qui nous ennuient tant aujourd'hui dans les romans de Walter Scott; point de ces réflexions, dissertations, explications, que nous trouvons si longues dans les romans de Fielding; rien que des faits, et les faits sont toujours instructifs; d'autant plus qu'il n'y met que des faits importants, intelligibles même pour des hommes d'un autre pays et d'un autre siècle; dans Balzac et dans Dickens, qui n'ont pas cette précaution, beaucoup de détails minutieux, locaux ou techniques, tomberont comme un enduit qui s'écaille, ou ne serviront qu'aux commentaires des commentateurs. — Autre chance de durée : ces romans sont courts; le plus long n'a qu'un demi-volume, l'un d'eux, six pages; tous sont clairs, bien composés, rassemblés autour d'une action simple et d'un effet unique. Or il faut songer que la postérité est une sorte d'étrangère, qu'elle n'a pas la complaisance des contemporains, qu'elle ne tolère pas les ennuyeux, qu'aujourd'hui peu de personnes supportent les huit volumes de *Clarisse Harlowe*, bref, que l'attention humaine surchargée finit toujours par faire faillite; il est prudent, quand, après un siècle, on lui demande encore audience, de lui parler un style bref, net et plein. — En outre, il est sage de lui dire des choses intéressantes et qui l'intéressent. Des choses intéressantes : cela exclut les événements trop plats ou trop bourgeois, les caractères trop effacés et trop ordinaires. Des choses qui l'intéressent : cela veut dire des situations et des passions assez durables pour qu'après cent ans elles soient encore de circonstance. Mérimée choisit des types francs, forts, originaux, sortes de médailles d'un haut relief et d'un métal dur, avec un cadre et des événements appropriés : le premier combat d'un officier, une vendetta corse, le dernier voyage d'un négrier, une défaillance de probité, l'exécution d'un fils par son père, une tragédie intime dans un salon moderne ; presque tous ses contes sont meurtriers, comme ceux de Bandello et des nouvellistes italiens, et en outre poignants par le sang-froid du récit, par la précision du trait, par la convergence savante des détails. Bien mieux, chacun d'eux, dans sa petite taille, est un document sur la nature humaine, un document complet et de longue portée, qu'un philosophe, un moraliste peut relire tous les ans sans l'épuiser. Plusieurs dissertations sur l'instinct primitif et sauvage, des traités savants, comme celui de Schopenhauer sur la métaphysique de l'amour et de la mort, ne valent pas les cent pages de *Carmen*. Le cierge d'*Arsène Guillot* résume beaucoup de volumes sur la religion du peuple et sur les vrais sentiments des courtisanes. Je ne sais pas de plus amère prédication contre les méprises de la crédulité ou de l'imagination que *la Double Méprise* et *le Vase étrusque*. Il est probable qu'en l'an 2000 on relira *la Partie de trictrac*, pour savoir ce qu'il en coûte de manquer une fois à l'honneur. — Remarquez enfin que l'auteur n'intervient point pour nous faire la leçon ; il s'abstient, nous laisse conclure ; même, de parti pris, il s'efface jusqu'à paraître absent; les lecteurs futurs auront des égards pour un maître de maison si poli, si discret, si habile à faire les honneurs de son logis. Les bonnes manières plaisent toujours, et l'on ne peut rencontrer d'hôte mieux élevé. A la porte, il salue ses visiteurs, les introduit, puis se retire, les laissant libres de tout examiner et critiquer seuls; il n'est pas importun, il ne se fait pas lui-même le cicerone de ses trésors; jamais on ne le prendra en flagrant délit d'amour-propre. Il cache son savoir, au lieu de le montrer; il semble, à l'écouter, que chacun aurait pu faire son livre. L'un est une anecdote qu'un de ses amis lui a contée et qu'il a aussitôt écrite. L'autre est « un extrait » de ses lectures à travers Brantôme et d'Aubigné. S'il a fait *les Débuts d'un aventurier*, c'est qu'étant au frais malgré lui, pendant quinze jours, il n'avait rien de mieux à faire. Pour écrire *la Guzla*, la recette est simple : se procurer une statistique de l'Illyrie, le voyage de l'abbé Fortis, apprendre cinq ou six mots de slave. — Ce parti pris de ne pas se surfaire va jusqu'à l'affectation. Il a si peur de paraître pédant qu'il fuit jusque dans l'autre extrême, le ton dégagé, le sans-façon de l'homme du monde. Peut-être un jour sera-ce là son endroit vulnérable; on se demandera si cette ironie perpétuelle n'est pas voulue, s'il a raison de plaisanter au plus fort de la tragédie, s'il ne se montre pas insensible par crainte du ridicule, si son ton aisé n'est pas l'effet de la contrainte, si le gentleman en lui n'a pas fait tort à l'auteur, s'il aimait assez son art. Plus d'une fois, notamment dans *la Vénus d'Ille*, il s'en est servi pour mystifier le lecteur. Ailleurs, dans *Lokis*[1], une idée saugrenue, à double entente, étrange de la part d'un esprit si distingué, gît au fond du conte, comme un crapaud dans un coffret sculpté. Il paraît qu'il trouvait du plaisir à voir des doigts de femme ouvrir le coffret, et qu'un joli visage bien effaré par le dégoût le faisait rire. Presque toujours il semble qu'il ait écrit par occasion, pour s'amuser, pour s'occuper, sans subir l'empire d'une idée, sans concevoir un grand ensemble, sans se subordonner à une œuvre. En ceci comme dans le reste, il était désenchanté, et à la fin on le trouve dégoûté. Le scepticisme produit la mélancolie. — A ce sujet, sa correspondance est triste; sa santé défaillait peu à peu; il hivernait régulièrement à Cannes, sentant que la vie le quittait; il se soignait, se conservait; c'est l'unique souci qui suive l'homme jusqu'au bout. Il allait tirer de l'arc par ordonnance de médecin, et peignait, pour se distraire, des vues du pays : tous les jours on le rencontrait dans la campagne, marchant en silence, avec ses deux Anglaises : l'une portait l'arc, l'autre la boite aux aquarelles. Il tuait ainsi le temps et prenait patience. Il allait, par bonté d'âme, nourrir un chat dans une cabane écartée, à une demi lieue de distance; il cherchait des mouches pour un lézard qu'il nourrissait : c'étaient là ses favoris. Quand le chemin de fer lui amenait un ami, il se ranimait, et sa conver-

1. *Lettres à une inconnue*, II, 333, 335.

sation redevenait charmante; ses lettres l'étaient toujours; il ne pouvait s'empêcher d'avoir l'esprit le plus original et le plus exquis. Mais le bonheur lui manquait; il voyait l'avenir en noir, à peu près tel que nous l'avons aujourd'hui; avant de clore les yeux, il eut la douleur d'assister à l'écroulement complet, et mourut le 23 septembre 1870. — Si l'on essaye de résumer son caractère et son talent, on trouvera, je pense, que, né avec un cœur très bon, doué d'un esprit supérieur, ayant vécu en galant homme, beaucoup travaillé, et produit quelques œuvres de premier ordre, il n'a pas pourtant tiré de lui-même tout le service qu'il pouvait rendre, ni atteint tout le bonheur auquel il pouvait aspirer. Par crainte d'être dupe, il s'est défié dans la vie, dans l'amour, dans la science, dans l'art[1], et il a été dupe de sa défiance. On l'est toujours de quelque chose, et peut-être vaut-il mieux s'y résigner d'avance.

Journal des Débats, décembre 1873.

1. *Lettres à une inconnue*, I, 8. « Défaites-vous de votre optimisme, et figurez-vous bien que nous sommes dans ce monde pour nous battre envers et contre tous.... Sachez aussi qu'il n'y a rien de plus commun que de faire le mal pour le plaisir de le faire. »

GEORGE SAND

Pour parler de George Sand comme il convient, il faudrait un gros volume, une copieuse biographie critique, à la manière anglaise. Non seulement elle est un grand et beau génie, un artiste naturel et supérieur, l'un des premiers écrivains du siècle, mais encore nous avons, pour la connaître et la décrire, des ressources qu'on ne rencontre pas ailleurs. Quand on aura publié quelques volumes de ses lettres, rien ne manquera pour composer une biographie unique, plus complète et plus approfondie que celles de Walter Scott ou de Gœthe. Nulle part on ne pourra mieux appliquer la méthode de Sainte-Beuve, qui, pour comprendre un grand individu, employait la physiologie, notait les liens du sang, observait les parents et les ancêtres. On connaît avec détails le père et la mère de George Sand, et ses grands-parents jusqu'à la quatrième génération; on a leurs lettres, on sait leur vie intime, on peut suivre, depuis le roi Auguste, le maréchal de Saxe, Mme Dupin, le commandant Dupin, jusqu'à George Sand elle-même, la transmission d'un tempérament original, de facultés particulières qui, exagérées, atténuées, renouvelées ou transformées par des croisements successifs, ont atteint leur plus haut développement et leur plus parfaite harmonie dans le génie final qui les a résumées. Il n'y a pas dans l'histoire littéraire un autre exemple aussi instructif, une collection de matériaux si riche et qui remonte si loin, un cas aussi précieux pour nous renseigner sur l'hérédité psychologique. — Ajoutez que sur George Sand elle-même les renseignements abondent; dans ses Mémoires, bien plus sincères que ceux de Chateaubriand, nous suivons d'année en année toute son enfance, toute son éducation, tous les éléments et accroissements de son caractère et de son talent, l'origine et la filiation de ses idées, la formation de ses premiers jugements sur les grands sujets, sur la religion, sur la société, sur le beau, sur la philosophie. Viennent alors ses romans et son œuvre, plus de cent volumes, dont les plus faibles méritent une étude, car elle n'a jamais écrit pour écrire; même dans une nouvelle de trente pages, elle mettait une pensée; personne n'a plus continuellement, et avec plus de bonne foi, agité les questions graves; elle en était préoccupée jusqu'à en être obsédée, et l'on pourrait, en suivant ses romans, faire d'après eux l'histoire morale et philosophique du siècle. Avec un fond très fixe de croyances et d'aspirations persistantes, elle s'est toujours développée; elle n'a jamais cessé d'apprendre; parmi les contemporains, elle est presque la seule avec Sainte-Beuve qui, volontairement et de parti pris, se soit renouvelée, ait élargi son cercle d'idées, et ne se soit pas contentée de réponses une fois faites. Bien mieux, et par le seul progrès d'une intelligence toujours active, elle a passé spontanément des mauvaises réponses aux bonnes. Après une période de révoltes et d'orages, elle est entrée dans la voie droite et grande qui est celle de Gœthe et de tous les esprits véritablement bienfaisants. Par la pratique de la vie et par l'étude des sciences, elle est arrivée au calme, elle a compris et loué le travail, le bon sens, la raison, la société, la famille, le mariage, toutes les choses utiles, salutaires ou nécessaires. Sans rien rabattre de son idéal, elle s'est réconciliée avec le train courant du monde et n'a plus songé qu'à l'améliorer sans le bouleverser. On ferait une belle histoire de cette évolution graduelle et naturelle, sincère et progressive, déterminée tout entière par le seul effet de l'observation assidue, jointe au travail intérieur d'un esprit loyal et sain. En tout cas, il est à souhaiter que son histoire soit la nôtre, et que cette noble intelligence nous redresse par son exemple après nous avoir charmés par ses fictions.

Depuis douze ou quinze ans, son succès était moindre, quoique son talent n'eût pas fléchi; c'est que la vogue était ailleurs. L'esprit positif et scientifique a gagné la littérature; on veut maintenant une imitation plus exacte des choses, des caractères plus voisins de ceux qu'on rencontre tous les jours, des descriptions prises sur place, et d'une précision absolue, bref une copie détaillée, littérale et micrographique de la réalité. Le roman est aux mains des successeurs de Balzac, et il ne faut pas s'en plaindre si, avec les minuties et la conscience du maître, les élèves ont les grandes vues d'ensemble, la profondeur d'analyse, la puissance de combinaison et la pénétration philosophique qui font de Balzac, comme de Rembrandt, l'un des grands peintres de l'humanité. Mais il y a plusieurs formes de l'art, et l'art de George Sand, fondé sur un principe contraire, est aussi d'espèce supérieure. Beaucoup de ses anciens romans subsistent aussi intacts qu'au premier jour : *Mauprat*, la première moitié de *Consuelo*, *la Dernière Aldini*, *Leone Leoni*, *la Marquise*, *Métella*, *Lavinia*, *Spiridion*, et toute la série de romans champêtres : *la Petite Fadette*, *le Champi*, *la Mare au Diable*, *les Maîtres Sonneurs*, celui-ci l'un des plus parfaits; parmi les nouveaux, plusieurs sont de valeur égale : *la Filleule*, *Adriani*, *Jean de la Roche*, *Constance Verrier*, *le Diable aux Champs*, *Cadio*, *la Confession d'une jeune fille*, *le Château des Désertes*; et dans les autres des scènes entières, parfois un demi-volume. Seulement, pour les goûter, il faut se mettre au point de vue, prendre intérêt à la peinture d'une humanité plus belle et meilleure. Celle-ci est de deux ou trois degrés supérieure à la nôtre; les hommes y ont plus de talent et de génie, les femmes plus de cœur et de dévouement que chez nous; tous parlent mieux et plus éloquemment que nous-mêmes; ils sont encadrés dans un décor plus beau, dans des paysages et des appartements arrangés par des mains d'artiste; c'est un monde idéal, et, pour en maintenir l'illusion, l'écrivain efface, atténue et souvent esquisse un contour général, au lieu de peindre une figure individuelle. Il n'insiste pas sur le détail, il l'indique à peine en passant, il évite d'approfondir; il suit la grande ligne poétique de la passion qu'il plaide ou de la situation qu'il décrit, sans s'arrêter sur les irrégularités qui en rompraient l'harmonie. Cette façon sommaire de peindre est le propre de tout art idéaliste : et s'il en faut reconnaître les inconvénients, on doit en noter les avantages. Sans doute les figures qu'on produit ainsi sont moins corporelles et moins visibles; elles n'ont pas la complexité, la profondeur et le relief des choses vivantes; ce ne sont pas, selon le mot de Balzac, « de nouveaux êtres ajoutés à « l'état civil »; on ne parle pas d'elles en conversation comme de personnages que l'on a fréquentés et avec qui l'on est en commerce intime; elles n'ont pas cette intensité d'existence qui égale ou même dépasse l'existence réelle, mais elles sont d'un autre monde, plus aérien, plus lumineux, celui du désir et du rêve; et elles ont le degré et le genre de solidité que comporte ce monde supérieur. Là aussi, les choses ont leurs lois, leurs attaches, leurs proportions et leur harmonie; tout s'y tient comme dans une musique. Jamais l'écrivain n'altère ou n'omet ces liaisons secrètes : chez lui, rien ne détonne; tout est d'accord, les personnages, l'action, le paysage, le style; au bout d'un instant et pendant toute la durée du livre, on a le plaisir d'y croire; on est bien dans son monde, on s'y repose de l'autre. On sait gré à l'artiste de l'illusion qu'il nous donne. Ce service est inappréciable, et j'ose dire que, depuis cinquante ans, nul écrivain ne nous l'a si bien rendu.

Un autre mérite soutiendra son œuvre : c'est que tous ses livres ont pour fond une idée générale, une thèse philosophique, religieuse ou morale, un problème de cœur, de conscience ou d'éducation. Sous forme de récits et de dialogues, elle traitait des questions éternelles et composait une situation ou un personnage pour en faire sortir une interrogation et une réponse sur les plus grands intérêts de la vie humaine. Souvent même son roman a pour principe un doute de haute casuistique ou une recherche de psychologie supérieure; par ce côté de son esprit, elle prend place à côté de Rousseau, son maître, au-dessus des moralistes ordinaires, qui ont formulé leurs observations en axiomes sans savoir, comme elle, les mettre en scène et en action. Non seulement ce sont là de grands sujets, et les seuls qui soient dignes d'occuper toujours l'attention des hommes, mais encore il n'y en a pas de plus dramatiques, car le vrai drame est toujours celui qui se passe au dedans de nous. Les anxiétés d'un esprit qui cherche une croyance fixe, le passage douloureux d'une foi héréditaire à une conviction personnelle, les agitations d'un cœur qui ne peut se fixer que par une affection complète, la formation d'un talent, les tentations d'un caractère, et, d'une façon générale, les tâtonnements, les erreurs, les combats et le progrès d'une âme en quête de la justice, ou de l'amour, ou de la vérité, voilà des tragédies qui recommenceront toujours, et dont chacun de nous, dans son for intérieur a été le témoin en même temps que le héros ou la victime. Elles font la substance des œuvres littéraires qui durent, et c'est ce que nous oublions trop aujourd'hui. Il faut un thème général, une sorte de lien commun moral qui serve de matière au récit. Quand ce thème philosophique rencontre un personnage capable de le porter jusqu'au bout et de l'exprimer tout entier, le roman est de premier ordre ; c'est ainsi que M. Flaubert a fait *Madame Bovary*, un chef-d'œuvre. Mais ordinairement on dédaigne ces abstractions, on les rejette en disant qu'elles ne peuvent conduire qu'à des tirades. Et pourtant ce sont ces abstractions, ces tirades, qui rallieront autour des œuvres de George Sand l'attention permanente et sympathique, lorsque les copies minutieuses des peintres les plus habiles auront cessé d'être comprises ou ne seront plus que des documents pour les historiens.

Mais avant tout, ce qui la met hors de pair, c'est le style. Le sien est comme un large fleuve qui coule à pleins bords. Personne, depuis les classiques des deux derniers siècles, n'a eu tant d'éloquence, et cette éloquence n'est jamais déplacée, car elle est le ton propre d'un artiste qui agite des thèses et, de parti pris, donne à tous ses personnages du génie ou du talent. Nulle part on ne rencontre un pareil courant, des plaidoyers plus persuasifs, des dialogues mieux suivis, des discussions si entraînantes, des morceaux de soixante lignes prononcés d'une haleine, des *crescendo* de passion et de logique où le souffle oratoire et enthousiaste ne faiblit pas un seul instant. Tel est aussi le mérite de ses descriptions et de ses récits. Tout coule de source, d'une source regorgeante et profonde, sans trouble, sans heurt, sans intermittences, et roule dans un lit naturel avec la limpidité d'une grande eau vive. Rien de forcé, de voulu, d'inégal; tout est abondant, spontané et sain. Vers le milieu de sa carrière, elle s'était affranchie d'un reste de déclamation et ne songeait plus à la phrase; probablement, c'est à ses romans champêtres et à ses études sur le style simple qu'elle doit cette réforme. Du même coup, elle avait découvert un genre exquis et nouveau. A mon sens, sauf la distance de la prose à la poésie, ses Nouvelles rustiques sont presque égales à l'*Hermann et Dorothée* de Gœthe. Pour le style, il est unique, aussi grec que celui de Gœthe, avec cette différence que les vers de Gœthe semblent imités d'Homère et que le récit de George Sand semble inspiré par Xénophon. Que l'on compare les dialogues des *Économiques*, de la *Cyropédie*, et ceux de *la Petite Fadette* ou des *Maîtres Sonneurs*, et l'on verra les analogies du vocabulaire, de la syntaxe et de la logique. Dans une civilisation comme la nôtre, sous une telle surcharge d'abstractions et de théories, au milieu d'une littérature si compliquée et si composite, cette création, cette rénovation de la langue primitive, est un tour de force presque sans exemple, et, dans l'œuvre immense de George Sand, aucune œuvre ne donne une idée si haute de l'originalité de son génie et de la flexibilité de son esprit.

Journal des Débats, 2 juillet 1876.

GLEYRE

Dans son testament, Gleyre[1] avait interdit toute exposition publique de son œuvre, et M. Clément remarque avec raison que, jusqu'au bout et par delà le tombeau, il voulait cacher sa vie. Mais quand une vie a été noble, un fidèle ami peut se croire autorisé à la raconter, même en dépit de celui qui n'est plus. M. Clément a mis tous ses soins à cette œuvre pieuse : il a joint à son livre un catalogue descriptif et très complet de toutes les peintures et dessins du maître, outre trente photographies, bien plus exactes que les gravures ; il a donné des extraits étendus de sa correspondance et de son journal ; il a recueilli les témoignages des contemporains, ses propres souvenirs, tous les documents d'une biographie détaillée. Sans lui, la figure vraie du mort aurait disparu ; on ne le connaîtrait que par des tableaux dispersés ; son œuvre même ne serait comprise qu'à demi. Par ce zèle patient et attentif, M. Clément a rendu service à la mémoire de Gleyre, à ses amis, à tous ceux qui aiment la beauté des sentiments intimes ou des formes visibles. Après lui, avec

1. *Gleyre*, étude biographique et critique, par Charles Clément. (Chez Didier.)

l'aide de son livre, et aussi d'après mes impressions personnelles, je voudrais retracer cette physionomie originale, douce, fière et pensive. M. Clément m'approuvera lui-même de ne faire que mentionner son ouvrage si instructif et si solide, pour en venir tout de suite à l'homme éminent que nous avons admiré et respecté tous les deux.

J'ai beaucoup connu Gleyre pendant les six dernières années de sa vie. Depuis longtemps, il était arrivé à l'âge où les hommes qui ont travaillé prennent possession de la place qu'ils se sont faite. Jamais homme ne s'est moins soucié de revendiquer la sienne : cela était manifeste dès les premières conversations. Il semblait qu'il n'eût pas d'amour-propre, même au degré permis. Réservé, modeste à l'excès, au lieu de s'étaler, il s'effaçait ; jamais il ne parlait de lui-même ni de ses œuvres : une louange, même indirecte et déguisée, lui était à charge ; il l'esquivait à l'instant, détournait l'entretien, et il n'y fallait pas revenir ; car évidemment on le mettait mal à l'aise. — La plupart des gens bien élevés font ainsi ; mais ordinairement, surtout s'ils sont écrivains ou artistes, ils sont moins discrets sur leurs idées que sur leur personne ; elles débordent de leur esprit comme d'un vase trop plein ; elles jaillissent d'elles-mêmes. Ils ne songent pas à se mettre en avant, mais leurs idées s'y mettent ; ils ont la trouvaille impétueuse ; leur accent, leur geste, parfois même leur silence manifeste la domination intérieure d'une pensée qu'ils imposent, parce qu'ils la subissent. — Chez Gleyre, le ton était doux, uni, la parole rare, un peu lente; ses opinions étaient toujours nettes et fermes, mais il ne semblait plus s'y intéresser qu'à demi. Il les exprimait sans élan ni ardeur; elles n'avaient plus pour lui d'attrait vif et présent, il en parlait comme d'une personne qu'on a beaucoup aimée, mais qui est morte. Bien des fois, en regardant son sourire calme et triste, je l'ai comparé au poète de sa *Barque*; seulement, l'heure était plus avancée. Dans le tableau, le poète assis sur le rivage voit encore, dans la lumière du soir, les beautés et les vérités dont il est épris; elles s'éloignent, mais elles ne sont qu'à trois pas de lui; rien ne lui échappe de leurs formes charmantes; les clartés roses du couchant se posent sur leurs cols et sur leurs joues. Une heure après, la barque a disparu; la nuit est tombée; sous le ciel éteint, il n'y a plus que la grande eau immobile et l'homme solitaire, qui baisse la tête, se résigne et se tait.

« Déracine en toi le désir, » disent les bouddhistes; on ne parvient au calme que par le renoncement. — A bien des égards, Gleyre était un bouddhiste; sans éclat, sans étalage, avec les dehors et les façons d'un homme ordinaire, il pratiquait une philosophie supérieure dont il ne parlait pas. « J'ai tout rêvé, écrivait-il, même un nom glorieux »; mais, par un détachement graduel, il avait supprimé en lui la plupart des besoins, des convoitises et des ambitions qui gouvernent la vie des autres hommes. — Il était indifférent au bien-être.

Quand on montait chez lui, on le trouvait dans un logement de rapin pauvre. L'atelier était une sorte de grenier plein de poussière; sa chambre à coucher, un réduit bas et obscur. Un petit lit étroit, deux ou trois mauvaises chaises, un poêle, un vieux fauteuil, une bibliothèque en bois blanc, un coucou de la Forêt-Noire, une table à modèle, des chevalets et des porte-feuilles, quelques plâtres, des murs nus, tout cela enfumé, terne et triste d'aspect, bref, un abri pour dormir et pour travailler, avec les outils indispensables, rien de plus; pas un meuble précieux ou curieux, pas un de ces bibelots, armes, vases, étoffes, qui, chez la plupart des artistes, font de l'atelier un petit musée et, dans les moments vides, amusent l'imagination lassée. Il ne se souciait ni d'amusement, ni de luxe, ni de confortable. Sobre comme un Arabe, il mangeait très peu, juste ce qu'il faut pour vivre, presque rien le matin; le soir, il dînait dans un restaurant de deuxième ou troisième ordre. Pendant longtemps il avait couché sous le châssis de son atelier, sur un lit de camp couvert d'un tapis, exposé à tous les courants d'air, ce qui lui avait donné des rhumatismes. A dire vrai, il ne savait ni ne voulait se soigner; cela lui paraissait pénible, humiliant. Obligé d'aller à Luchon pour sauver sa vie, il refusa d'abord, déclarant « qu'il « se sentait avili par la nécessité de prendre tant de « soins pour conserver une vie à laquelle il ne tenait « pas. » Il fallut, pour le décider, l'autorité de tous ses amis et la compagnie de M. Clément, qui partit avec lui, se fit son garde-malade. — Si, pour bien dîner, nous étions obligés chaque jour de passer trois heures dans la cuisine à éplucher les légumes et à tourner les sauces, nous renoncerions au dîner; mieux vaudrait boire de l'eau et ne manger que du pain sec. Tel était Gleyre pour tous les détails de la vie corporelle; il n'y donnait que le moins d'attention possible; à ses yeux, c'était là une occupation de cuisinier, un tracas de ménage, un simple embarras. Pour diminuer la corvée, il se réduisait au strict nécessaire, et, allégé par son abstinence, il pouvait suivre sa pensée qui planait ailleurs.

Quelques-uns renoncent à la jouissance, mais non à la possession, et l'on voit des hommes qui, très durs pour leur personne, sont très tendres pour leur argent. C'est souvent le cas chez ceux qui, comme Gleyre, étant nés pauvres, ont longtemps pâti, produisent péniblement, et ne sont arrivés que tard à l'aisance : un louis leur représente, même dans l'âge mûr, l'effort très grand qu'ils ont dû faire pour le gagner dans leur jeunesse. Gleyre ne s'est jamais souvenu de cet effort. « Un grand peintre? » disait sa portière quelques jours après sa mort, « on le dit, je n'en sais rien; mais un « brave homme, oui. C'était une procession de pau- « vres toute la journée dans son escalier. » — « Je ne l'ai jamais vu, écrit M. Nanteuil, renvoyer « un mendiant sans lui rien donner; à défaut d'ar- « gent, il donnait ses habits; sans lui, X... (le criti- « que) serait mort six ans plus tôt à l'hôpital; tous

« les soirs, il lui glissait dans la main de quoi « dîner. » Personne n'a moins tenu à l'argent, soit pour le garder, soit pour l'acquérir. En 1843, encore très gêné et gagnant juste de quoi vivre, on lui offrit de conduire le principal atelier de Paris, celui que David, Gros et Delaroche avaient dirigé tour à tour ; il accepta, mais à condition de ne pas recevoir un sou. « Je me « souviens, dit-il aux élèves, du temps où j'étais bien « souvent forcé de me passer de dîner pour économiser « les 25 ou 30 francs que je devais donner chaque « mois au massier de M. Hersent ; je ne veux pas que, « par ma faute, vous connaissiez ces misères. » Pendant vingt ans il vint, deux fois par semaine, donner aux jeunes gens ses leçons gratuites. En ceci, il était guidé non seulement par la générosité de son cœur, mais encore par une délicatesse de son esprit. Dans nos sociétés modernes, chacun étant confié à soi seul et livré à la concurrence de tous, toute œuvre, même la plus noble, est, par un de ses côtés, un produit d'industrie et un objet de trafic ; à un certain point de vue, le professeur devient un entrepositaire de science, l'artiste un fabricant de statues ou de tableaux ; en cette qualité, il doit se couvrir des frais et avances que comportent l'établissement, l'entretien, l'amortissement de son entrepôt ou de sa fabrique. — Gleyre ne pouvait se résigner à ce rôle d'industriel et de commerçant. Discuter avec le chaland, l'allécher, le faire attendre, traiter avec les marchands de tableaux, être aussi tenace et aussi habile qu'eux pour se défendre contre eux, entrer dans leurs manœuvres, répondre à leurs procédés d'usurier par des procédés de charlatan, tout cela lui répugnait. A cinquante-sept ans, ayant toujours vécu comme un stoïcien, il n'avait pas mille francs d'avance. Il fallut qu'un de ses amis se proposât à lui, devint son homme d'affaires, se fît adresser les acheteurs; cet ami, ayant dirigé de vastes travaux d'art, était expert et autorisé dans la matière; d'ailleurs très franc, très décidé et grand admirateur de Gleyre, il put parler haut, relever les prix. D'autres firent de même, placèrent l'argent, et Gleyre acquit ainsi, sans le vouloir, sans y penser, la petite fortune qui lui assura l'indépendance et la sécurité pour ses vieux jours.

Un homme d'esprit qui a longtemps manié les hommes me disait un jour, en manière de résumé, qu'il avait trouvé les intérêts moins intraitables que les amours-propres; nous souhaitons l'admiration encore plus que l'argent, et cela est vrai surtout des artistes. Leur principal objet sera toujours l'approbation du public, puisqu'ils ne travaillent que pour lui. Ils ont besoin d'être loués, célébrés, et, pour qu'ils soient contents, il faut que leur nom, comme leur œuvre, soit étalé au grand jour. — Au contraire, l'étalage déplaisait à Gleyre; tout ce qui eût ressemblé à une proclamation de son mérite le choquait et l'effarouchait. Non seulement il avait refusé la croix à plusieurs reprises; mais à quarante-trois ans, en plein succès, il prit la résolution de ne plus exposer. A ce moment, il venait de finir les *Bacchantes* pour le roi don François d'Assise, et l'ambassadeur d'Espagne avait, de lui-même, envoyé la toile au Salon; Gleyre la fit retirer à l'instant, et désormais ne parut plus devant le public. La génération qui entrait alors dans le monde ne le connut que par sa *Barque* du Luxembourg; plusieurs même le croyaient mort. Jusqu'à la fin, il resta dans le demi jour où, volontairement, il s'était confiné. Aux sollicitations de ses amis, il répondait que l'Exposition est une cohue où, pour être vu, il faut tirer l'œil, et qu'il vaut mieux suivre son goût que celui du public. En vain on lui représentait que, par amour de ses idées, il devait les produire, qu'un tableau de sa main serait un enseignement, que beaucoup de jeunes gens et de critiques y trouveraient un modèle, ou du moins une indication, et peut-être un encouragement à bien juger et à bien faire. Il souriait silencieusement, et, si on le poussait un peu, avouait qu'il avait tort; son parti était pris, il avait d'autres raisons, toutes personnelles. — Non seulement il lui répugnait d'être un sujet de controverse, de fournir matière au tapage de la discussion, au tintamarre des journaux, mais encore il avait vu le néant de la gloire, la façon dont elle se fabrique, les sources troubles ou artificielles du succès, la rareté des impressions vraies, l'autorité des coteries, l'indifférence ou l'incompétence de la foule, la partialité des peintres et des critiques, la puissance du scandale ou de la routine. Et, de fait, pour un artiste réfléchi, un petit mot dit à mi-voix, par un connaisseur qui a de l'âme et des yeux, est plus agréable qu'une ovation publique. En prolongeant la réflexion, on parvient même à se passer de ce petit mot. A quoi bon la louange, même méritée? Elle n'ajoute rien à l'œuvre. Faire de son mieux, voilà l'important; le bruit qui s'élève alentour n'est qu'un accessoire. « Vivre dans un coin avec un livre », disait un moine du Mont-Cassin. « Vivre dans un coin avec « une toile et un pinceau », pensait Gleyre. Il y a des moines laïques dans notre société contemporaine; j'en ai connu deux ou trois, tous hommes éminents, d'un grand esprit, d'un noble caractère; Gleyre en était, et, comme tous les moines croyants ou sceptiques, c'était à force d'épreuves et de dégoûts, de courses et de lassitudes sur la grande mer du monde, qu'il était arrivé à la quiétude triste et définitive dans laquelle il s'était ancré comme dans un port.

Si l'on cherche en lui les origines de ce sentiment, il faut considérer son caractère autant que sa vie. — Né fier, délicat et très sensible, il avait tout ce qu'il faut pour souffrir; enclin à se replover sur lui-même, contemplatif et penseur autant que peintre, il n'avait rien de ce qu'il faut pour oublier. Il n'était pas uniquement préoccupé des formes et des couleurs, des dehors sensibles, de l'arrangement des lignes; dans un homme et dans un pays, il apercevait aussi le dedans, le moral des choses; comme son compatriote Léopold Robert, il s'examinait, il se jugeait, il jugeait la vie. Bref, il philosophait sur la condition humaine : rien n'attriste davantage. Pour être à peu près heureux, il faut subir le mal, quand il vient, comme un orage, puis penser à autre chose.

Ainsi faisaient les artistes de la Renaissance, parmi des calamités bien pires que les nôtres; ils considéraient le monde comme une matière à tableaux, peignaient beaucoup, raisonnaient peu, tâchaient de ne pas être tués, et, une fois échappés au péril, n'y songeaient plus. C'est la réflexion qui, ramassant les points noirs épars çà et là dans la vie, les délaye et les étend comme une teinte grise sur tout l'horizon : de là vient la mélancolie moderne. — Dans l'enfance et la jeunesse de Gleyre, les points noirs avaient été nombreux. Orphelin à huit ans, apprenti dessinateur dans une fabrique de Lyon, il avait à grand'peine obtenu de sa famille la permission d'être peintre, et il étudiait à Paris avec des subsides rares, insuffisants, incertains. Une fois, il resta quarante-huit heures sans manger. Ensuite, en Italie, pendant quatre ans, il vécut de leçons ou de dessins, de portraits qu'il vendait à bas prix, et qui ne lui étaient pas toujours payés. Il dînait à 12 sous chez Lepri et raccommodait lui-même ses hardes. « Pas une chemise « sans un trou, écrivait-il; en fait d'habits, je n'ai « absolument que ceux que je porte, une redingote, « brillante, il est vrai, mais c'est l'huile qui lui donne « ce lustre. » Dans un spectacle d'ombres chinoises, ses camarades l'avaient représenté en « Chodruc-Duclos ». Au milieu de sa misère, il portait le front haut, et le contraste était étrange entre sa condition et sa personne. « A cette époque-là, écrit madame Cornu, « c'était un des plus charmants jeunes hommes que « j'aie rencontrés, doux et gracieux comme une femme,

« net, hardi, énergique comme un homme. » Très beau de plus : un jour, dans un bal costumé où il parut déguisé en Faust, il excita tant d'admiration qu'il en fut gêné et s'esquiva. De telles disparates poussent un homme d'esprit à la satire. Gleyre parlait alors de tout et de tous sans ménagement, avec une indépendance presque rude; on le redoutait pour ses mots caustiques, et il se raillait lui-même tout le premier. Dans ses lettres, l'accent est âpre, les boutades abondent; le futur idéaliste y peint la réalité toute crue, telle qu'elle est, à la fois lugubre et grotesque. Mais l'ironie habituelle est le signe d'une souffrance profonde, et de temps en temps le découragement l'emportait. « Je ne vois rien au « monde, écrivait-il, qui mérite un souhait ou un « regret. Je méprise tous les hommes, et moi bien « plus que tous. Tiens, je suis là couché; eh bien! s'il « ne fallait qu'étendre le bras et prononcer un oui ou « un non pour sauver ou créer un homme, acquérir ou « perdre une brillante réputation, prolonger ou terminer « mon insupportable existence, je crois, ma foi, que je « ne bougerais rien plus qu'un chien de faïence. « Lorsque j'ai quitté Lyon, j'étais un boute-en-train en « comparaison de ce que je suis maintenant. » Quelques mois plus tard, il ajoutait : « J'ai reconnu le néant de « toutes choses, sans en avoir possédé aucune. Maintenant, sans désir, sans volonté, je me laisse emporter au gré du courant, sans me soucier trop où il me « portera. »

D'autres épreuves plus dures allaient l'assombrir

encore. Afin de visiter l'Orient, il fit marché avec un riche Américain qui voyageait. Gleyre, défrayé de tout, devait recevoir 200 francs par mois; en échange, il promettait à son compagnon une vue ou paysage et le dessin d'un costume dans tous les endroits intéressants où ils s'arrêteraient. Par malheur, celui-ci avait compris l'affaire au point de vue industriel et considérait son dessinateur comme une sorte de machine à dessiner; à ses yeux, tout ce que produisait la machine lui était dû; Gleyre eut grand'peine à sauver quelques-uns de ses croquis pour lui-même. Pendant dix-huit mois, il subit cette association commerciale dans laquelle il n'était qu'un outil, et sentit la vie civilisée, telle qu'elle est, comme un engrenage de rouages d'acier, qui ne tournent qu'en se froissant les uns les autres. D'autre part, autour de lui, en Égypte, la vie sauvage étalait sa laideur et sa brutalité. « Toujours « des palmiers qui se dessinent sur de méchantes petites « montagnes sillonnées de bandes noires d'un effet dur « à l'œil, ou bien quelques plaines d'un sable jaune « qu'un vent presque continuel chasse dans les yeux. « Pour toute récréation, le salut intéressé de vilains « moricauds aussi ennuyeux que leur pays.... Si les « moutons et les chèvres ne vont pas manger l'herbe « dans le champ du prochain, ce n'est pas qu'ils res- « pectent la propriété d'autrui, mais ils se souviennent « des coups qu'ils ont reçus. Eh bien! la plus grande « partie des Arabes n'a pas des idées plus claires du « tien et du mien.... Le bon Dieu s'est donné mille fois

« plus de peine pour enseigner aux Juifs la manière « dont il veut qu'on soigne une chèvre ou un mouton, « qu'il n'en a pris pour créer le ciel et la terre. » A la fin, excédé de son Américain, il reprit sa liberté, mais, chose étrange et qui indique bien l'abattement dans lequel il était tombé, il resta à Khartoum pendant un an entier, au plus fort de la solitude, de la barbarie et du soleil. Il avait une Nubienne pour maîtresse, chassait pour se nourrir, vivait à l'arabe; surtout il se laissait aller à ces longues contemplations indistinctes où les pensées se déroulent d'un train monotone, automatiquement, comme un rêve obstiné sur lequel la volonté n'a plus de prise. — Maxime Du Camp a très bien décrit[1] cet état étrange d'un cerveau cultivé qui rentre en friche; l'Européen, actif et multiple, sombre peu à peu; l'Oriental, passif et fixe, émerge par degrés. Au bout d'un temps, les curiosités, les désirs, les besoins mêmes de la civilisation ont disparu; l'ancien homme est mort, et, s'il subsiste encore dans les chambres reculées de la mémoire, c'est comme une momie roide, puisqu'il ne révèle sa présence que par son importunité et par son poids. — Accroupi sur les talons, dans l'ombre étroite d'une muraille, sous le soleil presque perpendiculaire, Gleyre, immobile et muet, ne sentait pas fuir les heures; elles fuyaient pourtant, uniformes et mornes, comme les eaux plombées du fleuve épandu entre les sables; mais il était entré dans l'espèce de

1. Dans son roman *les Forces perdues*.

torpeur végétative et mystique qui permet à la machine humaine de supporter sans trop souffrir l'accablement des cieux torrides. — L'ophthalmie vint; sa Nubienne l'abandonna; à peine s'il voyait assez pour se conduire; il passait les journées assis sur une pierre auprès du village. Les gens du pays lui apportaient un peu de riz; il les payait en médicaments; on le prenait pour un santon. Néanmoins, un jour vint où il se ressaisit; comme un naufragé qui coule à pic, les bras croisés et sans espérance, tout d'un coup il rencontra le fond, et, par un rebond soudain, remonta à la surface. Il partit, regagna le Caire. — Mais, si avant qu'il fût allé dans la mort, il devait y enfoncer plus avant encore. Une seconde ophthalmie se déclara; la dyssenterie le minait; on le porta sur le pont d'un caboteur qui partait d'Alexandrie pour Beyrouth. Il gisait là, roulé dans une couverture, comme un cadavre dans son linceul, desséché, vide de sang et de substance, les yeux clos, incapable de faire un mouvement ou de prononcer une parole; cependant il entendait encore : des matelots approchaient, écartaient l'étoffe qui couvrait sa tête et disaient : « Il sent déjà; faut-il le jeter à la mer? » Plus intelligent ou plus humain, son singe Adam venait, de temps en temps, lui soulever les paupières et lui lécher les yeux, comme pour attester qu'il vivait encore. On crut le singe; Gleyre ne fut pas jeté à la mer. Le changement d'air arrêta la dyssenterie; arrivé à Beyrouth, il se traîna hors du navire. Mais l'ophthalmie durait toujours; il était sans argent, et vendait ses habits pièce à pièce; pendant vingt-cinq jours, il ne vécut que de pain; pendant deux mois, il fut pris d'une mauvaise fièvre. Recueilli et sauvé par les lazaristes d'Antora,. mais « perclus de douleurs au point de ne pouvoir mar-« cher », presque aveugle, si épuisé et amaigri qu'on le croyait incapable de faire la traversée, ayant eu le mal de mer tous les jours pendant les cinquante-deux jours du voyage, ressaisi huit fois par de longs accès de sa fièvre persistante, il débarqua au lazaret de Livourne « dans un état mille fois pire que celui de l'Enfant « prodigue, usé, dit-il lui-même, au physique et au « moral. »

C'est à cette époque, je crois, qu'on peut faire remonter la résignation mélancolique dont son âme et sa physionomie étaient comme voilées. Quand on a vu la mort si longtemps et de si près, on n'attache plus tant d'importance à la vie; on arrive à la prendre pour ce qu'elle est, à la considérer, selon le mot des philosophes indiens, comme une fragile écume, comme une bulle brillante qui tournoie à la surface d'un tumultueux courant. La bulle reflète un instant la lumière et les objets, mais ce n'est qu'un instant; qu'elle surnage une minute de plus ou de moins, peu importe; cela ne fait rien au courant, ni même à l'innombrable flottille des autres bulles. Seulement, éphémères comme elles sont et perpétuellement heurtées par le flot, elles devraient bien ne pas s'entre-choquer comme elles le font ni contribuer à se briser les unes les autres. Il avait trente-deux ans, il rentrait dans la bataille de la vie, et la lutte qu'on engage contre les hommes lui semblait pire que la lutte qu'on soutient contre la nature : car, dans celle-ci, on combat contre des forces brutes et l'on ne s'attend point à être ménagé; on s'attend à être ménagé dans l'autre, et l'on souffre d'autant plus lorsqu'on découvre que la guerre s'y fait à toutes armes, sans souci de la justice et de l'humanité. — Gleyre s'en retira lorsqu'il eut fait cette découverte : un accident lui avait montré le fond de l'homme. Encore inconnu et toujours très pauvre, il fut chargé par le duc de Luynes de décorer l'escalier d'honneur du château de Dampierre. Des cinq ou six figures allégoriques, grandes comme nature, qu'il peignit sur la voûte et sur les parois, il reste plusieurs dessins et deux cartons, dont un surtout, *la Religion*, est d'une rare beauté : peu de figures idéales sont plus nobles, plus saines, d'une gravité plus simple et plus grandiose; la solidité de la structure et la sérénité de l'expression sont parfaites; véritablement on voit une déesse; tout de suite, à son aspect, on monte dans l'azur. Le peintre idéaliste avait trouvé sa voie; c'était son premier coup d'éclat; l'admiration était grande autour de lui. Placées en un tel endroit, chez un patron si renommé de tous les arts, sur le passage qui conduisait à la galerie préparée pour M. Ingres, de pareilles peintures ouvraient à son auteur les portes de la célébrité toutes grandes. M. Ingres arriva, et, montant l'escalier, regarda l'œuvre de Gleyre; puis, tout d'un coup, avec un brusque mouvement de déplaisir, se couvrant les yeux de ses deux mains, il passa outre sans rien dire[1]. Quelque temps après, M. Duban, l'architecte, reçut l'ordre de faire effacer les peintures ; il fit des représentations. Le duc répondit qu'il avait construit la galerie tout exprès pour M. Ingres, et que M. Ingres refusait de la décorer si les peintures de l'escalier étaient conservées ; cela était fâcheux, mais on était pris dans un engrenage ; il fallait subir ce retranchement, ou renoncer à l'entreprise ; d'ailleurs, les peintures étaient à lui, puisqu'il les avait payées ; il avait droit d'en faire ce que bon lui semblait. En conséquence, elles furent détruites. — Gleyre ne parlait jamais de cette aventure ; pas un mot amer, pas un signe de rancune ; au contraire, il n'avait que des louanges pour le talent de M. Ingres. En tout cas, sa fierté eût dédaigné la petite vengeance des paroles, et sa prière aux dieux eût été celle des Spartiates : « Donnez-« nous le courage de supporter l'injustice ». Mais le coup avait pénétré, et la plaie demeurait inguérissable : pendant un an, il fut presque incapable de travailler, et l'on devine ses méditations silencieuses. Quoi ! le plus généreux protecteur des artistes, un homme de cœur et d'esprit, un connaisseur, un grand seigneur indépendant ! Quoi ! le plus illustre peintre de la France, au faîte de la gloire et des honneurs, un fils posthume de Raphaël, le chef de l'école idéaliste ! Et tous les deux d'accord pour écraser un commençant à sa première

1. Je tiens ce détail d'un peintre qui, ce jour-là, était dans le château. Les autres détails ont été racontés par M. Duban.

œuvre, pour supprimer une œuvre conçue et exécutée selon leur esprit, de laquelle dépend sa réputation et sa fortune, l'un, l'homme de génie, ne voulant pas souffrir un jeune talent sous son ombre, l'autre, le Mécène délicat, se croyant quitte avec de l'argent! Décidément, on ne peut pas se fier à l'homme. Mieux vaut s'écarter du grand chemin, laisser passer la foule des coureurs qui se coudoient et se renversent, se faire une petite place à part, s'y confiner, supporter, s'abstenir, ne vouloir pour public que soi-même et quelques amis sûrs. — Avant quarante ans, il était entré dans le renoncement final. Son premier succès public, qui est de la même date, ne l'en détourna point; au contraire, pour ceux qui le connaissaient, son tableau était un adieu; la *Barque* qu'il exposait au salon de 1843 était le convoi funèbre de ses illusions perdues.

A défaut de la vie, l'art leur offrait asile; avec des formes et des couleurs, il voulut leur donner un corps. Il les peignit; c'est le seul être et la seule substance qu'elles puissent avoir, puisqu'elles ne sont que des rêves. L'entreprise était grande, et, pour lui particulièrement, la tâche n'était point aisée. Comme son caractère, son talent se composait de délicatesse et de réflexion. Il n'avait pas cette conception abondante et prompte qui, par un large jet, déverse soudainement sur la toile un peuple de figures. Comme une source très haute et très pure, sa pensée coulait goutte à goutte, et il lui fallait attendre longtemps pour que le vase dans lequel il recueillait la belle et bonne eau fût enfin rempli. — D'autre part, il n'avait point une de ces préférences passionnées qui sont le produit du tempérament, qui, dans le vaste champ de la nature et de l'art, dirigent et limitent le regard de l'artiste, qui ressemblent à un parti pris, qui font de son imagination une sorte de moule duquel ne sort qu'une seule famille de types, une seule race de corps, un seul genre d'effets. La plupart des artistes très féconds et très puissants ont possédé ce moule : la nature l'avait préparé en eux ; ils l'avaient eux-mêmes dégagé par degrés ; cela fait, ils ne tâtonnaient plus. Désormais, certaines proportions du corps humain, telle forme de poitrine, de hanches, de col et de tête, tel emmanchement de membres et de muscles, telle consistance de la pulpe charnue, telle texture et tel ton de l'épiderme leur plaisaient par-dessus tout ; à leurs yeux, c'était là l'homme véritable, le plus beau qu'on pût voir ou imaginer ; ils n'étaient pas tentés de chercher ailleurs. Ils n'avaient plus qu'à ramasser le métal environnant et à le couler dans leur creuset : des figures distinctes, mais parentes, en sortaient sans peine ni disparates. — Chez Gleyre, il n'y avait pas de moule préalable ; à chaque grande œuvre, il était obligé de s'en construire un nouveau, approprié à l'œuvre nouvelle. Point de parenté étroite entre ses figures ; il n'a pas créé de type humain qu'on reconnaisse d'abord et qui lui soit propre. Ce trait est capital, et les conséquences qu'il entraîne se font sentir, en bien et en mal, dans toutes les parties de son talent.

De là, d'abord la variété de son style, ses réussites

dans les genres les plus opposés, son aptitude à peindre l'expression morale comme la perfection physique, une scène d'histoire moderne comme une légende de mythologie antique, *l'Exécution du major Davel* et *Minerve jouant de la flûte.* Bien mieux, à diverses reprises, dans plusieurs domaines de l'art qui semblaient devoir lui être fermés, il est monté jusqu'aux sommets. Il aimait les sujets calmes, et l'on a de lui un *Cavalier arabe poursuivi*, qui, par la hardiesse, l'élan, la furie du mouvement, fait penser à Delacroix. Il aimait le plein jour, les horizons sereins et lumineux, et l'on a de lui des paysages nocturnes, des ciels brouillés, *Penthée, le Bon Samaritain, les Deux Centaures*, dont l'énergie dramatique, grandiose et douloureuse rappelle la manière de Decamps. Il n'était pas coloriste; il voyait dans les objets la ligne et non la tache; il semblait croire, surtout à la fin de sa vie, que la couleur est un vêtement surajouté, un simple complément des choses visibles, et l'on a de lui plusieurs esquisses peintes, entre autres une *Jeune Fille couchée près d'une source*, où la clarté molle vient se poser comme une caresse sur un jeune corps onduleux et alangui, où la lumière et l'ombre se fondent vaguement l'une dans l'autre, où, depuis les reflets de l'eau cristalline jusqu'au chatoiement lointain des terrains ensoleillés, toute la gamme claire des tons fins se développe avec une délicieuse harmonie. Homme de goût par excellence, sensible à toute beauté en tout objet, il n'était point tiré tout d'un côté par un instinct dominateur et créateur. Il y suppléait par la finesse de ses perceptions, par la persévérance de sa méditation ; mais, ce qu'il y gagnait en étendue, il le perdait en facilité et en force. — De bonne heure, il avait conçu dans toute sa profondeur la difficulté de l'art. Il faut que la figure peinte ou dessinée soit d'une espèce supérieure à la nôtre; mais il faut aussi qu'en la regardant on arrive vite à la croire vivante. Comment faire pour concilier ces deux extrêmes, la beauté et la vérité? Pendant quatre ans, à Rome, il avait regardé et rêvé, disant « que les maîtres anciens ont tout pris et qu'après « eux il n'y a plus rien à faire. » Il peignait des portraits, des tableaux de genre qui ne lui plaisaient pas; s'il produisait, c'était à contre-cœur et pour vivre. Son talent n'était pas fait; il oscillait entre plusieurs manières; surtout il raisonnait. « O fatale irrésolution, « fléau de ma vie, ne m'abandonneras-tu jamais?... J'ai « passé les vingt meilleures années de ma vie dans de « vaines rêveries, à chercher la pierre philosophale, « au lieu de barbouiller, de gâcher des toiles, de me « rompre au métier. » En ceci, il exagère; quand il partit pour l'Orient, il avait déjà la parfaite habileté de main : mais il n'en est pas moins vrai qu'il attendit jusqu'à trente-quatre et même jusqu'à trente-sept ans avant de trouver sa voie. Deux routes différentes s'ouvraient devant lui; ses aptitudes le tiraient d'un côté, et son goût le menait d'un autre. Naturellement, il voyait juste; ses aquarelles, ses dessins d'Orient rendent les choses telles qu'elles sont, sans y ajouter, sans les transformer, sobrement, exactement, avec la conscience et la fidélité d'un procès-verbal; rien d'autre ni de plus, sauf dans deux ou trois études de négrillons. Et pourtant, il imaginait au delà; il avait vu la Grèce, il devinait la nudité idéale, la beauté poétique. Elle n'est pas dans l'étrangeté des costumes exotiques et voyants, dans les figures bestiales ou dégradées des races inférieures ou abâtardies. Elle n'est pas non plus dans nos corps mal venus de plébéiens surmenés. Comment faire pour extraire un héros, une déesse, une Vierge, un Christ, de ce modèle déshabillé qui, pour cent sous par heure, prend des attitudes, et, d'un air emphatique ou imbécile, pose nu sur une table? Car c'est de lui qu'il faut extraire l'Ève ou l'Adam primitif, l'Hercule ou la Pallas divine. Si on le copie de trop près, on lui laisse ses irrégularités, son menton anguleux, son coude pointu, son ventre flasque, sa chair amollie par l'habitude du vêtement, ses formes gâtées par le régime sédentaire; telle est l'une des premières œuvres de Gleyre : la *Diane au bain*. Si on le copie de trop loin, la figure n'a plus ces traits personnels, ces petits accents de vérité vraie qui nous font tout de suite illusion et nous donnent envie de lui adresser la parole; si parfaites que soient les *Bacchantes* de Gleyre, elles ne sont point vivantes, au moins dans le tableau; et c'est peut-être parce qu'elles sont trop parfaites qu'elles ne sont point assez vivantes; on sent que les modèles d'où elles sont tirées sont des statues et des bas-reliefs antiques. Jusqu'à quel degré doit-on transformer le modèle vivant, et comment le refondre sans détruire son être intime? — Chez la plupart des grands maîtres, grâce au moule dont on a parlé, l'opération s'exécute vite; ils n'hésitent pas; à travers l'individu réel, ils démêlent tout de suite le type supérieur dont il n'est qu'une épreuve manquée : avec une adresse instinctive, leur main nettoie l'épreuve et restaure le type; c'est bien l'individu qu'ils transportent sur leur toile, mais l'individu épuré et transfiguré. Nulle part ce talent ne se montre mieux que dans leurs portraits, et voilà sans doute pourquoi les portraits de Gleyre ne sont pas du premier ordre. Faute d'un moule préalable et applicable à tous les sujets, il était conduit pour chaque sujet nouveau à des recherches nouvelles. Non seulement il remaniait et recommençait sans cesse, mais encore, seul dans son atelier, immobile devant sa toile, il méditait et combinait pendant des heures entières, parfois toute une journée, sans tracer un seul trait.

En certains cas, si longue qu'ait été la poursuite, il n'a point atteint son objet. La figure n'est pas à la fois idéale et vivante. Dans le poète de *la Barque*, dans l'*Hercule accroupi*, dans l'*Ulysse debout*, elle n'est qu'une réminiscence de l'antique. Ailleurs, dans les glaneuses de *Booz*, dans *Daphnis et Chloé*, les formes grasses ou grêles du modèle ont été trop littéralement suivies. Quelquefois deux portions du même personnage ne sont pas d'accord, par exemple dans la *Sapho*, la tête et la chute des reins, dans la jeune fille du *Bain*, la tête et le torse comparés au bas du corps; il y a des plis déplaisants dans le bas-ventre; probablement par scrupule, l'artiste n'a pas osé rectifier les défauts de son modèle; il a laissé des disparates. Le moule idéal que, pour cette fois, il s'était bâti s'est trouvé trop court; au lieu d'une figure entière, il n'en est sorti qu'une demi-figure. — En revanche, à plusieurs reprises et notamment dans ses principales œuvres, la coulée a été parfaite; tous ses dessins sont supérieurs; il y en a beaucoup, entre autres la *Bacchante renversée*, qui feraient honneur aux plus grands maîtres de la Renaissance; il n'y a pas de modelé plus souple, plus moelleux et plus fondu; on y sent du premier coup ce qui manque souvent dans ses peintures, la consistance, le frémissement et la palpitation de la chair. Dans ses tableaux, Omphale et le petit Amour, Pallas jouant de la flûte, la Charmeuse, Phryné, la Vierge aux deux enfants, les Romains passant sous le joug, l'Enfant prodigue et son père sont des figures accomplies. Dans l'Enfant prodigue, non seulement le type et la physionomie sont d'une profondeur extraordinaire, mais encore le modelé est étonnant; ce corps serait digne de fournir une académie aux écoles; les statuaires florentins qui ont précédé Michel-Ange n'ont rien fait de plus juste, de plus réel et de plus saisissant. — En d'autres parties de l'art, ses réussites sont encore plus nombreuses, parce que, pour y atteindre, il suffit d'avoir de l'âme, de la réflexion et du goût. Personne n'a trouvé de plus belles, de plus fines et de plus fortes expressions morales : il suffit de citer celles des Romains et des Barbares dans *le Triomphe de Divicon*, celles du major Davel et des deux ministres protestants qui l'accompagnent au supplice, celles du père et de la mère de *l'Enfant prodigue*, celle d'*Omphale*. — Tous ses intérieurs ou paysages antiques sont exquis; jamais, avec des procédés si simples, on n'a donné une si exacte idée de la nature et de la vie grecques. Le portique sous lequel Omphale est assise, la source dans laquelle Pallas se mire, les troncs d'arbres entre lesquels la Charmeuse lance les sons de sa flûte, une biche qui boit, un chevreau qui se retourne, un platane, un lézard, un oiseau, le moindre détail a la précision, la sobriété et l'élégance attiques. — Pour l'art attique par excellence, je veux dire la disposition et l'arrangement, il est sans rival; à cet égard, M. Ingres reste bien loin derrière lui. On ne trouvera nulle part des ordonnances plus parfaites que la *Barque*, *Penthée*, *Pallas jouant de la flûte*, *le Major Davel*, *les Bacchantes*, *le Triomphe de Divicon*. Les Bacchantes orneraient le plus beau vase antique. Le triomphe de Divicon est encore supérieur : une foule et un pêle-mêle, hommes, femmes, enfants, Romains, barbares, quarante personnages pressés avec les attitudes, les mouvements, les physionomies de la victoire insolente et de la défaite haineuse, des trophées, des chars, des idoles, tous les détails agencés, pondérés, équilibrés, tous les groupes, tous les gestes concourant d'eux-mêmes et sans effort à un effet unique, et, pour centre, un grand chêne au vaste branchage, l'ancêtre végétal de la tribu, sorte de Dieu indigète qui étend sur ses enfants victorieux, sur le tumulte humain, l'ombre paisible de ses vertes feuilles; l'art de la composition n'a jamais été porté plus loin.

Il aurait souri et eût secoué la tête si on lui eût parlé ainsi; je n'aurais osé le faire; il était au-dessus de la louange et ne souhaitait plus que l'amitié. A l'époque où je l'ai connu, il avait atteint, non seulement le calme, mais encore la sérénité. Il travaillait, il vivait dans un petit cercle de personnes dont il était aimé et respecté; à ses yeux, il n'y avait point d'autre bien solide; peut-être est-ce le seul qui vaille la peine d'un effort. Il lisait beaucoup, et des livres sérieux, outre huit ou dix journaux tous les matins; en matière politique, il avait des convictions rigides et croyait que certaines formes de gouvernement sont des panacées; c'était là sa seule faiblesse; un jour viendra sans doute où, en politique aussi bien qu'en physiologie, un bon esprit, à moins d'études spéciales, craindra de se prononcer sur les points controversés; la science des sociétés humaines est pour le moins aussi compliquée que celle des corps vivants. Mais sa tolérance à l'endroit de toutes les opinions sincères était complète, et jamais il ne se permettait un mot ni un son de voix qui pût blesser un contradicteur; on se sentait reposé après avoir causé avec lui. — Dans les dernières années, sa nièce vint se loger auprès de lui et lui donna les soins d'une fille. Sa vieillesse coulait ainsi, pacifique et unie, comme un fleuve qui s'aplanit avant de se perdre dans la mer ténébreuse et sans rivages. Il y entra sans s'en apercevoir; les douleurs inutiles dans lesquelles l'homme se débat avant de se dissoudre, l'angoisse finale, les avilissements de la maladie lui furent épargnés. La destinée était devenue clémente, et, après une vie très dure, lui donna la plus douce mort. Le 5 mai 1874, à l'Exposition des Alsaciens-Lorrains, comme il regardait un tableau, l'anévrisme qu'il avait au cœur se rompit, il tomba tout d'un coup, sans faire un mouvement, sans pousser un cri. Quand je vins chercher le corps, je ne trouvai sur son visage aucune trace de souffrance ou d'anxiété; sa physionomie était celle d'un homme endormi, et le dernier rêve qu'il avait fait était le plus pur, le plus charmant de tous ceux dans lesquels il s'était complu. Sur son chevalet, on voyait une grande esquisse à laquelle il avait travaillé le matin même, celle du premier couple humain; c'était bien là un rêve divin de félicité, de beauté, d'innocence : l'homme et la femme nus et parfaits, au printemps, au lever du jour, parmi les animaux familiers, dans un paradis verdoyant, encadré de montagnes.

Journal des Débats, 11-12 avril 1878.

M. LOUIS DE LOMÉNIE

DISCOURS DE RÉCEPTION PRONONCÉ A L'ACADÉMIE FRANÇAISE
LE 15 JANVIER 1880.

MESSIEURS,

Vous m'avez donné à retracer la vie d'un homme qui a fait beaucoup de portraits historiques; je n'ai qu'à suivre son exemple. Il aimait les détails précis, les textes authentiques, l'histoire vraie, et il avait raison : aujourd'hui la simple vérité suffira pour le louer.

I

M. Louis de Loménie était issu d'une famille noble et peu riche, établie depuis plusieurs siècles à Faye, près de Limoges. Selon l'ancien usage, les aînés restaient au logis et, de père en fils, se transmettaient le petit domaine; les cadets allaient au loin chercher fortune. Au commencement du XVIIe siècle, l'un de ceux-ci, François de Loménie, fut évêque de Marseille, et son neveu qu'il avait emmené avec lui, fit souche en Provence. Cinquante ans plus tôt, à Paris, un autre, Martial, tué dans la Saint-Barthélemy, avait fondé la maison des Loménie de Brienne. De cette branche naquirent le cardinal de Loménie, premier ministre sous Louis XVI, et son frère, le comte de Brienne, ministre de la guerre, bienfaiteur de sa province, dont trente villages vinrent demander la grâce à la Convention. Celui-ci, n'ayant pas d'enfants, avait cherché des fils adoptifs dans sa famille de Provence et dans sa famille du Limousin; la première offrait trois jeunes gens presque élevés, militaires ou marins; ils furent choisis, et il leur en coûta cher, car ils furent guillotinés tous les trois, le même jour que Madame Élisabeth. — Dans la modeste maison du Limousin, on se racontait ces tragédies et aussi ces grandeurs; on se souvenait volontiers d'avoir « cousiné » avec une famille historique. Ce souvenir dura dans M. de Loménie, non pas étalé ou même visible, mais enfoui, intime, et d'autant plus efficace. Il y a là un trait de caractère, et je ne crains pas de le marquer. Dans une âme vulgaire, un pareil sentiment n'eût fait que multiplier les prétentions et enfler la vanité; chez M. de Loménie, il a trempé la volonté et affiné la conscience. Un cœur noble se dit que noblesse oblige : par suite il s'interdit beaucoup de complaisances qu'un autre se croirait permises, et il se commande beaucoup d'efforts dont un autre se croirait dispensé.

Entre la qualité et la condition de la famille, le contraste était grand. Rien de moins seigneurial que la vie d'un gentilhomme campagnard au commencement de notre siècle, surtout dans les provinces reculées, et le Limousin était alors une des provinces les plus arriérées de la France. M. de Loménie nous a décrit, en témoin oculaire[1], ces bourgades qui n'étaient guère que de grands villages : des rues tortueuses, étroites, pavées de petits cailloux pointus, entrecoupées de cloaques; sur la voie publique, des enfants déguenillés, pieds nus dans la boue argileuse, des porcs indisciplinés qui cherchent leur pâture; toute la malpropreté et toute la monotonie des habitudes rurales; nulle réunion, sauf le jour du marché; ce jour-là, les paysans étalant avec orgueil leurs deux objets de luxe, une paire de souliers et un vaste parapluie de cotonnade bleue; sur la place, quatre ou cinq oisifs qui vaguent d'un pas lent, des avocats en sabots et en casquette, un vieux journal à la main; de loin en loin, pour toute diversion, un passage de troupes, apparition grandiose qui appelle sur le pas des portes les hommes en grands chapeaux et les femmes en bonnets plats. — Quelques-uns de ces bourgs, anciens chefs-lieux de bailliage, avaient été de petites capitales rustiques, et conservaient une aristocratie locale. A Saint-Yrieix, où naquit M. de Loménie, au bout de la longue rue presque unique, les vieilles familles s'étaient groupées sur une éminence, autour d'un quinconce d'arbres : selon un mot significatif, ils étaient les gens *du haut*. Mais leurs maisons, pour être plus antiques, n'étaient guère plus ornées ni plus commodes. — Nous avons tous connu, dans notre enfance, des intérieurs semblables; il y a soixante ans, dans la petite noblesse, comme dans la bourgeoisie moyenne, les be-

1. *Galerie des contemporains*, t. VIII, biographie de Dupuytren.

soins étaient bornés et la vie sobre. On ne s'inquiétait ni d'élégance ni de confortable; on était dur aux intempéries, on n'avait point de curiosités; on ne songeait pas à voyager; le corps, moins délicat, ne redoutait pas le malaise; l'esprit, moins exigeant, n'éprouvait pas l'ennui. Une famille entière vivait avec cent louis par an, quelquefois avec cinquante. On se contentait d'une servante unique, payée trois francs par mois, en sabots, qui ne parlait que patois, mais qui épousait les intérêts de ses maîtres et restait sous leur toit jusqu'à sa mort. Il y avait un salon, dont les fauteuils avaient été rajeunis au moyen d'une vieille robe de noces; mais il ne s'ouvrait qu'aux jours d'apparat, et la pièce la plus habitée était la cuisine. C'est là que l'on mangeait, qu'on se tenait à l'ordinaire, et que tous les soirs, sans s'apercevoir de la fumée, la dame, avec sa servante, fabriquait ou entretenait tout le linge de la maison, à la lumière d'une seule chandelle que faisait vaciller le vent de la porte. — Si simple que fût cette vie, le père de M. de Loménie la trouvait encore trop apprêtée et trop mondaine: il avait gardé les instincts militaires et ruraux de sa race. « La noblesse campagnarde d'autrefois, dit le marquis de Mirabeau, dormait sur de vieux fau-
« teuils ou grabats, montait à cheval, allait à la chasse
« de grand matin, se rassemblait à la Saint-Hubert et
« ne se quittait qu'après l'octave de la Saint-Martin....
« Elle menait une vie gaie et dure, volontairement,
« coûtait peu de chose à l'État et lui produisait plus
« par sa résidence et son fumier que nous ne lui

« valons aujourd'hui par notre goût, nos recherches et « nos vapeurs. » Tel était le vieux gentilhomme, énergique, indépendant, porté par toutes les habitudes de son corps et de son cœur vers les exercices, les rudesses et la liberté des camps et des champs. Volontaire en 1792, il avait été soldat pendant dix ans, puis, quittant le service, pendant douze autres années il avait lui-même exploité sa métairie. A présent, transplanté dans la ville par son mariage, il y était désœuvré, il s'y trouvait à l'étroit et captif, il devenait taciturne et sombre, et ne reprenait un peu de gaieté qu'à cheval, avec son fils, en pleine campagne et au grand air.

II

Un monde comme celui-ci, étroit et rustique, ne convenait guère à un jeune homme de goûts délicats; mais, pour en sortir, il fallait faire acte de volonté. Ce sont de pareils actes, répétés et soutenus dès la première adolescence, qui décident des talents et des destinées. — Un oncle de M. de Loménie, officier dans la garde royale, obtint pour lui une demi-bourse au collège d'Avignon. C'était bien loin : la diligence mettait alors quatre jours et quatre nuits à faire le voyage. Le déchirement est grand, lorsque, pour la première fois, on quitte la maison maternelle; il n'y en a peut-être point de plus pénible, et, pour cet enfant, il était pire que pour un autre, car il savait qu'il ne reviendrait pas avant quatre ans. La cinquième année, après les vacances, le matin du départ, sa douleur fut si vive, que sa mère, toute ferme qu'elle fût, se troubla et voulut le garder. Mais son application et ses succès lui avaient valu, au lieu d'une demi-bourse, une bourse entière, et il était déjà homme, c'est-à-dire décidé à se suffire et capable de se maîtriser. « Non, mère, dit-il, donnez-moi mes habits, il faut que je m'en aille. » — Les études faites et les grades obtenus, il restait à trouver une carrière. Nous disons alors aux jeunes gens que le monde est tout grand ouvert devant eux ; la vérité est qu'ils doivent se l'ouvrir, de leurs propres mains, avec effort. C'est le moment critique : on est tenu de choisir une voie et pour toute la vie ; mais comment choisir entre tant de voies, quand on n'en a essayé aucune ? Ordinairement on prend au hasard ou l'on se laisse pousser. Seule la vocation vraie est un guide sûr ; encore a-t-elle besoin de temps pour se connaître et de tâtonnements pour se diriger. — M. de Loménie passa quatre ou cinq années, d'abord chez son père, puis à Orléans chez son oncle, puis à Paris, où il fit son droit. On aurait voulu qu'il revînt avocat pour exercer dans sa petite ville ; mais il avait connu par expérience les mœurs insipides ou tracassières de la province, et cette routine, demi contentieuse, demi végétative, lui faisait horreur. Avant tout, il aimait l'indépendance et l'étude, et, dans sa chambre garnie de la rue Saint-Jacques, il jouissait pleinement de ces deux biens. « Paris, écrivait-il[1], est un séjour délicieux pour

1. Lettres du 9 janvier et du 8 mai 1835.

« toute âme qui pense, pour toute âme qui comprend « que boire, manger et dormir, ne sont pas le seul but « pour lequel la Providence nous a placés sur la terre.... « Son grand charme est dans cette facilité d'isolement, « dans ce calme, ce recueillement qu'on peut y trou- « ver au milieu du tumulte.... Une visite tous les quinze « jours est plus que suffisante pour entretenir les rela- « tions.... Il m'arrive quelquefois de rester toute la « journée sans adresser la parole à un être humain, « sauf quelque bonjour ou bonsoir échangé en pas- « sant, avec un camarade aussi affairé que moi. » — Il faisait de vastes lectures, il achevait d'apprendre l'anglais et l'allemand, il traduisait l'*Histoire du droit de succession* de Gans, il insérait dans un journal son premier article sur Gœthe, il apercevait l'envers et le dessous de la vie littéraire, il découvrait combien il est difficile d'être à la fois homme de lettres et indépendant. A aucun prix, il ne voulait écrire par ordre et dans un sens donné : les complaisances répugnaient à sa fierté. A aucun prix, il ne voulait se mettre en scène et attrouper la foule autour de son nom; l'éclat bruyant répugnait à sa réserve. Ayant entrepris la *Galerie des contemporains illustres*, il décida que l'œuvre serait toute à lui et qu'elle serait anonyme. La première livraison parut en 1840; il était son propre éditeur, et, avec une exagération un peu ironique, il signait : *Un homme de rien.*

L'entreprise était périlleuse : à vingt-quatre ans, inconnu, sans amis, sans fortune, avec quelques centaines de francs pour avances, composer et publier à ses frais dix volumes, cent huit biographies, décrire clairement et juger pertinemment des œuvres et des actions de toute espèce, vies de militaires, de diplomates et de ministres, de sculpteurs, de peintres et de musiciens, de chimistes, de physiciens et de naturalistes, de poètes et de philosophes, d'utopistes et de conquérants, en France, en Angleterre, en Allemagne, en Russie, en Belgique, en Italie, en Espagne, en Grèce et jusqu'en Orient, exposer l'état des affaires, de l'art et de la science, en chaque pays et à chaque époque, afin d'expliquer les actes du politique, les créations de l'artiste et les découvertes du savant : pour s'imposer et porter ce fardeau, il fallait, avec la témérité qui ne messied pas à la jeunesse, une énergie et une persévérance dont peu de jeunes gens et même d'hommes faits sont capables. « On n'a pas idée d'une vie comme la mienne, écrivait M. de Loménie à sa mère[1]. Votre fils ne quitte « pas son éternelle robe de chambre et ses éternelles « pantoufles. Imaginez un homme qui passe sa journée à « lire plusieurs livres pour en composer d'autres, et qui « fait ce métier, assis sur son fauteuil, la poitrine pen- « chée sur son bureau, depuis le 1er janvier jusqu'au « 31 décembre. Voilà ma vie ; je ne quitte pas mon cabi- « net une fois en quinze jours. Heureusement j'ai un petit « jardin, grand comme la main, dans lequel je me pro- « mène ; sans cela, je me dessécherais ainsi qu'une mo- « mie.... Je n'entre plus dans un salon sans être assailli

1. Lettres du 1er octobre 1842 et du 9 juillet 1844.

« de reproches : Que devenez-vous? que faites-vous donc? « on ne vous voit plus? — Et je ne puis faire croire aux « gens du monde que ma vie se passe ainsi tout entière, « de mon lit à mon bureau, de mon bureau à mon lit. »

Il n'avait pas trop de tout ce temps pour écrire comme il l'entendait. « Vous connaissez, disait-il[1], ma « manière de travailler, vous m'avez vu passer des jours « entiers sur une page dont je n'étais pas content. Eh « bien, je suis toujours le même, et, tandis que je « m'évertue à chercher le mieux, le temps s'écoule, la « nécessité presse, et il faut toujours que je finisse par « publier des choses dont je ne suis pas satisfait.... « Vous le dites bien : à quoi me sert-il de travailler « comme un mercenaire pour joindre péniblement les « deux bouts à la fin de l'année? En ce temps-ci on ne « peut guère vivre de sa plume qu'à condition de pro- « duire beaucoup, vite et facilement.... Je le sais : il fau- « drait écrire à l'heure, à la toise, sans s'inquiéter de ser- « vir au public la vérité ou le mensonge, comme je vois « faire à tant d'autres qui tiennent plus à l'argent de la « foule qu'à l'estime des honnêtes gens. Quant à moi, je « ne puis agir ainsi; c'est en vain que la nécessité me ta- « lonne et que je pense aux mille besoins que je voudrais « satisfaire, pour vous encore plus que pour moi. Ma plu- « me se refuse absolument à marcher plus vite, ma con- « science me force à raturer sans cesse, et mon esprit s'é- « puise à la recherche d'un mieux qu'il n'atteint jamais. »

1. Lettres du 0 juillet 1844 et du 15 août 1845.

Une autre difficulté était l'embarras d'écrire sur des personnages vivants, tous considérables, tous accoutumés aux hommages, chacun d'eux entouré de son parti, de sa coterie, de ses amis, encore plus exigeants et plus intolérants que lui. — Aujourd'hui, dans la démocratie, le talent nuit parfois au caractère comme jadis le rang dans la monarchie, et l'état de grand homme est aussi difficile à tenir que celui de grand seigneur. Bien souvent, en devenant très célèbre, un homme devient presque incapable d'écouter la vérité. Il s'est enfermé dans sa gloire, comme une idole dans son sanctuaire; autour de lui, son petit groupe intime, ses adorateurs quotidiens donnent le ton aux visiteurs; on ne l'aborde plus que le front baissé, avec des phrases convenues; toute parole sincère lui semble une inconvenance, et si, par hasard, il daigne la bien prendre, ses admirateurs, troublés dans leur culte, ne manqueront pas de s'en offenser. — Comment faire pour ne pas offenser tant de gens susceptibles? Comment faire pour marcher droit à travers tant d'amours-propres ombrageux, de passions irritables et d'intérêts froissés? — Sur ces charbons ardents M. de Loménie marcha avec autant de sécurité que sur des cendres éteintes. Au plus fort des haines sociales et des combats politiques, il écrivit sur M. de Chateaubriand et sur M. de la Fayette, sur M. de Lamennais et sur le Père Lacordaire, sur MM. Garnier-Pagès et Carrel, sur MM. Molé, Thiers et Guizot, comme sur lord Palmerston et sir Robert Peel, avec une liberté complète, sans aucun souci de choquer ni de plaire, mais avec cette mesure, cette décence de ton, cette urbanité qui sont les compagnes naturelles de l'étude attentive, du bon sens et de la bonne foi. — Cependant il résistait aux sollicitations des partis, il refusait de s'enrôler sous un drapeau, il ne se laissait lier par aucune attache, il se confinait obstinément dans son travail, dans sa solitude et dans sa pauvreté. « Il ne tiendrait qu'à moi, disait-il[1], d'être plus riche, je n'aurais qu'à faire de ma plume « métier et marchandise, elle est maintenant assez goû-« tée du public... mais le métier de saltimbanque n'est « pas mon métier. Mes goûts sont simples, et je ne sens « les inconvénients de la pauvreté que lorsqu'il faut me « priver du plaisir de donner, qui est pour moi le plus « grand de tous. » — Afin de mieux garder son franc parler, il avait pris le parti, non seulement de ne rien demander, mais encore de n'accepter rien. En 1846, écrivant la biographie de M. de Salvandy, ministre de l'instruction publique, il n'avait pas ménagé les critiques; les piqûres de tout genre, politiques et littéraires, y abondaient. M. de Salvandy, en galant homme et en homme de cœur, voulut bien ne pas les sentir; au contraire, il vit dans M. de Loménie un talent et un caractère, . l'année suivante, il lui fit demander ce qu'il désirait, ajoutant que « l'Université était prête à le « recevoir les bras ouverts ».

« Je répondis, raconte M. de Loménie, que je ne

1. Lettre du 18 septembre 1847.

« voulais rien, mais que, puisque le ministre était si « obligeant pour moi, je le priais de donner de l'avan- « cement à un de mes anciens professeurs qui a vingt « ans de services. Là-dessus, il m'a écrit une lettre des « plus gracieuses pour me dire qu'il espérait que je lui « fournirais une occasion de m'être agréable personnel- « lement. » — Entre un ministre et un écrivain, une pareille correspondance est rare, surtout lorsque, comme celle-ci, par la volonté de l'écrivain, elle n'a-boutit pas. « Je présume bien, disait encore M. de « Loménie à sa mère, que vous allez me blâmer; mais « que voulez-vous? Le peu de talent que j'ai tient à « ma parfaite indépendance, et, le jour où je ne pour- « rais plus dire la vérité à tout le monde, je perdrais « la moitié de ma valeur. »

Dans cette longue galerie, tous les portraits ne sont point de mérite égal. Plusieurs, notamment ceux des militaires et des savants, ne sont que des réductions, et M. de Loménie lui-même en avertit ses lecteurs; pour les sujets spéciaux, il allait puiser dans les auteurs spéciaux : il abrégeait, arrangeait, adaptait à l'intelligence et à l'attention du lecteur les monographies techniques. — D'autres portraits, ceux des peintres, sculpteurs et musiciens, sont plutôt des esquisses; l'auteur ne prétend point être critique d'art; il est allé à l'Opéra et au Conservatoire, aux Expositions et au Musée, il se souvient de ses impressions, il parle d'art en homme du monde; c'est peut-être la meilleure façon d'en parler aux gens du monde. — Au contraire, dans les vies des lettrés et surtout dans les vies des politiques, son opinion est à la fois personnelle et mûrie. On peut citer en exemple son portrait de La Fayette; nous n'en avons pas de meilleur et il n'y en avait pas de plus difficile à faire, car le personnage était devenu légendaire; nulle part on ne l'a jugé avec moins de préventions et avec plus de droiture, avec une si exacte appréciation des circonstances, avec une impartialité si soutenue, avec un discernement si sûr; aujourd'hui encore, l'article serait lu avec profit et par tout le monde. Quantité de grands morceaux, entre autres l'étude sur Fourier et Saint-Simon, sont aussi solides; on s'instruit toujours avec un auteur qui a pris la peine de réfléchir et de s'informer. — D'ailleurs avec celui-ci l'on s'instruit agréablement. A travers les discussions et les exposés d'affaires, court une veine d'ironie mesurée et parfois gaie. Il a de la verve, la verve de la jeunesse; la plupart de ses débuts sont heureux; dès la première page, au moyen d'une anecdote, il met son personnage en scène. Souvent il l'a vu, et le décrit tel qu'il l'a vu dans son intérieur, avec son costume, son geste, sa physionomie. Pour les amateurs d'histoire vraie, ces sortes de croquis ont un grand prix; car ils saisissent au vol une minute fugitive d'une vie illustre, ce qui permet à l'imagination de reconstituer le reste. Avec M. de Loménie, on a le plaisir de visiter George Sand chez elle au fond de la Chaussée-d'Antin et Augustin Thierry chez lui dans sa retraite de Montmorency, d'observer la démarche de M. de Chateaubriand dans la rue et l'attitude de M. Thiers à la tribune, de suivre un de ces monologues « sans point ni virgule » par lesquels M. de Humboldt, « avec un sang-froid imperturbable, la tête penchée, les yeux en terre », prenait à lui seul la conversation pendant deux heures d'horloge et déversait le trop-plein de son puits sans fond. — Grâce à ces mérites divers, « l'homme de rien » devenait un écrivain considéré; l'ouvrage, avant d'être achevé, se réimprimait à plusieurs reprises, et le public répétait tout haut le nom qu'on essayait en vain de lui cacher.

III

En même temps que sa réputation, il achevait de fonder ses opinions et ses sentiments. Deux éducations successives s'appliquent sur l'homme, l'une qu'il reçoit de sa famille quand son esprit n'est pas encore ouvert, l'autre qu'il reçoit de la compagnie qu'il fréquente à l'âge où son esprit s'ouvre : la seconde est presque aussi puissante que la première. A vingt-quatre ans, le salon où l'on va tous les huit jours est la dernière et suprême école : on y forme son idée des hommes et de la vie, et on la forme d'après les exemples qu'on y trouve encore plus que d'après les discours qu'on y entend. — Recommandé par son œuvre et présenté par M. de Chateaubriand, M. de Loménie avait été accueilli de très bonne heure à l'Abbaye-au-Bois, et il en devint bientôt l'un des hôtes les plus intimes. Jusque-là il avait vécu presque seul; les camaraderies ordinaires lui déplaisaient; il y trouvait de la rudesse et même du cynisme. D'ailleurs, à la société des hommes il préférait celle des femmes; leurs impressions lui semblaient plus fines et plus neuves que les nôtres; il se serait senti moins à l'aise dans un cercle que dans un salon. — Celui-ci était singulier, et, en vérité, d'espèce unique; on allait le chercher dans un quartier peu élégant, fort loin du centre, et, ce qui est plus étrange, dans un couvent. Pendant six ou sept années, les visiteurs avaient dû monter au troisième étage, par un escalier raide, pour s'asseoir à l'étroit dans un appartement petit, carrelé, mal distribué. A présent, transporté au premier étage, le logis, plus commode et plus large, n'était guère plus somptueux. Un portrait de Mme de Staël par Gérard, un portrait de Chateaubriand par Girodet, le tableau de *Corinne au cap Misène*, une harpe, un piano, en faisaient les principaux ornements. — Aucun attrait vif, irritant ou sensible; on n'y donnait point à dîner, on n'y conspirait point, on n'y fondait point une littérature nouvelle; ce n'était pas un rendez-vous pour des politiques de la même opinion, ni pour des lettrés de la même école. La maîtresse de la maison avait soixante ans passés; depuis quinze ans ses cheveux avaient blanchi; elle devenait aveugle. Mais, jusqu'à cinquante ans, elle avait été la plus belle personne du siècle; sa grâce était encore la même, et sa pureté n'avait jamais été ternie par l'ombre d'un soupçon. Il y avait des douceurs pénétrantes dans sa bonté toujours prête, et la finesse de son tact n'avait d'égale que la fermeté de ses sentiments. Sous tous les régimes, elle avait servi les vaincus; sous aucun régime, elle n'avait flatté les vainqueurs. Elle avait été fidèle à ses amis jusqu'à se faire exiler par le premier Napoléon; plus tard, quand le prince qui devint Napoléon III fut prisonnier d'État, elle lui rendait visite à la Conciergerie. Maintenant, elle dépensait les dernières années de sa vie à consoler ou distraire M. de Chateaubriand attristé, malade et vieilli. De la plus haute opulence, elle était tombée dans la médiocrité étroite sans cesser de sourire, et, pour retenir ou attirer autour d'elle l'élite de la société polie, ce sourire suffisait; quand on l'avait vu une fois, on voulait le revoir toujours. L'humanité n'est pas aussi égoïste ni aussi grossière qu'on le suppose; un instinct secret la porte vers les figures idéales; quand elle croit en apercevoir une, elle tombe à genoux. Le politique est alors tout surpris d'oublier son ambition, l'homme de lettres son amour-propre, l'homme d'affaires ses intérêts; l'abnégation ne lui coûte plus, il sent tressaillir en lui un poète et un chevalier, il est heureux de se dévouer, il a les sentiments de Dante et de Pétrarque. — Autour de Mme Récamier, ces sentiments étaient ordinaires; M. de Loménie en a cité un exemple qui est touchant. Il y avait au ministère des finances un vieux chef de bureau, silencieux, brusque et parfois même un peu bourru; parent de Mme Récamier, introduit dans le salon dès sa première jeunesse, il avait pour elle une sorte de culte; afin de la quitter le moins possible, il s'était logé juste en face, rue de Sèvres; quand il ne la voyait pas, il voyait du moins ses fenêtres. Pendant trente ans, le grand intérêt de sa vie fut de venir savoir chaque matin si elle était gaie ou triste, de faire des courses pour elle dans la journée, et de dîner à sa table le soir. Elle perdait la vue, et n'avait pas de lectrice; il s'offrit, fut accepté. Les premières séances furent pénibles; son accent était à la fois empâté et saccadé; il lisait avec une telle volubilité qu'on le suivait très difficilement. Cependant, pour ne pas lui faire de peine, Mme Récamier faisait mine de le comprendre, et persistait à l'écouter. Au bout de quelques semaines, on découvrit avec étonnement que son débit s'était ralenti, que ses vices de prononciation avaient disparu, qu'il lisait mieux, puis, qu'il lisait bien. Sans que personne l'eût averti, éclairé par son cœur encore plus que par son esprit, il avait reconnu son insuffisance; le vieillard de soixante-dix ans s'était remis à l'école; tous les jours, de grand matin, il allait en secret chez un professeur de lecture, puis, au retour, il s'exerçait chez lui pendant plusieurs heures: c'est ainsi qu'à force de travail il avait vaincu la plus tenace des habitudes, un défaut physique et contracté par la pratique de toute une vie. — D'autres attachements, celui de M. Ballanche, celui de M. Ampère, étaient aussi profonds. Dans un pareil monde, le désintéressement, la délicatesse, la discrétion étaient de règle, et le ton des entretiens correspondait à l'élévation des sentiments. On y dédaignait l'argent, on n'y encensait pas la force, on ne s'y courbait point devant le succès; le talent lui-même n'avait que la seconde place : on réservait la première à la noblesse du cœur, à l'intégrité du caractère, à la rectitude de la conduite. Peu importait la fortune, le rang, la célébrité, la puissance; quel que fût le personnage, on ne prisait en lui que la culture supérieure de l'intelligence et de l'âme. — M. de Loménie trouvait là des goûts semblables aux siens, et s'y confirma dans ses préférences. Son talent, encore un peu flottant, se fixa; son jugement se mûrit; son style, déjà sérieux et réfléchi, atteignit, par l'observation soutenue des plus exactes bienséances, la gravité, la dignité, l'ampleur, et, du biographe vif et libre, on vit se dégager le critique, le moraliste, l'historien que nous connaissons.

IV

Ordinairement nous mettons des titres abstraits à nos livres d'histoire : histoire de la littérature ou de l'art, histoire de la diplomatie, du droit public, de la philosophie, histoire de la France au XVIIIe siècle. — Ce sont là des abstractions, et il ne faut pas qu'elles nous cachent les choses. Qu'y a-t-il en France au XVIIIe siècle? Vingt millions d'hommes, de femmes et d'enfants, vingt millions de vies, vingt millions de fils qui s'entre-croisent et font une trame. Cette trame immense aux innombrables nœuds, nulle mémoire, nulle imagination n'est capable de se la représenter distinctement tout entière. D'ailleurs nous n'en avons plus que des débris, quelques lambeaux décolorés, quelques fragments épars. Et pourtant elle est le véritable objet de l'histoire. l'historien ne travaille que pour la recomposer; s'il renoue les morceaux des fils apparents, c'est pour y rattacher les myriades de fils disparus. Dans son esprit comme dans la nature, la première place appartient aux multitudes inconnues. Tant de créatures humaines qui ont vécu, qui ont peiné, qui sont mortes et n'ont laissé de trace après elles qu'un nom inscrit sur le registre d'une paroisse, qui étaient-elles? Comment amener un rayon de lumière sur cette foule que l'ombre a recouverte et qui semble être descendue pour toujours dans les profondeurs de l'oubli? Par bonheur, autrefois comme aujourd'hui, dans la société il y avait des groupes, et, dans chaque groupe, des hommes semblables entre eux, nés dans la même condition, formés par la même éducation, conduits par les mêmes intérêts, ayant les mêmes besoins, les mêmes goûts, les mêmes mœurs, la même culture et le même fond. Dès que l'on en voit un, on voit tous les autres : en toute science, nous étudions chaque classe d'objets sur des échantillons choisis. — Il ne s'agit donc que de retrouver des échantillons de l'homme et de la femme au XVIIIe siècle, et de les retrouver à tous les degrés de l'échelle sociale, c'est-à-dire de prendre les figures distinctes et principales, celles qui, par leur banalité ou leur relief, peuvent servir de moyenne ou de type : ici le prince du sang, le grand seigneur de cour, le prélat, le parlementaire, le financier et l'intendant; là le gentilhomme de campagne, le curé, l'employé, l'avocat et le marchand; plus loin le petit laboureur propriétaire, le métayer, l'artisan, et enfin le gueux demi-mendiant, demi-bandit. — Trois ou quatre exemples suffiront pour reconstituer chacune de ces figures; mais il faut qu'ils soient copieux et minutieux; tous les détails, tous les accessoires, tous les alentours sont requis. Car la vie d'un homme ne se compose pas seulement des événements notables que racontent les mémoires ordinaires : elle est la série continue de toutes les sensations, pensées, sentiments, actions grandes et petites, qui ont rempli ses journées depuis sa naissance jusqu'à sa mort. — Ici encore il nous faut trouver des échantillons : entrons dans l'intimité de notre personnage, cherchons l'emploi circonstancié de toutes les heures d'une de ses journées et de tous les jours d'une de ses semaines. En plusieurs cas l'on y parvient; alors seulement on le connaît, et l'on est en état de répondre aux cinq ou six grandes questions qui se posent à son endroit et à l'endroit de sa classe. — D'abord qu'est-ce qu'il produit et qu'est-ce qu'il consomme? Pendant combien d'heures par jour, avec quelle intelligence et quelle application vaque-t-il à une œuvre utile ou inutile? Qu'est-ce qu'il mange et boit, comment est-il logé et vêtu, avec quel luxe ou quelles privations, et, en tous cas, avec quelle dépense? — En second lieu, quelle idée a-t-il de la famille et de la patrie? De quelle façon entend-il l'amour, le mariage, la paternité? Comment se figure-t-il l'État dans lequel il est compris, le gouvernement auquel il obéit, la hiérarchie sociale où il occupe une place? Quels sont les motifs et quelles sont les limites de sa confiance et de son dévouement, ou de sa résignation et de sa patience? — Enfin quelle notion précise ou vague se fait-il du beau, du bien et du juste, de l'ordre et du principe du monde? Comment envisage-t-il la mort et qu'est-ce qu'il craint ou espère par delà le tombeau? — De ces sentiments principaux dérivent les autres; lorsque nous les avons constatés et définis, nous saisissons dans chaque groupe les volontés profondes qui poussent et dirigent les hommes; nous prévoyons avec certitude la ligne générale de leur conduite; par suite, nous comprenons la force et le sens du courant qui emporte la société tout entière. — Ainsi la monographie est le meilleur instrument de l'historien; il la plonge dans le passé comme une sonde et la retire chargée de spécimens authentiques et complets. On connaît une époque après vingt ou trente de ces sondages; il n'y a qu'à les bien faire et à les bien interpréter.

V

Deux opérations de ce genre ont été entreprises par M. de Loménie, l'une sur Beaumarchais, qu'il a conduite au terme, l'autre sur les Mirabeau, qui, après vingt ans de travail, interrompue par la mort, reste suspendue au milieu de son cours. On ne vient à bout de pareilles tâches que par un effort très grand et très prolongé. La seule correspondance du bailli et du marquis de Mirabeau comprend quatre mille lettres, chacune de dix ou douze pages in-folio ; à n'y prendre que les passages qui traitent de choses générales, on en ferait plus de trente volumes. Ajoutez aux lettres intimes les imprimés de toute dimension et de toute espèce, non seulement les œuvres littéraires, économiques et politiques, mais encore les papiers d'affaires, projets, comptes, mémoires à l'appui, requêtes, factums et autres documents judiciaires. Beaumarchais, Mirabeau, le père de Mirabeau, ont plaidé pendant des années. Si l'historien veut distribuer équitablement l'éloge et le blâme, s'il est décidé à juger en conscience, il faut que, de ses propres mains, il dépouille tout le dossier, enquêtes et contre-enquêtes, répliques et dupliques, avec la compétence d'un homme de loi, avec l'exactitude d'un comptable, avec les scrupules d'un arbitre. M. de Loménie avait ces scrupules. Il a instruit à nouveau les quatre grands procès de Beaumarchais; il a suivi dans le détail tous ceux des Mirabeau, les vicissitudes et les complications de leur guerre domestique, l'interminable duel du mari et de la femme, le conflit toujours renaissant du fils et du père ; pièces en mains, il fait l'office de rapporteur, et la solidité de ses preuves n'est égalée que par l'impartialité de ses conclusions. — Souvent, dans nos tribunaux, quand il s'agit de prononcer sur un litige technique, nous voyons des magistrats intègres différer leur arrêt, feuilleter des livres spéciaux, approfondir une question de théologie ou de chimie. Pareillement, avant d'apprécier une action ou un écrit, M. de Loménie se croyait astreint à de longues recherches collatérales. Pendant plusieurs mois, il abandonnait sa narration, il s'enfermait avec les feudistes ou les économistes, il étudiait le droit féodal, la tenure de la propriété, l'état des justices, la théorie des physiocrates, les plans de Turgot; puis, comme toute question en suggère une autre, il passait de Quesnay à Bentham, de la morale physiocratique à la morale spiritualiste, de la vieille France à la France moderne. Sa curiosité se confondait avec sa probité. Quand on explore un pays nouveau, il est si naturel de regarder autour de soi! Il faut apprendre tant de choses, pour savoir passablement quelque chose! Ses recherches s'étendaient à l'infini, il s'oubliait, et, dans son dernier ouvrage, il avait parfois de la peine à se reprendre. — Mais, en chemin, il faisait des trouvailles. En mainte occasion, ses documents, ses exposés, sont justement ceux que nous demandions tout à l'heure; car ils jettent une vive lumière sur la situation, les mœurs et les sentiments de toute une classe. — Telle est sa description de la famille Caron, si lettrée, si vive et pourtant si disciplinée : au milieu du XVIIIe siècle, dans la bourgeoisie, l'autorité paternelle demeurait intacte; cela faisait dans chaque maison un petit gouvernement naturel dont nous n'avons plus l'idée, car il était à la fois obéi et respecté. — Telle est sa peinture de l'ordre de Malte : l'institut chevaleresque et monastique, dégénérant faute d'emploi, était devenu un club d'oisifs mondains et gourmets; pendant ses deux ans d'office, le général des galères était tenu de dépenser 140000 francs en représentation, galas, bombance et table ouverte : tant de futailles de tels vins, tant de dames-jeannes de telles liqueurs ; les noms, qualités et quantités de tous les breuvages dont il devait arroser le gosier de ses convives étaient spécifiés d'avance et tout au long. — Il n'y a qu'à ramasser des phrases dans la correspondance et les ouvrages du marquis de Mirabeau pour apercevoir en raccourci les grandes plaies de l'ancien régime, le misérable état de l'agriculture, la souffrance, les jeûnes, l'accablement et la fureur sourde du paysan, l'inégalité, l'énormité, les persécutions de l'impôt royal, ecclésiastique et seigneurial, qui lui arrache 80 francs sur 100 de revenu net. — Et, d'autre part, un paquet de lettres nous montre le budget d'une famille aisée au sortir de la Terreur, un moulin à farine dans le salon, le dîner servi sur une table d'acajou sans nappe, pour menu deux pommes de terre et une assiette de haricots, la livre de viande à 28 francs, la livre de pain à 45 francs, la voie de bois à 1400 francs ; « cette lettre « que j'écris, dit le correspondant, coûte au moins « 100 francs, y compris le papier, la plume, l'encre et « l'huile de la lampe ». — Dans ce vaste ensemble, les citations font corps avec le récit, les petits faits s'encadrent bien dans les réflexions générales ; les grandes masses de l'œuvre se relient et s'équilibrent. A cet égard, la biographie de Beaumarchais, la seule que l'auteur ait pu achever, me semble son chef-d'œuvre. L'ordonnance en est irréprochable et il n'y a rien de plus varié. Affaires d'argent, de galanterie, de cœur et de famille, voyages en Espagne, en Angleterre, en Allemagne, intrigues et duels, procès et pamphlets, tableaux de la vie privée et de la vie publique, exposés politiques, examens critiques, curiosités littéraires, on y trouve de tout, et sans longueur ni lacunes. Incessamment Beaumarchais y prend la parole; on l'entend, on le voit avec tout son cortège, père, sœur, fille, amis, ennemis, contemporains de toute qualité et de tout emploi. Désormais, quiconque voudra le connaître devra recourir à M. de Loménie; aux célèbres *Mémoires*, au *Mariage de Figaro*, son livre reste attaché comme un commentaire indispensable. Je dirais presque que ce commentaire est définitif; et certainement l'auteur n'aurait rien laissé à faire aux autres critiques, si, par discrétion, gravité, retenue, il n'avait pas atténué quelques traits de son personnage. Il a laissé un peu dans l'ombre le faiseur et le charlatan, le gamin et le polisson. Là-dessus, un grand connaisseur de la créature humaine, Sainte-Beuve, a dit avec sa perspicacité ordinaire : « Chez Beaumarchais, il y aura toujours un « cabinet secret où le public n'entrera pas. Au fond, il a « pour dieu Plutus et un autre dieu, ce dernier tenant « une grande place jusqu'à son dernier jour. » — Ce n'est point ici l'endroit pour étaler de pareilles tares. Notons seulement qu'avec beaucoup de talent, d'esprit, de courage et de bonté, chez cet homme si adroit et si brillant, si actif, si libéral et si gai, il y eut toujours trop de Chérubin et trop de Figaro.

VI

Il y a mieux, mais il y a pis chez Mirabeau; M. de Loménie, écrivant ses deux biographies, ressemble à une honnête femme qui raconterait la vie de deux grandes coquettes. L'histoire lui devait un dédommagement et le lui donna en amenant sous ses yeux un modèle de droiture, de magnanimité et d'abnégation, un de ces hommes qui font honneur à l'homme, Jean-Antoine, chevalier de Mirabeau, bailli de Malte. Il était bien de sa race, race féconde et terrible, en qui le cœur, l'esprit, l'imagination, la passion, la volonté, tous les ingrédients de la nature humaine, étaient trop forts, où la précocité et l'excès étaient de règle, où tout d'abord le pêle-mêle des instincts animaux et des facultés supérieures éclatait en foudres parmi des fumées et des éclairs. Engagé à douze ans et demi dans la marine, « pendant les trois ou quatre années qui suivirent, « il ne passa pas, dit son frère, huit jours de l'année hors « de la prison, et, sitôt qu'il voyait le jour, courait se « perdre d'eau-de-vie et, de là, tomber sur le corps de « tout ce qu'il trouvait sur son chemin, jusqu'à ce « qu'on l'abattît et le portât en prison. Mais avec cela il « avait de l'honneur à l'excès, et ses chefs, gens expéri- « mentés, promettaient toujours à ma mère qu'il serait « un jour excellent. Cependant personne ne pouvait « l'arrêter, et *il s'arrêta tout à coup de lui-même.* » La raison lui était venue, et plus forte que le tempérament;

il s'était donné une consigne, et désormais n'en dévia plus jusqu'au dernier jour, à travers les plus grands sacrifices d'argent, d'ambition et de cœur, toujours dévoué et toujours inflexible, ne trouvant à cela « d'autre « mérite que celui qu'il avait eu bien des fois en faisant « son quart ou en montant sa garde. » De la Guadeloupe, où il était gouverneur, il écrivait à son fr' le marquis : « La menace de manquer ma fortune est la plus « petite qu'on puisse me faire. Je dois à Dieu et à mon « nom d'être le plus honnête homme que je pourrai. Je « dois à l'État mes sueurs, ma peine, mon sang, ma vie, « pourvu qu'on ne me vexe pas dans mon honneur. J'ai « trente-sept ans, dont j'ai servi vingt-cinq, et j'ai au « moins vingt campagnes. Je pense avoir acquitté, « autant que cela m'a été permis, ma dette envers l'État. « Félicite-moi, cher frère, de ce qu'en butte ici à un « amas de fripons, ils n'osent m'accuser que d'avoir une « mine trop froide; je ne me refondrai pas pour eux. « Quant au reproche d'être tranchant, je ne m'en effraye « pas : les hommes tranchants sont à l'État comme le « couteau courbe est au membre gangrené.... Compte « que l'homme en place dans un pays comme celui-ci « fait bien du mal quand il ne sait pas se vaincre sur « l'indulgence, et en évite furieusement par une appa- « rente sévérité. À l'égard de la cour, je ne lui mâche « pas ses vérités, je lui dis même ses propres fautes. Il « m'importe peu de faire fortune, il m'importe peu d'être « caressé, mais il m'importe beaucoup d'avoir dit vrai, « d'avoir rempli ma tâche, d'avoir dévoilé l'iniquité,

« d'avoir combattu le vice, étant en place.... On ne peut « dire que j'ai des maîtresses qui me mènent : ma mai- « son est comme une église ; on n'y voit entrer que des « gens qui demandent et des officiers : je ne donne « jamais audience aux femmes qu'en un lieu où, de la « rue, les passants peuvent me voir sans m'entendre.... « Les pauvres savent que justice leur sera rendue sans « acception de personnes, que ma porte leur est ouverte « à toute heure,... que pas un de mes gens ne serait assez « osé pour empêcher le plus petit et le plus pauvre « nègre de venir me conter ses raisons.... On sait aussi « que je ne veux pas de présents ni de bien mal acquis, « que je suis un vrai Melchisédech, qui ne boit, ni ne « joue, ni ne représente... et qui juge plus de procès « qu'une sénéchaussée. Les affaires m'excèdent, j'en ai « déjà été malade une fois, et je ne sais si je ne le serai « pas encore. — Cependant il m'arrive de temps en temps « quelque petite consolation ; j'ai eu hier celle de sau- « ver la vie à un homme, j'ai été assez heureux pour que « ce misérable, condamné tout d'une voix à la mort, fût « sauvé sur mon plaidoyer. Dieu me fit l'insigne faveur « de remarquer une erreur dans les jours et les dates, « erreur dont personne ne s'était aperçu. Si tu avais été « juge, tu sentirais cette satisfaction qui peut-être ne te « paraîtra pas grand'chose et qui est un des plus sen- « sibles plaisirs que j'aie connus. » — Avec cette façon de prendre la vie, on est bien à l'aise à l'endroit des ministres, des commis et des maîtresses ; on n'a pas besoin de leur faveur, on dédaigne de leur complaire.

« Je sais manger des fèves, écrit-il encore, mais jamais « adorer le vice et l'encenser. »

Par-dessus les devoirs ordinaires, il s'en imposait d'autres plus étroits. La famille féodale, si l'on remonte à l'institution primitive, est une compagnie militaire où les grades sont distribués d'avance, où le cadet doit à l'aîné l'obéissance d'un bon lieutenant, où l'aîné doit au cadet la protection d'un bon capitaine, où le cadet et l'aîné subordonnent chacun son intérêt propre à l'intérêt de la maison. C'est ainsi que les deux frères avaient compris leur office, et il est touchant de voir la façon dont le bailli remplit le sien. « Je me suis fait « d'enfance, dit-il, à la douce idée que tu devais avoir « tout ce qu'il ne me faut pas absolument pour vivre, « parce que tu es le chef de la race, parce que tu es « chargé de tout et qu'il est de mon devoir de contri- « buer et non de m'approprier.... Je ne suis rien par « moi-même, tu es le chef de la famille, tu as une pos- « térité, tu es existant, je ne tiens qu'à toi et par toi et « les tiens : en un mot, je ne suis pour moi-même que « la chemise, tu es la peau. » — Ses intérêts privés ou publics, son bien, son revenu, son avancement, son mariage, son engagement religieux, il remet tout à la direction et à la discrétion de son frère. Il renonce à une femme digne de lui et il refuse d'être grand-maître de Malte, je ne dis pas sur un mot, mais sur un silence. Spectacle étrange que celui de ce vieil homme de guerre, haut de six pieds, tout blanc, d'aspect aussi majestueux que redoutable, avec son esprit si perçant, si judicieux et si frondeur, qui ne se fait pas illusion, qui voit les fautes de son frère, qui les répare, qui paye ses dettes, qui le nourrit et jusqu'au bout continue à prendre ses ordres, sans se départir un instant de sa déférence innée et de sa soumission de cœur! — Résignation et renoncement, voilà sa réponse finale à l'énigme du monde. « Jean-Antoine, qui a jugé sur les fleurs de lis, qui a « gouverné, obéi, commandé, fait la guerre par terre et « par mer, été chef d'un sénat, membre d'un autre,... « Jean-Antoine a rêvé les deux tiers du songe de la vie; « excepté la messe qu'il n'a pas dite encore, il a fait de « tout, et vu, comme feu Salomon, que tout est vanité « et tourment d'esprit. » — Tout est vanité, même la continuation de cette famille pour laquelle il a tant fait. « Notre race a eu son temps; elle finit, et qu'im- « porte?... Qu'est-ce que perdre un nom, et qu'est-ce « qu'un nom à présent? Vois, pour te guérir du tien, « l'ignoble équilibre établi, en attendant la culbute géné- « rale et prochaine et l'éruption du volcan qui nous sou- « lagera de trente couches d'alluvions pétrifiées; il s'est « établi, cet équilibre, et il doit être maintenu en Europe « par les écritoires qui ont à leurs ordres la poudre à « canon, l'imprimerie, l'irréligion et partant la sédi- « tion. Non, les nations ne reviendront plus à des mœurs « fortes.... Je te demande si dès lors la noblesse a un « beau rôle à jouer, s'il est gracieux d'avoir des enfants « pour les voir bafouer, s'ils sont bons sujets, et réduits « à ne rien être, sinon valets de cour.... C'est bien la « peine de continuer une race pour cela, ou pour se

« trouver dans une révolution que la dissolution entière « de tous les ressorts amènera nécessairement! » — Parfois la haute vertu donne de vives lumières; dernier survivant de l'ancien ordre féodal, c'est parce qu'il en représentait l'excellence qu'il en prévoyait l'écroulement.

Vous avez remarqué, Messieurs, son style aussi original que son caractère; celui du marquis de Mirabeau est pareil, encore plus familier, plus coloré, plus tranchant, plus osé, en dehors de la règle et de toute règle, « un style, dit-il lui-même, fait en écailles d'huîtres, si « surchargé de différentes couches d'idées qu'il aurait « besoin d'une ponctuation faite exprès pour le débrouil- « ler, en supposant qu'il en vaille la peine..., moitié « figures et métaphores, farci de proverbes, de maro- « tismes et de mots forgés, sorte de jargon rustique, » inégal, âpre, dru, plein de sève, qui, comme un fourré de fleurs et de broussailles, sort tout d'un coup « d'un « cœur chaud, riche et germinant » : partout des éclairs et des éclats d'imagination, des saillies et des trouvailles de génie, la vue directe des choses si répugnantes qu'elles soient, le sursaut imprévu de l'impression vraie, une brusquerie et un cynisme grandioses qui lèvent impétueusement tous les voiles; avec cela de la gaieté, de la bonhomie, une verve gaillarde et salée qui n'ôte rien à la dignité foncière, un badinage d'humoriste et de grand seigneur; par-dessus tout, l'intrépidité d'un esprit à qui sa pensée est personnelle, en qui la pensée crée la parole, qui invente sa forme littéraire comme sa conduite civile, qui, « cuirassé de ses cicatrices », marche seul, de tout son poids, à travers son siècle, et pour qui les cris, les réclamations, les admonestations qu'il soulève sur son passage « sont, dit-il encore, « comme des leçons de serinette à un éléphant ». Le contraste est frappant, si l'on observe autour de lui l'empire établi des convenances, la diction correcte et régulière, les images rares et banales, les tours, les transitions et les constructions qui semblent sortir du même moule, le vernis uniforme d'élégance obligatoire et apprise. Un pareil esprit appartient à un autre monde et à un autre âge; à travers Saint-Simon, il rejoint Montaigne. En effet, les deux frères sont du XVIe siècle. — Préservée par l'isolement provincial et par la vie militaire, la race est demeurée intacte; le rouleau de la centralisation et des bienséances n'a pas passé sur elle pour l'aplanir; elle a gardé toute la richesse originale, toutes les énergies primitives de la nature humaine et française. On voit ici des contemporains de Montluc, de Coligny, d'Aubigné, de Sully, de Henri IV, des hommes grands, droits, forts, fiers, braves, qui se tiennent debout, envers et contre tous, dans toute l'ampleur de leur taille, avec toute la franchise de leur physionomie et de leurs gestes. L'espèce a été détruite par Richelieu et Louis XIV; à ce prix, le grand ministre et le grand roi ont fait leur œuvre, et l'on peut louer l'œuvre; mais il faut savoir ce qu'elle nous a coûté.

VII

Des réflexions de ce genre occupaient souvent M. de Loménie; il s'entretenait avec M. Ampère, M. de Tocqueville et M. Guizot. Les vues d'ensemble sont l'objet naturel des esprits élevés; elles sont aussi la récompense véritable de l'historien. Cette récompense suffisait à M. de Loménie; il savait que ses ouvrages s'adressaient à un public restreint; mais il aimait mieux la considération que la gloire, et la popularité bruyante ne l'avait jamais tenté. — Plusieurs fois, l'occasion avait frappé à sa porte, pour l'appeler sur le grand théâtre où l'on ne manque jamais d'obtenir au moins les applaudissements d'un parti. En 1848, dans le désarroi universel, quand chacun, bon gré, mal gré, se trouvait lancé dans la vie militante, il était devenu directeur d'un journal : la politique quotidienne l'intéressait, il la traitait avec talent; ses opinions étaient faites : il ne tenait qu'à lui de rester en scène et en vue, avec tous les avantages d'un rôle public. Il aima mieux rentrer chez lui, dans le domaine supérieur que n'atteignent point les agitations du jour, parmi les morts illustres et les beaux livres. Déjà écrivain, il devint en outre professeur, et, jusqu'à la fin, il ne vécut que de son travail. La littérature, qui est une compagne aimable, est une mauvaise nourrice, et M. de Loménie était trop consciencieux pour avoir la facilité banale de l'improvisateur. Quel que fût son sujet, il l'étudiait jusqu'à s'épuiser; le matin de chaque leçon il avait la fièvre, et il faisait ainsi près de cent leçons par an. — Pendant treize ans à l'École polytechnique, pendant dix ans au Collège de France, il resta simple suppléant. Devenu titulaire, après quelques années d'un enseignement double, sa santé fléchit et il fut obligé de déposer la moitié de son fardeau. Dans les intervalles, il composait des articles étudiés et approfondis; il défendait contre les critiques Chateaubriand, aussi déprécié après sa mort qu'il avait été adulé pendant sa vie; il louait le talent précoce, la générosité native, le repentir tardif de Barnave; il peignait la noble et sévère intelligence, le labeur opiniâtre, la vie pure, l'heureux intérieur de M. de Tocqueville. Vous l'aviez admis parmi vous, Messieurs; c'est le plus grand honneur que puisse obtenir un homme de lettres; quand il l'a reçu, il est obligé à de nouveaux efforts. Je le sens, et là-dessus l'exemple de M. de Loménie suffirait pour m'instruire. A travers tant d'occupations, il revenait toujours à ses Mirabeau. Il recherchait curieusement, en Italie et en France, les origines de la famille; il suivait, de génération en génération, l'empreinte héréditaire de la race; il montrait dans vingt figures distinctes la persistance, les variétés, les déviations, les mixtures du caractère primordial; il publiait cette lettre intime et terrible où, pour la première fois, la mère de Mirabeau est produite au jour. Déjà il faisait entrevoir de loin Mirabeau lui-même; des épisodes choisis servaient au peintre de préparations et d'esquisses, et, dans son cabinet d'étude, le grand portrait, très avancé, n'attendait plus que les dernières touches. — La mort s'est jetée à la traverse; dans toutes nos entreprises, c'est elle qui est maîtresse de l'issue; nous n'avons en propre que notre volonté de bien faire, et nous devons nous estimer heureux quand nous avons pu achever la moitié d'une œuvre utile; alors l'œuvre dure et, avec elle, le souvenir de l'ouvrier. C'est le lot de M. de Loménie; si l'on essayait de résumer son talent et sa vie avec l'exactitude qu'il pratiquait lui-même, on dirait en deux mots qui semblent faibles et qui sont forts : il a été honnête homme et bon historien.

15 janvier 1880.

L'ART[1]

Si l'on veut comprendre une œuvre d'art, il faut y croire. En présence d'une figure peinte ou sculptée, vous devez oublier qu'elle est peinte ou sculptée, imaginer qu'elle est vivante. L'homme qui possède cette faculté d'illusion ne l'a pas toujours fraîche et vive; il est des heures où, en face de la plus belle statue et de la meilleure peinture, il ne sent rien : alors, il se tait et s'en va, attendant que la sensibilité lui revienne. Mais, aux bonnes heures, dans les musées silencieux, dans les longues et froides galeries, ce sont les promeneurs qui lui semblent de vaines ombres; il ne les voit qu'à peine; il en détourne ses yeux. Pour lui, ce sont des figures manquées, des ébauches mal venues, il n'y a de réel que les formes dessinées ou modelées par les maîtres. Il s'arrête longuement devant ces formes idéales; leur attitude, leur geste, leur physionomie, chacun de leurs traits lui dit quelque chose; il entre dans la pensée et dans la volonté des personnages; il conjecture ce que tout à l'heure ils vont faire. Il se

1. Cet article sert d'introduction au deuxième volume (*Art*) d'une anthologie anglaise intitulée : *The hundred greatest men.*

représente leur passé, leurs alentours, le monde où ils ont vécu, du moins le monde où ils pourraient vivre; il les suit dans les détails de cette vie qu'il leur attribue; il voit leurs passions et leurs actions, si différentes des nôtres; il les en loue ou les en blâme, il leur parle tout bas, et parfois, de leurs lèvres muettes, il croit entendre sortir une réponse. Après ce dialogue intime, il les connaît, comme nous connaissons un étranger que nous avons fréquenté longtemps; il est capable de les comparer entre eux, de démêler leurs caractères, de les grouper en familles et en races. En effet, comme les hommes ordinaires, ils forment des familles et des races, dont chacune a sa structure anatomique, son tempérament physiologique, ses besoins, ses instincts, ses aptitudes physiques et mentales, son éducation, ses croyances, bref son âme et son corps. C'est une humanité supérieure, mais analogue à l'autre, et l'illusion par laquelle nous lui prêtons la vie est une lumière qui nous dévoile son véritable fonds.

Car, remarquez la façon dont elle s'est faite. Non seulement l'artiste en a pris les matériaux dans les hommes de son pays et de son temps, mais encore il ne les a combinés que pour mieux exprimer quelque caractère essentiel de sa race et de son époque. Dans les figures réelles, ce caractère était obscur, incomplet, fragmentaire; c'est la figure idéale qui le dégage, le précise et le manifeste à tous les yeux. Partout les grands artistes ont été les hérauts et les interprètes de leur peuple : Phidias en Grèce, Rubens en Flandre,

Titien et Véronèse à Venise, Murillo et Velasquez en Espagne. Leur instinct et leur intuition les font naturalistes, historiens, philosophes; ils repensent l'idée qui constitue leur nation et leur siècle, ils reprennent le moule dans lequel la nature a coulé leurs contemporains et qui, chargé d'une fonte réfractaire, n'a encore fourni que des formes grossières ou ébréchées; ils le vident, ils y versent leur métal, un métal plus souple; ils chauffent leur fournaise, et la statue qui, sous leur main, sort de l'argile, reproduit pour la première fois les vrais contours du moule que les coulées précédentes, encroûtées de scories et lézardées de cassures, n'avaient pas su figurer.

Deux forces principales déterminent les pensées et les actions des hommes : l'une qui est la nature, l'autre qui est la culture. Considérez tour à tour ces deux forces dans les œuvres d'art qui les rendent visibles. Chaque école a représenté un tempérament, le tempérament de son climat et de son pays, et chaque école l'a représenté avec une plénitude et une saillie que les hommes réels n'ont jamais atteinte. Vous trouverez chez les maîtres florentins le type allongé, élancé, musculeux, aux instincts nobles, aux aptitudes gymnastiques, tel qu'il doit se développer dans une race sobre, élégante, active, d'esprit fin, et dans un pays sec. Les maîtres vénitiens ont découvert les formes arrondies, onduleuses et régulièrement épanouies, la chair ample et blanche, les cheveux roux ou blonds, le type sensuel, spirituel, heureux, tel qu'il peut se dégager dans un pays lumineux et humide, parmi des Italiens que leur climat rapproche des Flamands, et qui sont poètes en matière de volupté. Rubens, Crayer et Jordaens vous montreront le Germain blanc ou blafard, rosé ou rougeaud, lymphatique, sanguin, carnassier, grand mangeur, l'homme de la contrée septentrionale et aquatique, grandement taillé, mais non dégrossi, de forme irrégulière et débordante, plantureux de chair, brutal et débridé d'instincts, dont la pulpe flasque rougit subitement par l'afflux des émotions, s'altère aisément au contact des intempéries, et se défait horriblement sous la main de la mort. Les peintres espagnols mettront sous vos yeux le type de leur race, l'animal sec, nerveux, aux muscles fermes, durci par la bise de ses sierras et la brûlure de son soleil, tenace et indomptable, tout bouillonnant de passions comprimées, tout ardent d'un feu intérieur, noir, austère et séché, parmi des tons heurtés d'étoffes sombres et de fumées charbonneuses, qui tout à coup s'entr'ouvrent pour laisser voir un rose délicieux, une pourpre de jeunesse, de beauté, d'amour, d'enthousiasme, épanouie sur des joues en fleur. Par une sympathie involontaire et pénétrante, chaque maître a compris, jusque dans ses profondeurs, une espèce de corps organique, sa substance, sa constitution, ses proportions, les variétés qu'il peut fournir, son caractère dominant, ses caractères dérivés, les instincts animaux qu'il comporte, l'admirable harmonie de toutes ses pièces et la logique rigoureuse qui lui rattache tous les détails de son action.

Avec le naturel inné, la figure idéale exprime aussi la culture acquise. Une statue comme le Thésée du Parthénon ou le Combattant du Louvre est le résumé de toute l'éducation grecque. Pendant des siècles, les lois, la religion, les mœurs, les cérémonies ont travaillé à faire l'athlète accompli, la parfaite statue vivante. Dans les gymnases, tous les muscles de l'adolescent ont été fortifiés et assouplis ; on n'en a point négligé ; les maîtres, en véritables artistes, ont voulu que les diverses parties du corps se fissent équilibre, et l'ont exercé de façon à lui donner, non seulement la vigueur, la résistance et la vitesse, mais encore la symétrie et l'élégance. L'arrière-bras, si maigre aujourd'hui, les omoplates, mal garnies et raides, se sont remplies et ont fait un pendant proportionné aux hanches et aux cuisses. La rotule, les articulations, toute l'ossature, jadis saillantes, se sont effacées et n'ont plus été qu'indiquées. La ligne des épaules, autrefois horizontale et dure, s'est infléchie et adoucie. Le pied, d'abord trop étalé et trahissant une parenté simienne, s'est arqué et est devenu plus élastique pour le saut ; le talon, d'abord avachi et veule, s'est circonscrit dans un ovale net. Bref, toutes les formes se sont ennoblies et ont pu fournir des modèles au statuaire. D'autre part, l'orchestrique, en préparant le jeune homme aux danses militaires ou sacrées, a complété l'œuvre de la gymnastique ; elle lui a enseigné l'attitude, le geste, l'action sculpturale ; elle l'a mis dans un chœur qui est un bas-relief mouvant ; elle en a réglé les poses, les draperies, l'ordonnance, les évolutions, de façon à faire de chaque groupe une œuvre d'art, une œuvre d'art si belle que sur la frise du Parthénon on a copié le défilé des Panathénées, et que la pyrrhique a suggéré les sculptures de Phigalie et de Budrun. Ainsi le maître de chœur et le maître de gymnase ont fait de leur mieux. Mais, s'ils ont approché du but, ils ne l'ont pas touché. Ils ont eu beau former et instruire leurs jeunes gens; dans ces corps déjà si beaux, il reste des imperfections; du moins il en reste pour un œil plus perçant. Un autre maître arrive, Polyclète, Phidias ou Praxitèle, avec ces perceptions délicates, ces divinations supérieures, ces compréhensions de l'ensemble qui font le génie; à travers les modèles qu'on lui présente, il imagine une forme plus pure, des proportions plus justes, une vie mieux équilibrée, une âme plus sereine, plus saine et plus haute, et, pour l'exprimer, il a l'airain ou le marbre plus dociles que l'organisme humain. Le voilà enfin, debout et visible, le jeune homme idéal que toute la culture grecque conspirait à produire : c'est dans cet airain ou dans ce marbre qu'elle atteint sa réussite et son achèvement.

Même spectacle, si l'on regarde l'éducation contraire, celle qui mortifie le corps, dédaigne la vie terrestre et tourne toute la pensée du côté du ciel. Considérez le développement de cette culture depuis dix-huit siècles, les savantes disciplines qu'elle a instituées, les milliers de couvents qu'elle a bâtis, les millions d'âmes qu'elle a conduites. L'effort a été prodigieux et dure encore. —

Et cependant, pour en saisir tout l'effet, c'est aux grands artistes qu'il faut recourir, au Pérugin, à Carpaccio, à Holbein, à Fra Angelico, surtout à Hans Memling; tant qu'on n'a point contemplé les peintures de l'hôpital de Bruges, on n'a point vu la vraie religieuse. — Elle est là, immobile, enveloppée d'un double et triple vêtement, dont rien ne dérangera jamais les plis raides; le corps atténué disparaît; on le soupçonne à peine; les épaules sont étroites, les bras grêles; toute la vie s'est concentrée dans la tête. Et quelle tête étrange! Sur un col long et délicat, un ovale qui va s'élargissant vers le haut, une lèvre supérieure très haute, une arcade sourcilière encore plus haute, un vaste front bombé, vaguement bosselé, et comme comblé de pensées mystiques; les yeux regardent sans voir. Par la profondeur et l'intensité absorbante de son rêve, une telle figure est hors du monde ordinaire, à tout jamais fixe dans son attitude, impassible et recueillie pour l'éternité. Désormais son état est la contemplation persistante sans images et sans paroles, dont parlent les docteurs. Rien de violent dans cet état, point de transports, nulle illumination vive; c'est la placidité de la croyance absolue, la paix de l'âme conservée dans le cloître comme dans un Bois-Dormant. Rien ne la trouble dans sa quiétude douce et un peu triste. Autour d'elle les actions sont réglées et les objets sont ternes; tous les jours, les heures uniformes ramènent devant elle les mêmes murailles blanches, les mêmes reflets bruns des boiseries, les mêmes plis tombant des capuchons et des robes, les mêmes bruissements des pas qui vont au dortoir ou à la chapelle. Les sensations délicates, indistinctes, s'éveillent vaguement dans cette monotonie; elle se sent enveloppée, soutenue, portée à toute heure par la toute-puissance, par la divine bonté à laquelle elle s'abandonne, et la piété tendre, comme une rose abritée par les brutalités de la vie, s'épanouit loin de la grande route où se heurtent les pas humains. — Voilà ce que dit cette figure; revenez devant elle, et chaque fois elle vous parlera plus intimement et plus à fond; vous aurez beau puiser dans l'œuvre, vous n'épuiserez pas tout ce que le maître y a mis. — Tel est l'office de l'art; les grandes forces qui façonnent l'humanité sont des ouvriers insuffisants; elles ne font leur œuvre qu'à demi, elles ne produisent que des ébauches; mais ce qu'elles ont ébauché, l'art l'accomplit.

Journal des Débats, 11 février 1880.

MALLET DU PAN[1]

Quatre observateurs ont, dès le début, compris le caractère et la portée de la Révolution française : Rivarol, Malouet, Gouverneur Morris et Mallet du Pan, celui-ci plus profondément que les autres ; en outre, ce que n'ont pas fait les autres, il a décrit, commenté et jugé la Révolution depuis le commencement jusqu'à la fin ; de 1789 à 1799, ses analyses et ses prédictions se succèdent de semestre en semestre, de mois en mois, et souvent de semaine en semaine. Si l'on se reporte aux documents originaux, on découvre que ses analyses sont toujours exactes ; si l'on suit le cours des événements, on constate que ses prédictions sont presque toujours vraies : parmi tant de gens aveugles, aveuglés ou myopes, il reste clairvoyant et voit de très loin. En cela il est unique : rien de plus rare en tout temps, et surtout en ce temps-là, que la compétence politique, et, par un singulier concours de circonstances, Mallet, en politique, était compétent. Je ne veux pas dire qu'il fût

1. *Correspondance inédite de Mallet du Pan avec l'empereur d'Autriche, de 1794 à 1798*, publiée d'après les manuscrits conservés aux Archives de Vienne, par André Michel.

homme d'État, homme d'action, capable de commander, de gouverner, de remédier à la maladie sociale; il n'a point été appelé aux affaires, il est demeuré dans son cabinet, il n'a jamais opéré de ses propres mains, il n'a été que médecin consultant. Mais, dans cet emploi restreint, il a fait preuve d'une capacité supérieure. Tel savant, physiologiste, anatomiste et clinicien, emploie dix ans de sa vie à l'étude d'une maladie nouvelle ou mal connue, l'albuminurie, le choléra asiatique ou la fièvre jaune; pareillement, Mallet a mis dix ans à faire la monographie de la fièvre révolutionnaire; il l'a faite sur place, jour par jour, avec un diagnostic sûr, des pronostics vérifiés, une parfaite intelligence des causes et des crises; il n'y aurait qu'à recueillir ses articles et ses brochures pour avoir une histoire complète de la Révolution.

Quand un homme entreprend d'étudier quelque maladie physique, ordinairement il n'est pas novice; pour peu qu'il ait le sens commun, il s'est donné l'éducation préalable et nécessaire; il a passé cinq ans à l'École de Médecine et deux ans aux hôpitaux; il a disséqué; il sait se servir du microscope; il a suivi les cours des physiologistes spéciaux et la clinique des médecins éminents; il est au courant de la science; sinon, il ne peut pas même commencer des recherches; le corps humain est un organisme trop compliqué et trop délicat. — Non moins délicat et non moins compliqué, le corps social est encore plus difficile à connaître; sa structure, son mécanisme, son jeu normal, ses affections chroniques ou aiguës exigent, pour être comprises, une préparation aussi approfondie et aussi technique. Toute cette préparation théorique et pratique, on la rencontre dans Mallet du Pan. En 1789, âgé de quarante ans, il avait déjà vingt ans d'éducation politique; car, toute sa vie, il avait réfléchi aux affaires d'État. Dès sa première jeunesse il avait longuement étudié le droit public, l'économie politique et l'histoire, non pas en écolier ou en amateur, mais en penseur original et en critique indépendant. Il avait séjourné ou voyagé en Suisse, en France, en Allemagne, en Angleterre, dans les Pays-Bas, et observé sur le vif les constitutions, les gouvernements et les mœurs. Autre préparation plus fructueuse encore: il était citoyen de Genève, et, dans cette miniature d'État, il avait vu de ses yeux les conditions, les bienfaits et les dangers de la liberté, la lutte des classes, la défaite des vieilles familles patriciennes, le triomphe de la bourgeoisie commerçante, l'oppression et les réclamations des « natifs », les troubles de 1777, la révolution de 1782, un coup d'État, des arrestations, une dictature provisoire, puis l'anarchie parfaite, le peuple armé, furieux, dans la rue, prêt à se laisser entraîner jusque dans la folie et dans les massacres, bref la répétition préalable et sur un petit théâtre du drame qui, dix ans plus tard, devait se jouer à Paris avec un cinquième acte sanglant. Dans ce drame prolongé, Mallet avait été, non seulement témoin, mais encore acteur; dès le prologue, à vingt-deux ans, par sa première brochure, il prenait parti pour les opprimés; en 1782, il était l'un des représentants chargés de négocier la capitulation de Genève. — Cependant il devenait publiciste de profession, et suivait au jour le jour l'histoire contemporaine. Hôte et correspondant de Voltaire, correspondant de Samuel Romilly, collaborateur et continuateur de Linguet, rédacteur politique du *Mercure de France*, à Genève, à Ferney, à Londres, à Bruxelles, à Paris, il pratiquait les philosophes et les hommes d'État, les novateurs et les gens en place, Brissot et M. de Montmorin; il appréciait les théories en vogue sur l'impôt, sur le commerce, sur la législation, sur le droit des gens, sur les droits de l'homme; il discutait les plans de bouleversement et les velléités de réforme; il commentait les grands événements à mesure qu'ils se produisaient, la révolution d'Amérique, le procès d'Hastings, la contre-révolution de Hollande. Bref, en 1789, il connaissait la France et l'Europe. — Pendant les dix années qui suivent, il est au bon endroit pour juger les événements. Étranger, protestant, sans parti, sans attache et sans peur, il peut saisir la vérité, toute la vérité, et aucun document ne lui manque. Sous la Constituante et sous la Législative, il assiste lui-même aux séances des Assemblées, et ses comptes rendus sont les seuls intelligents et véridiques. Dès 1787 et 1788, il a vu les émeutes de la rue, et, avec une précision terrible, il en marque le caractère, puis il en décrit le recrutement, l'organisation et les meneurs. A partir de 1789, des centaines de lettres, écrites au moment et sur place, signées, datées, vérifiées, le renseignent incessamment sur les troubles de la province. En 1791 et 1792, on lui communique, sous forme de résumés et d'extraits, les dépêches des administrations locales, les pièces authentiques, les procès-verbaux manuscrits de presque toutes les jacqueries, les détails et les chiffres que nous retrouvons aujourd'hui dans les Archives nationales. De 1793 à 1798, par des correspondants bénévoles ou payés, il se procure des informations variées, intimes, complètes et de première main sur les événements de l'intérieur, sur la situation de Paris et des départements, sur l'état des finances et des armées, sur la composition et les projets de chaque faction, sur les effets de chaque crise. Muni de cette éducation et pourvu de ces documents, un homme est en droit et en état de s'exprimer sur les affaires publiques; sinon, il parle à tort et à travers; quand il a le bonheur ou le malheur d'être éloquent, il peut enfiler des raisonnements plausibles et faire ronfler de belles phrases, mais, en somme, il n'est qu'un bavard.

A cette compétence que l'on acquiert, joignez chez Mallet du Pan un talent qu'on n'acquiert point, la faculté de voir les âmes. — Ce qui détermine et provoque les actions humaines, ce sont des sentiments: la peur de la mort, la crainte de la douleur, le souci du pain quotidien, le désir du bien-être, des convoitises ou des ambitions de diverses sortes, l'attachement à des rites et à des usages, la confiance, la sympathie et la déférence pour tel personnage ou telle classe de personnes, parfois des inquiétudes de conscience, un instinct du devoir, le respect d'une règle, le besoin d'être honorable à ses propres yeux. Tous ces sentiments et beaucoup d'autres, plus ou moins énergiques ou faibles, intermittents ou continus, sont autant de sources convergentes ou divergentes qui se déversent dans un même bassin pour en sortir par un seul courant, et ce courant est la volonté finale, active ou passive. Selon le tempérament de l'individu, selon son caractère, son intelligence, son éducation, ses antécédents et ses alentours, les sources sont de diverses grosseurs; le plus souvent, l'individu lui-même les ignore; elles coulent en lui souterraines et obscures; il ne peut pas estimer leur force, ni prévoir leur direction; en temps de révolution surtout, plusieurs d'entre elles jaillissent à l'improviste avec un élan terrible; il est emporté par l'afflux surabondant; sa volonté, comme un torrent soudain, se précipite avec fracas dans un nouveau lit. — Mais, en tout cas, les sources font le courant, et, si l'on veut connaître le courant, ce sont les sources qu'il faut connaître. Cela exige un genre d'imagination particulier, une divination analogue à celle du romancier et de l'écrivain dramatique, du critique et de l'historien, mais plus circonspecte et plus sûre, plus flexible et plus étendue. Car, pour le politique, il s'agit de voir, non pas des âmes fabriquées, mais des âmes réelles, non pas des âmes éteintes, dont le développement est terminé et qui ont donné tout leur fruit, mais des âmes vivantes, dont le développement est incomplet et qui ont encore beaucoup d'actes à produire, bien plus, des groupes d'âmes, des groupes où les âmes se comptent par millions. Partisans et adversaires du gouvernement, personnel et recrues de tous les partis, personnel de l'ordre et personnel de l'émeute, fidèles et clergé de diverses Églises, propriétaires et prolétaires, citadins et campagnards, nobles, bourgeois, ouvriers et paysans, administrateurs et administrés, il est tenu de se figurer l'état mental et moral de chacun de ces groupes, et de se le figurer exactement, non pas une fois pour toutes, mais en accommodant sa conception changeante aux changements graduels ou brusques que le temps et les événements introduisent dans son modèle. Notez que ces dispositions et inclinations du modèle sont des forces; il ne suffit pas de les constater, il faut encore les mesurer; faute de les avoir estimées juste, on se trompe du tout au tout; si Louis XVI, la Reine, les princes, la Cour, les constitutionnels, les émigrés ont toujours fait fausse route, c'est qu'ils n'ont jamais évalué assez haut la rancune invétérée du contribuable et du roturier, l'irritation et la méfiance du paysan, l'antipathie et l'amour-propre du bourgeois. Une intelligence assez compréhensive pour se représenter les sentiments les plus divers et les plus extrêmes, un tact assez fin pour en apprécier l'intensité et la profondeur, telle est la faculté politique; elle était supérieure chez Mallet du Pan; il l'avait fortifiée par l'exercice et, pour s'en mieux servir, il employait le procédé abréviatif qui semble être préféré par les hommes d'État. — Ce procédé, très efficace et le moins inexact de tous, consiste à se figurer chaque groupe d'après quelques individus bien étudiés et bien connus : on les prend comme spécimens du reste. Par exemple, avant de décider une mesure, Fox s'informait au préalable de ce qu'en pensait M. H..., député des plus médiocres et même des plus bornés; comme on s'en étonnait, il répondit que M. H... était, à ses yeux, le type le plus exact des facultés et des préjugés d'un *country gentleman*; de même Napoléon disait que, avant de faire une loi considérable, il imaginait l'impression qu'elle produirait sur un gros paysan. Vingt ou trente figures et situations typiques sont, pour ces grands joueurs d'échecs, les pièces et les pions d'un échiquier mental sur lequel ils manœuvrent d'avance, afin de choisir, entre plusieurs combinaisons possibles, le coup qu'ils vont jouer en fait sur l'échiquier réel. — Mallet du Pan n'a pas joué; il ne donnait que des conseils; il expliquait aux joueurs les vicissitudes et les probabilités de la partie; mais nul n'a si bien démontré la marche des grosses pièces et surtout la marche des pions. Sur les personnages importants de la Convention et du Directoire, sur Danton et Robespierre, sur les principaux Thermidoriens, il n'a que des renseignements incomplets, parfois inexacts; il n'a point lui-même pratiqué les gens dont il parle, il les aperçoit de loin; d'ailleurs, il leur accorde peu d'attention; il sait que leur initiative est de médiocre importance, qu'ils ne conduisent pas, qu'ils sont entraînés; ce sont des nageurs en train de se noyer; l'essentiel est de noter le sens et la rapidité du courant. Mais, sur les Assemblées, les partis et les foules, ses jugements sont aussi exacts que pénétrants; là-dessus, en refaisant son travail, je ne l'ai jamais trouvé en défaut; les documents de toutes mains, authentiques et multipliés, autorisent ses descriptions les plus sombres et ses sévérités les plus âpres. Tantôt en brusques silhouettes, tantôt en larges et profondes esquisses, tantôt en grands tableaux achevés, il représente une classe entière, noblesse ou clergé, Parisiens ou provinciaux, administrateurs de la Constituante, proconsuls de la Convention, fonctionnaires du Directoire, hommes de la Terreur, hommes de Thermidor, hommes de Vendémiaire, royalistes du dedans, émigrés du dehors, feuillants, girondins et jacobins de toutes les époques, avec des statistiques approximatives, des chiffres probables et des détails probants, par des anecdotes significatives, par des traits de caractère et de mœurs. Sur les jacobins, notamment, il revient à vingt reprises; c'est qu'ils sont la faction active et dominante; personne, sauf Burke, n'a si parfaitement compris leur fanatisme, leurs instincts et leurs procédés de sectaires, l'enchaînement de leurs dogmes, leur ascendant sur les esprits incultes ou mal cultivés, la force de leur propagande, la puissance et la malfaisance de leur rêve, leur aptitude à détruire, leur incapacité pour construire, leur appel aux passions dissolvantes et meurtrières, le mécanisme intime par lequel leur doctrine transforme un demi-lettré ou un artisan utile en « un philosophe à pique » et le conduit de l'ignorance à la présomption, de l'enthousiasme au crime, en lui persuadant qu'il sauve la patrie et qu'il régénère l'humanité.

Enfin, voilà de l'histoire vivante, l'histoire des passions effectives et des volontés qui ont agi; on les touche, on les tient, on démêle leur qualité, on saisit leur origine, on suit leur développement, on saisit leur œuvre; on quitte le *Moniteur*, la séquelle des journaux et le fatras des pamphlets, les harangues de tribune et de club, les kilomètres de bavardage abstrait, les phrases qui ne sont que des phrases et dupent l'orateur aussi bien que l'auditoire, le raisonnement verbal qui dissimule le vide de la cervelle, et ne sert qu'à exalter les haines ou à masquer les appétits; on aperçoit la Révolution, non plus à travers les illusions de la distance, dans les mirages de la légende, sous le tintamarre du drame, mais face à face, en elle-même, telle qu'elle a été, je veux dire telle qu'elle était dans le cœur et dans la tête de ceux qui l'ont faite. Son procédé est la méthode déductive qui, écartant l'observation, dédaignant l'expérience et l'histoire, construit la société d'après un axiome préconçu. Son point de départ est un contrat social chimérique, conclu d'avance entre des individus fictifs, si mutilés par l'abstraction qu'ils sont à peine des reliquats de l'homme, et que, pour les transformer en unités égales, on a fait d'eux de simples zéros. Son objet et son œuvre sont le socialisme égalitaire et antichrétien, c'est-à-dire l'omnipotence de l'État, le sacrifice entier de l'individu, l'ingérence de l'autorité publique dans toutes les provinces de la vie privée, le droit et le devoir pour la communauté et pour ses représentants de régir despotiquement le travail et les échanges, de fixer les salaires, d'entreprendre et de diriger l'éducation, de niveler les conditions et les fortunes, d'abolir les religions révélées, de proscrire les cultes établis, de gouverner les consciences, de refondre la famille, de régler les mœurs domestiques, d'imposer les croyances, les rites, les manières et les sentiments requis par l'institution nouvelle, bref, d'établir une sorte de couvent agricole et militaire, un couvent de Spartiates patriotes, enthousiastes, rudes, sobres, ramenés à la nature par la contrainte et selon la formule de Jean-Jacques Rousseau. — Effectivement, tout cela est dans les écrits de Rousseau. Depuis 1789 jusqu'au Consulat, ses maximes ont composé le catéchisme en vogue; plusieurs d'entre elles ont survécu et influé sur l'organisation de l'an VIII; on retrouve leurs traces dans certains traits essentiels de la législation impériale, notamment dans les plébiscites du Consulat et de l'Empire. Dès le commencement de la Révolution, elles sont érigées en axiomes; sauf Malouet et le petit groupe qui siège autour de lui, tous les constituants en sont imbus; politique déductive, contrat social, Droits de l'homme, souveraineté du peuple, ce sont là leurs idées maîtresses; on les admet au sens de Rousseau, on les professe, on les proclame; seulement, faute d'imagination et de logique, on n'en démêle pas les conséquences extrêmes; ou, par bon sens, prudence, honnêtété, on en limite les applications. Mais, à mesure que la société se dissout, les conséquences anarchiques et despotiques sortent du principe, comme une plante vénéneuse sort de son germe; l'utopie destructive prend pied dans les esprits précipités, raides et faux, sans conscience ni scrupules, avides de pouvoir, de licence et d'argent, assez aveugles ou assez sophistes pour confondre l'intérêt public avec leur intérêt privé, assez bornés ou assez échauffés pour croire que leur formule spéculative contient la vérité pratique, assez brutaux ou assez furieux pour tuer à tort et à travers, pour prendre le pouvoir par l'insurrection et les massacres, pour maintenir leur règne par la dictature et la terreur; voilà les jacobins; telle est leur conquête et telle est leur dictature. On peut considérer les principes de Rousseau comme une espèce de virus antisocial; médiocrement dangereux dans un esprit sensé, instruit par la pratique et capable de prévoyance, ce virus produit des ravages monstrueux dans les imaginations naïves, chimériques ou affolées, dans les amours-propres déréglés et souffrants, dans les consciences véreuses et ouvertes à la tentation; car il y développe les plus pernicieux instincts, et il y justifie les pires actes : l'usurpation, l'arbitraire effréné, le vol, le meurtre et le brigandage en grand, pratiqués sous le prétexte du salut public. — Après Thermidor, il semble que la France ait vomi le poison; mais il en reste une forte dose : on retrouve les principes et les procédés de la Terreur dans les décrets de Vendémiaire, dans le coup d'État et les proscriptions de Fructidor, dans les lois de 1799 sur l'emprunt forcé et sur les otages, dans la prolongation de la persécution religieuse; plus précisément encore, si l'on veut voir l'extrait concentré, la dernière goutte épurée du jacobinisme, on n'a qu'à lire les papiers, le plan d'exécution et le programme social de Babeuf.

A présent, nous comprenons pourquoi les jugements de Mallet sont si durs. Non seulement il était perspicace, il voyait les faits à travers les mots et la pratique sous la théorie; mais encore, par principes, réflexion et caractère, il était libéral; libéralisme signifie respect d'autrui. Que chaque particulier soit respecté par l'État et par les autres particuliers; que l'individu, comme la communauté, ait son domaine, domaine limité, assuré, fixé par la loi et la coutume : dans cette enceinte inviolable qui comprend sa personne, sa propriété, sa conscience, ses croyances et ses opinions, son for intérieur, sa vie privée et ses offices domestiques, quiconque pénètre est un intrus; si l'État existe, c'est pour empêcher les intrusions; tant qu'il les empêche, il est le premier des bienfaiteurs; quand il les commet, il est le dernier des malfaiteurs. — Une pareille conception convient à une âme fière et probe; effectivement, ce que Mallet du Pan enseignait, il le pratiquait. Sans fortune, ayant une famille à nourrir, vivant de sa plume, il n'a jamais subordonné à aucun de ses intérêts aucune de ses opinions. En toute occasion, il pensait par lui-même : nulle sollicitation, promesse ou menace, n'avait prise sur son indépendance. Avant 1789, parfois le ministre et les bureaux supprimaient ou mutilaient ses articles; mais ils n'obtenaient de lui ni une complaisance, ni une réticence, et, faute d'être agréable, il demeurait pauvre parmi tant d'écrivains à gages qui se disputaient les pensions payées par son propre journal. Après 1789, il était en butte aux fureurs des clubs et de la rue : « Trois décrets de prise de corps, cent « quinze dénonciations, quatre assauts civiques dans sa « propre maison, la confiscation de toutes ses propriétés « en France, » voilà sa part dans la Révolution; il a passé quarante mois « sans être assuré, en se couchant, « de se réveiller libre ou vivant le lendemain ». Réfugié en Suisse, il est chassé de son pays par la brutale invasion de 1798; un décret spécial le retranche nominativement de sa patrie conquise et francisée de force par le Directoire. « J'ai tout perdu avec la Suisse, dit-il en arrivant en Angleterre, patrie, parents, amis; il ne « m'en reste que des souvenirs déchirants », des souvenirs d'oppression, de rapine, de rapt, de meurtre et d'incendie. « La Suisse, comme Athènes après l'inva- « sion d'Alaric, n'est plus, selon le mot d'un rhéteur « byzantin, que la peau vide et sanglante d'une victime « offerte en sacrifice. » Dans son dernier asile, il fonde et rédige *le Mercure britannique*, il poursuit son œuvre et meurt à la tâche, épuisé à cinquante ans, laissant les siens sans ressources, mais avec la conscience d'avoir vécu en honnête homme, sachant qu'il a fait son devoir, puisqu'il a combattu en volontaire, bravement, sans relâche et jusqu'au bout, contre les attentats des jacobins, contre les illusions des émigrés, pour la civilisation et pour la justice. Dire la vérité hautement et librement, voilà le premier besoin d'une âme sérieuse et sincère. « Sans l'hospitalité du peuple anglais, écrivait-il, j'éprouverais encore le *tourment du silence*; « jamais trop de reconnaissance ne payera le bienfait de « cet affranchissement. » A ce profond soupir, on sent la force et la chaleur d'une conviction méditée qui ne peut pas se taire. « Que de fois, dit son fils, je l'ai vu, pen- « dant qu'il écrivait, bouleversé, agité, se lever tout à « coup et se promener à grands pas dans la chambre, « jusqu'à ce qu'il fût parvenu à maîtriser les puissantes « émotions soulevées dans son âme! » Un pareil homme n'a ni le temps ni l'envie de polir des phrases; il n'écrit que pour se soulager et se décharger.

C'est pourquoi ses articles ne sont pas des pièces littéraires; il n'a rien de l'écrivain que l'éloquence; son style est rude, heurté, parfois incorrect; il ne faut pas lui demander la tenue irréprochable de Rivarol, la hauteur aristocratique et dédaigneuse de Joseph de Maistre. Il ne songe pas à lui-même, à la gloire, au grand art, aux grandes manières, au bon ton; il ne pense qu'à son œuvre, à la vérité, au bien public, aux idées qu'il défend; il n'est qu'un loyal ouvrier, artisan de persuasion et de preuve. Mais au préalable il s'est persuadé lui-même et par tant de preuves si fortes que son esprit et son cœur sont pleins et débordent. Cela fait une grosse source bouillonnante, du jet le plus puissant et le plus continu, un courant intarissable de logique et de passion qui coule droit, à pleins bords; on est entraîné, on ne s'arrête pas à remarquer les flaques d'écume, les éclaboussures et les excès de la parole militante; on entend une voix mâle, tendue et passionnée, un accent grave et vibrant, la douleur d'un grand esprit révolté par le spectacle de la sottise et de la folie, l'indignation d'un cœur généreux outragé par le triomphe de la brutalité, du mensonge et du crime. Sans le vouloir et par cela seul qu'il écrit de verve, il a souvent des mots poignants, des saillies ou des arrêts brusques, des cris contenus, des raccourcis de pensée et d'expression, des images d'un éclat et d'une justesse extraordinaires, parfois de larges résumés, des files d'arguments enfermées dans une période gigantesque, une irruption de preuves serrées, ordonnées et lancées comme une colonne d'assaut, une ampleur oratoire que Mirabeau n'a point égalée et que Burke n'a point surpassée. Il est agréable de retrouver une telle œuvre; le préjugé, la mode et l'ingratitude humaine ont pu l'ensevelir dans la poussière des bibliothèques ou dans les ténèbres des archives; on l'a oubliée ou méconnue pendant un siècle; tous les historiens célèbres de la Révolution semblent l'avoir ignorée, Carlyle comme M. Thiers, M. de Lamartine, M. Louis Blanc, M. Michelet. On l'exhume aujourd'hui; elle sort de terre, aussi forte, aussi saine, aussi vive qu'au premier jour.

20 mars 1884.

MARCELIN[1]

SOUVENIRS DE LA VIE PARISIENNE

I

Dans chaque génération les survivants enterrent les morts. C'est le dernier service; nous le rendons, en attendant qu'on nous le rende, et nous le devons surtout à ceux d'entre nous qui n'ont laissé d'eux-mêmes qu'une idée inexacte ou incomplète. Parfois, l'homme qui a disparu était supérieur à son œuvre : il n'a pas donné sa mesure, et le public se le figure autre et moindre qu'il n'était.

Marcelin, *la Vie Parisienne* : pendant vingt-cinq ans, ces deux noms ont été accouplés. Il avait fondé seul son journal; il en était le propriétaire et le directeur; il y écrivait et dessinait; il y inspirait tous les autres écrits et dessins. C'est lui que, chaque semaine, on apercevait à travers le numéro de la semaine; il y pei-

1. Émile-Marcelin-Isidore *Planat*, dit *Marcelin*, dessinateur et écrivain, fondateur de *la Vie Parisienne*, né à Paris le 16 juillet 1820, décédé à Paris le 23 décembre 1887. Cet essai sert de préface à un recueil d'articles de Marcelin intitulé : *Souvenirs de la Vie Parisienne*.

gnait les mœurs élégantes et s'adressait aux gens du monde. Par suite, à distance, on le prenait pour l'un d'entre eux; on lui prêtait leurs goûts, leur caractère, leur façon légère et gaie de prendre les choses, de jouer avec la vie, de l'effleurer, de n'y cueillir que l'amusement, l'amusement de la journée ou de l'heure, d'en accepter le décor obligé, les convenances et les petites contraintes, les visites et les entretiens de salon. — Rien de semblable chez celui-ci : il ne savait pas s'astreindre à la conversation ornementale et vide, ni se détendre jusqu'au badinage insouciant et gracieux. Ses émotions étaient trop persistantes et trop fortes; il avait la sensibilité profonde et l'imagination véhémente; pour employer une phrase de Stendhal, « ce n'était pas « une âme à la française; il ne savait pas oublier ses « chagrins : quand il avait une épine à son chevet, il « était obligé de l'user, à force d'y piquer ses membres « palpitants. » — La plus longue et la plus acérée de ces épines, c'est-à-dire le souci du pain quotidien, il l'avait rencontrée au commencement de sa jeunesse, et, lentement, douloureusement, il avait dû en user toute la pointe. A dix-neuf ans, ruiné par la Révolution de Février 1848, il s'était trouvé chef de famille, obligé de gagner sa vie et la vie des siens, seul, sans patronage, aide ou protection, et, ce qui est pis, sans apprentissage. Il avait passé moins d'un an à l'atelier, il n'avait pas achevé sa seconde année de rhétorique; pour manier sa plume et son crayon, il n'avait qu'une main novice. Il lui fallut, pendant des années, apprendre et produire tout à la fois, produire tous les jours, avec quel sentiment critique de son insuffisance, avec quel mécontentement et quel dégoût de soi-même, avec quel effort, ses amis s'en souviennent; il en perdit le sommeil; je l'ai vu s'évanouir de chagrin et d'épuisement. — Plus tard, maître d'un journal, ayant pris sa place dans le monde, il regrettait toujours ces années de production hâtive; il ne se consolait pas de sa précocité forcée; il se disait que les études lui avaient manqué; il souffrait d'être au service de la mode. — Aussi bien, ses facultés n'avaient pas trouvé leur emploi; il y avait en lui un fonds riche et original, une succession incessante d'impressions vives et fines, une aptitude rare pour les idées générales et les vues d'ensemble, bref les dons naturels de l'observateur, du psychologue et du critique. Il aspirait au moment où, délivré des affaires et du métier, il pourrait donner carrière à son talent, ne plus écrire que pour se faire plaisir, écrire des œuvres d'imagination ou d'histoire, et il en avait plusieurs sur le chantier, toutes de longue haleine, d'exécution difficile. Jamais il n'y a renoncé, même invalide et demi-détruit, suffoquant, cloué sur son fauteuil par une maladie qu'il savait mortelle; jusqu'à la fin, il prenait des notes, classait des estampes, esquissait des plans; jusqu'au bout, cette âme vivace est restée vivante, et non pas seulement par la passion littéraire. La sève, en lui, remontait toujours, et dans toutes les branches; la végétation intérieure du désir, de l'espérance et de l'illusion était continue;

les intempéries du monde et les inclémences de la vie avaient beau la flétrir ou l'écraser, elles ne parvenaient pas à l'amortir. Jamais il n'a connu cette résignation totale ou partielle qui est le fruit ordinaire de l'expérience, et qui conduit, sinon au bonheur, du moins à l'apaisement. — De là sa tristesse; de là les disparates qui s'assemblaient et se heurtaient en lui; de là le contraste permanent et apparent de son personnage officiel et de son être intime. Au théâtre, au Bois, dans les endroits publics, ce qu'on voyait au premier coup d'œil, c'était l'homme de son journal, des dehors irréprochables, des habits coupés à la dernière mode, une barbe et des cheveux arrangés avec un soin savant, une figure régulière, la scrupuleuse correction des détails et de l'ensemble; au second regard, on remarquait la physionomie sérieuse et même sombre, le teint pâli, le front pensif, les yeux ardents, profondément enfoncés dans l'orbite battu, le regard intense ou distrait, l'air d'attention concentrée ou de parfaite absence. Nous lui disions quelquefois : « Allons, monsieur le directeur de « *la Vie Parisienne*, vous qu'on appelle le Marcelin des « salons, déridez-vous; n'ayez pas l'air d'un entrepreneur « de pompes funèbres ». Il souriait vaguement, répondait à peine, avec effort, comme un homme occupé que l'on dérange : il semblait revenir de très loin. Sauf des accès de verve qui, chaque année, devenaient plus rares, il aimait à se taire, à vivre seul et en solitaire, non seulement dans son cabinet, mais en public et au milieu de la foule; c'est qu'il avait, à un haut degré, la faculté singulière qui, par delà le monde environnant, bruissant, incommode, ouvre à l'esprit un autre monde.

Cette faculté est l'*imagination reconstructive*. Un jour, sur le boulevard, le sculpteur Pradier disait à un de nos amis : « Suivons cette jeune fille qui marche « là, devant nous, avec ses parents. La malléole interne « et l'assiette du pied sont bien ; l'articulation du genou « est encore mieux : la rotule n'est pas proéminente. Encore une vingtaine de pas, et je pourrai voir la façon « dont la tête du fémur tourne dans l'os des hanches. » De fait, au bout des vingt pas, il avait vu toute l'ossature ; là-dessus, rentré dans son atelier, il ébauchait sa svelte et légère *Atalante*, une fillette de quinze ans, qui, courbée sur un genou, noue ses sandales avant de courir. Ayant beaucoup étudié le corps humain, il en sentait toutes les connexions ; par suite, sur un fragment délicatement perçu et profondément compris, il recomposait le squelette et la figure. Il en est des mœurs sociales comme du corps humain : toutes leurs parties se tiennent ; par une série de liaisons, on peut conclure de l'une aux autres, et, d'après un morceau, reconstituer l'ensemble. Dans ce domaine, Marcelin devinait et *voyait*, comme le sculpteur, à force d'expérience et de tact inné ; aussi promptement et aussi sûrement que le sculpteur il reconstruisait, non des formes idéales, mais des mœurs historiques ; il les savait et les expliquait, avec une abondance et une précision surprenantes, aux diverses époques, sous Louis-Philippe et la Restauration, au temps de l'Empire, au temps de la République, sous Louis XVI, dans la première moitié du XVIIIe siècle, sous Louis XIV, sous Louis XIII, au temps des Valois en France, à la fin du XVIe siècle en Flandre et en Hollande, au commencement du XVIe siècle en Italie. Au moyen d'un portrait, même médiocre, avec des estampes telles quelles de l'époque, il se transportait dans l'époque ; il en parlait comme s'il y eût vécu ; il s'en représentait les types, surtout l'homme du monde et la femme du monde, le cavalier et la dame, leur costume, leur toilette, leurs façons, leur physionomie ; il voyait, par les yeux de l'esprit, tous leurs dehors visibles, l'habillement d'apparat et le déshabillé, l'ameublement, l'habitation et les jardins, le salon et la place publique, une cérémonie, un bal, une visite, la raideur ou la désinvolture de l'attitude, les diverses façons successives de monter à cheval, de porter ou parer un coup d'épée, de saluer, de s'aborder et de sourire, de danser, d'être galant, de baiser la joue ou la main. Il avait ainsi ses entrées familières dans cinq ou six mondes aussi complets que le nôtre. Involontairement et tous les jours, il y entrait ; il s'y promenait à discrétion, comme un voyageur bien accueilli, comme un spectateur qui n'a pas de frais à faire. Il y était chez lui et à son aise, plus à l'aise que chez nous.

Quand un homme a cette faculté, il est tenté d'en user, quelquefois d'en abuser. On peut dire que celui-ci a vécu parmi ses estampes : à la fin, il en avait trois cent mille. — Non qu'il fût collectionneur ou amateur des pièces rares : il ne s'est jamais appliqué à compléter des séries, et, avec les belles gravures, il en achetait de médiocres, et même de mauvaises, les sachant telles, caricatures, lithographies de modes, frontispices et vignettes, à une seule condition, c'est qu'elles fussent significatives et *suggestives*; elles devaient toujours illustrer quelque détail des mœurs, lui faire toucher plus à vif les gens d'autrefois, un prince, un courtisan, une grisette ou un soldat. Au fond, la même préoccupation le suivait dans son travail positif et dans son métier quotidien; l'observateur libre, le curieux désintéressé, subsistait sous le directeur de *la Vie Parisienne*. Les choses vivantes lui étaient un spectacle comme les choses mortes : le présent lui apparaissait sous la même figure que le passé, c'est-à-dire comme une estampe finale et fraîchement tirée, au bout d'une suite d'autres estampes plus ou moins vieilles et jaunies. La dernière représentation de *l'Africaine* à l'Opéra, le défilé des équipages hier au bois de Boulogne, telle soirée dans un salon contemporain, telle revue des troupes à Satory ou au Champ de Mars, venait s'ajouter, comme une variante ou un supplément, aux scènes correspondantes qu'il avait vues chez Eugène Lami et Tony Johannot, chez Moreau et Saint-Aubin, chez Perelle et Sébastien Leclerc, chez Callot et Abraham Bosse. — Rentré chez lui et penché sur ses cartons, il trouvait qu'entre la chose réelle et la chose dessinée la différence est petite; au bout de quelques heures, cette différence s'évanouissait, les personnages de ses estampes lui faisaient illusion ; il avait envie de leur parler, et parfois même il leur parlait.

Avec un peu de sympathie, d'habitude et d'insistance, on arrive vite à cet état. — Aussi bien, le passé n'est pas moins réel que le présent ; même, à quelques égards, il l'est davantage. Car, d'abord, il est achevé, et le présent ne l'est pas. Par exemple, le XVIIIe siècle en France est une œuvre complète, dont tous les traits sont arrêtés ; au contraire, le XIXe siècle en France n'est qu'une œuvre ébauchée, à laquelle chaque nouvelle année ajoute un trait, en sorte que, d'année en année, l'expression totale change, s'altère et s'approfondit. Or une figure en cours d'exécution est toujours moins intelligible qu'une figure terminée. — D'ailleurs, cette physionomie définitive du passé, nous la voyons plus clairement dans les chefs-d'œuvre de ses artistes que si elle nous apparaissait directement, face à face. En effet, étant artistes et d'espèce supérieure, ces maîtres ont extrait de leur époque les caractères essentiels, les types dominateurs, le personnage régnant : il était effacé, demi-esquissé dans la nature, obscurci ou éteint par l'insuffisance ou la contrariété des circonstances ; ils l'en ont retiré, ils l'en ont dégagé, restauré, amplifié et mis en pleine lumière. A parler exactement, tant que l'artiste n'est pas venu, l'œuvre des sept jours n'est point finie ; elle a besoin de retouches, et c'est lui qui les donne ; le huitième jour lui appartient. Certainement, les modèles de Franz Hals ou de Rembrandt ne valaient pas leurs portraits ; regardez le *Bourgmestre Six* ou *les Syndics* : aucun administrateur hollandais en 1650 n'a eu cette intensité d'expression et de vie ; s'il l'avait eue, les gens se seraient attroupés autour de lui dans la rue. — Par contre, au sortir du Musée, surtout sous un ciel gris, les passants semblent des croquis débiles, des figures manquées et mal venues sur papier sale, des épreuves d'essai ou de rebut. Seule l'œuvre d'art est réussie ; contemplons en elle l'existence accomplie et pleine, qui ne se rencontre point ailleurs.

II

Par cette porte, on entre dans le rêve. Marcelin y était entré tout entier ; il y passait ses nuits, ses longues heures d'insomnie ; c'était là son refuge et son asile. — Beaucoup d'hommes, dans notre génération, se sont, comme lui, fabriqué un *alibi* ; eux aussi, ils ont jugé que le monde positif, surtout de notre temps, est inhabitable. Un jour, le profond et minutieux observateur, le puissant et savant écrivain qui a donné le ton au pessimisme actuel et à la littérature contemporaine, nous disait, de sa voix sourde et demi-brisée : « C'est un « vilain cadeau que la vie ; quand on l'a fait à quel- « qu'un, on doit l'en dédommager, en l'aimant trop : « ainsi font les parents en France. L'inconvénient est « que l'enfant, devenu homme, se trouve exigeant en « fait de bonheur ; partant il souffre davantage. Aujour- « d'hui, tels que nous voilà, il nous reste un remède :

« c'est d'amoindrir en nous le rôle des sensations et « d'augmenter celui des images. Nos sensations ne dé« pendent pas de nous, mais du monde extérieur ; nous « les subissons telles qu'il nous les donne, et il nous les « donne presque toujours douloureuses ou désagréables. « Il faut donc les diminuer, les amortir ; on y parvient « en s'imposant un train de vie uniforme, monotone, « machinal, en faisant tous les jours les mêmes choses « aux mêmes heures. Au contraire, nos images sont à « notre disposition ; nous n'avons qu'à les aviver et à « les arranger ; cela fait, nous voyons intérieurement « les paysages, les figures et les événements qui nous « conviennent. Le cerveau est un meilleur instrument « que les yeux ; il suffit de l'exercer : au bout de deux « ou trois ans, il peut percevoir, avec une lucidité par« faite, le spectacle qu'il s'est choisi, la scène qu'il « préfère, n'importe laquelle, historique ou légendaire. « Voilà notre opium. » — Tout opium est malsain ; il est prudent de n'en prendre qu'à petites doses et de loin en loin. Depuis *Werther* et *René*, nous en avons trop bu, de plusieurs sortes, et nous en buvons chaque jour davantage ; par suite, la maladie du siècle s'est aggravée, et, en littérature, en musique, en peinture, en politique, quantité de symptômes prouvent que le dérangement de la raison, de l'imagination, de la sensibilité et des nerfs va croissant. Entre toutes les drogues qui nous procurent à volonté l'absence factice et l'oubli, l'histoire est, je crois, la moins dangereuse ; car elle nous montre des hommes comme nous, souvent parmi des misères pires : ils ont supporté leur condition ; supportons la nôtre. — Par cette réflexion finale, le narcotique devient un fortifiant, et le poison, bien digéré, fournit son antidote. Marcelin y trouvait les jouissances du songe ; il aurait pu en rapporter la résignation du réveil.

Je l'avais connu dès le collège ; plus tard, quand je revins à Paris, il me fit connaître Franz Woepke, qui logeait dans la même maison que lui, et bientôt nous fûmes liés tous les trois, cette fois encore par l'histoire : elle est le centre commun où toutes les voies aboutissent. Nous y arrivions par des chemins bien différents. — Woepke était orientaliste et mathématicien ; il étudiait dans les textes originaux, en sanscrit, en grec, en arabe, en persan, le progrès des connaissances mathématiques depuis les origines jusqu'à la Renaissance. Je suivais alors des cours de physiologie et de zoologie, et j'avais regardé assez longuement plusieurs philosophies, quelques littératures. Marcelin connaissait les œuvres d'art des quatre derniers siècles, et aussi les Mémoires, depuis Froissart et Commines. — Nous échangions nos idées et chacun s'enquérait auprès des deux autres. Des trois, c'est Woepke qui voyait les choses du point de vue le plus haut et le plus éclairé, avec le moins de nuages et par plus grandes masses : l'état des mathématiques est probablement le meilleur indice pour mesurer l'avancement des sciences et de la civilisation à travers les âges. — Aucun des trois ne voyait les choses de si près et si pleinement que Marcelin : seuls les arts du dessin nous remettent sous les yeux l'homme total, des corps vivants, leur milieu physique et leurs habitudes physiques, leur geste, leur physionomie et leur regard. Il m'enseignait à les comprendre ; je lui dois d'avoir connu le Cabinet des Estampes. — En véritable historien, ce qu'il cherchait d'instinct, à travers les figures peintes ou gravées, c'étaient les différences de l'homme aux différentes époques. Balzac dit quelque part que chaque profession ou condition sociale est un climat qui produit ses espèces et variétés distinctes ; on peut en dire autant de chaque période historique. Comparé au Français contemporain de la classe supérieure, inférieure ou moyenne, le Français de la classe correspondante en 1780, à plus forte raison en 1680, à plus forte raison encore en 1580, est un animal d'une autre espèce, avec d'autres besoins, appétits et répugnances, avec d'autres sensations, images et idées, avec sa conception particulière du bonheur et de l'honneur, avec ses émotions propres et son attitude propre en face du plaisir, du danger et de la mort. Tout cela, Marcelin le saisissait à l'instant, du premier regard ; la finesse et la justesse de ses divinations étaient supérieures ; partant, sans système ou but préconçu, il démêlait, dans chaque époque, les sentiments forts, persistants et prépondérants qui, pendant beaucoup d'années, commandent beaucoup d'actions à beaucoup d'hommes, et qui sont les forces intérieures dont la convergence ou la divergence maintient ou démolit la société humaine. J'écrivais alors sur le XVIe siècle ; quand par hasard j'arrivais à quelque idée générale, je la lui disais, et je n'en étais sûr que s'il l'acceptait.

Les vingt-cinq volumes de *la Vie Parisienne* ne contiennent que la moindre partie de sa pensée : en cela, son lot est celui de la plupart des hommes ; très peu d'esprits parviennent à se développer selon leur nature et tout entiers ; ordinairement le métier ou la spécialité nous compriment, nous déjettent et finissent par nous estropier ; il faut une chance bien rare pour que les circonstances que nous rencontrons soient d'accord avec les facultés que nous avons. — Mais, dans ces vingt-cinq volumes, la part qu'on lui fait est trop petite ; en dehors de ses articles, il a collaboré aux articles de presque tous ses rédacteurs, et jamais collaboration ne fut si dirigeante, si inventive, plus efficace. Souvent, il donnait à l'auteur le titre et le sujet ; parfois, il lui fournissait l'esquisse complète. Quand on lui apportait une historiette ou une scène, il se la faisait raconter, tout au long, au préalable ; ses interruptions forçaient l'auteur à élaguer les longueurs ; ses questions forçaient l'auteur à combler les lacunes. Il lui suggérait des additions, il lui imposait des coupures, il lui indiquait des remaniements ; il l'obligeait à mettre, dans tout dialogue ou récit, un commencement, un milieu et une fin, des oppositions et des proportions, une liaison et un progrès. Il lui enseignait l'art de faire et de suivre un plan. — Beaucoup de talents se sont ainsi formés sous sa main. Il allait chercher des gens du monde, un diplomate, un officier, un peintre, un maître des requêtes, des membres du Jockey-Club, des femmes, qui savaient causer et n'avaient jamais songé à écrire ; il leur prouvait que l'un n'est pas plus difficile que l'autre, à condition d'écrire comme on cause, comme on cause au cercle entre hommes, comme on cause dans un salon devant des femmes du monde ou du demi-monde, c'est-à-dire vivement, librement, parfois trop librement, sans prétentions d'auteur, sans autre objet que d'amuser, pendant un quart d'heure, des gens prompts à s'ennuyer, à bâiller et à s'en aller. — En ce cas, le conteur s'amuse autant que la galerie; il n'a pas d'efforts à faire, il n'est pas empêtré d'esthétique, il ne fabrique pas un total de lignes comptées et payées ; il improvise. — *La Vie Parisienne*, surtout dans les premières années, fut une causerie de ce genre : les causeurs étaient en verve, et ne songeaient qu'à se faire plaisir à eux-mêmes; d'autant plus qu'ils causaient sous le masque : pendant longtemps aucun d'eux ne sut les noms des autres; à cet égard, Marcelin était d'une discrétion scrupuleuse. — Depuis, les noms se sont ébruités; le public a connu chaque auteur, au moins par son pseudonyme : Gustave Droz, Quatrelles, Richard O'Mon-Roy, Ludovic Halévy, Ange-Bénigne, Gyp, d'autres encore, toute une pousse littéraire qui a pour correspondante, en peinture, la série des petits maîtres français du XVIIIe siècle, Moreau, les Saint-Aubin, Lancret, Pater, Lawreince et Beaudouin. Personne autant que Marcelin n'a contribué à faire éclore cette jolie floraison ; probablement, elle servira comme l'autre, lorsque, plus tard, on voudra se figurer l'époque où elle s'est épanouie. Aux jours de tristesse morne, quand nous voulions ramener sur ses lèvres un demi-sourire, nous lui disions que, lui aussi, il était une source, et que son journal fournirait, au xxe siècle, des documents pour l'histoire des mœurs.

Son frère a rassemblé et va publier en un volume plusieurs de ses essais qui portent bien sa marque. C'est tout ce qui reste de lui, avec son image empreinte dans la mémoire de quatre ou cinq amis, qui ne dureront guère. Woepke, qui méritait le mieux de vivre, a disparu le premier. Nous marchons derrière eux, à petite distance, dans le sentier qui s'est dérobé sous leurs pas. Il s'effondre sous les nôtres; chaque jour nous enfonçons davantage, et cette terre qui les recouvre nous monte déjà jusqu'aux genoux.

3 mai 1888.

M. EDOUARD BERTIN[1]

I

M. Édouard Bertin était peintre, non pas en amateur, par intervalles, pour s'occuper ou s'amuser, mais peintre de profession, d'éducation et de vocation, peintre paysagiste par choix et de parti pris, avec un goût original, une application persistante et un talent complet. Aucune des préparations techniques et pratiques ne lui avait manqué. Il avait d'abord étudié chez les maitres de l'époque, chez Girodet, Bidault et Watelet; puis, sorti des ateliers, pendant quatre ans en Italie, il avait peint ou dessiné d'après nature; enfin, à son retour, sentant qu'il pouvait encore apprendre, il s'était remis à l'école, et, âgé de trente ans, il était entré dans l'atelier de M. Ingres. — Un vrai paysagiste passe la moitié de sa vie en plein air, le crayon ou le pinceau à la main, devant la nature qu'il aime: ainsi fit celui-ci, pendant cinquante ans, en France, en Belgique, en Hollande, en Allemagne, en Suisse, en Espagne, mais surtout en Italie et en Orient, dans les contrées où les montagnes et

1. Écrit pour le livre du *Centenaire du Journal des Débats*.

les architectures font des lignes grandes et simples; là était la nature qu'il aimait. Il est allé onze fois en Italie, et y a vécu au moins dix ans; il a voyagé pendant près d'un an en Grèce, en Turquie, en Asie Mineure et en Égypte; ailleurs, dans le midi de la France, à Viviers, Aix-en-Savoie, Amélie-les-Bains, où les sites sont de la même famille, il a passé des mois : la figure des choses y correspondait aussi à ses sympathies intimes. Il n'était jamais las de regarder cette figure, de la comprendre, d'en faire le portrait, et, chaque jour, un nouveau portrait, avec l'inépuisable admiration d'un amant pour sa maîtresse. A Paris, tous les matins et toute la matinée, on le trouvait dans son atelier, à l'ouvrage. En 1871, malade à Viviers, ne pouvant plus marcher, il se faisait traîner dans un fauteuil roulant, et s'arrêtait de place en place, pour esquisser quelque point de vue. Ce fut son dernier été; à soixante-quatorze ans, il travaillait encore avec l'ardeur d'un jeune homme. Voilà bien la passion dominante, celle qui prend tout l'homme, emploie toute sa vie, marque toute son œuvre de la même empreinte : l'œuvre de M. Bertin comprend plus de trois mille cinq cents tableaux et dessins.

II

Quand il débuta, vers 1827, le goût du public changeait, et le nouveau peintre se trouva dès l'abord un ancien, rôle difficile à soutenir, d'autant plus que, chaque année, entre les convictions arrêtées de l'artiste et les préférences manifestes du public, la divergence allait croissant. Autour de lui, ses contemporains commençaient à regarder la nature avec d'autres yeux que leurs devanciers, avec d'autres sensations optiques et d'autres impressions morales, avec une sensibilité plus frémissante, plus troublée et moins saine, avec des sympathies plus pénétrantes et plus flexibles. Considérez la suite des paysages *écrits*, c'est-à-dire des descriptions poétiques ou littéraires, depuis Chateaubriand, Victor Hugo, Lamartine et George Sand, jusqu'à Michelet, Théophile Gautier, Fromentin ou Flaubert, et, en même temps, la suite des paysages *peints*, depuis Bonnington, Marilhat, Decamps et Cabat, jusqu'à Théodore Rousseau, Millet, Troyon, Diaz, Corot, Daubigny, Jules Dupré et Français : les deux séries s'éclairent et se complètent l'une par l'autre; elles se correspondent, trait pour trait, et leur concordance nous montre nettement l'esprit qui a prévalu.

Dans les terrains et la végétation, dans le ciel et les eaux, la génération précédente ne voyait guère qu'un ensemble savant de lignes harmonieuses, un discours parfait où de beaux mots s'assemblaient en de belles phrases, une œuvre de style dont la forme était plus précieuse que le sens. Au contraire, pour les modernes, le sens est plus important que la forme; selon eux, en toute chose naturelle, la forme n'est qu'une expression, l'expression d'une vie. Or toute chose naturelle, animal, arbre, prairie ou forêt, fleuve ou mer, vallée ou montagne, a sa vie, je veux dire ses origines, sa naissance, ses alentours anciens et récents, son histoire, ses forces intérieures qui la maintiennent ou la transforment, son travail sourd et continu, le travail par lequel elle est en train de durer, de s'achever ou de se défaire. A ce titre, elle a une âme, ou du moins elle semble en avoir une. Chaque site a la sienne : c'est elle que les anciens appelaient le *genius loci*; ses dehors traduisent son dedans, comme un visage et une attitude manifestent une personne. On devine, à travers eux et par eux, ce dedans profond, mouvant, infini : on y lit comme sur une physionomie, tantôt inquiète, menaçante et tragique, tantôt reposée, bienveillante et sereine, ici morne et résignée, là-bas joyeuse et triomphante, ailleurs discrète, délicate et féminine, ailleurs encore énergique et virile, mais toujours plus mystérieuse, plus imprévue, plus *suggestive* que la physionomie humaine. Ses expressions sont innombrables, et il y en a partout; le peintre n'a pas besoin, pour en trouver, d'aller en pays classique; il en rencontre à chaque pas, autour de lui, dans l'Ile-de-France, en Beauce, en Brie, dans un étang à Vaux-Cernay, dans un marécage des Landes, dans une file de peupliers encore immobiles sous la blanche buée du matin, mais dont la cime palpite et sourit déjà sous la première caresse du soleil, dans un champ plat, nu, mat, où, parmi les chaumes rasés, des glaneuses se courbent, sous un ciel brouillé par les poussières d'une longue journée chaude et par les rougeurs mourantes du soir.

Là-dessus, dans le site le plus ordinaire et dans

l'objet le plus vulgaire, les artistes démêlaient des traits distinctifs et particuliers, une essence propre que leurs prédécesseurs n'avaient pas vue ; ils découvraient que la Seine est un autre fleuve que la Loire, que la mer à Saint-Malo n'est pas la même qu'au Tréport ou à Ostende, qu'une futaie à Fontainebleau diffère d'une futaie à Sénart, encore davantage d'une futaie dans les Ardennes ou dans le Var. En chaque paysage, deux choses principales déterminent et coordonnent l'aspect total : c'est d'abord le terrain, meuble ou compact, avec la disposition et la qualité de sa roche, grès, schiste, granit ou calcaire : c'est ensuite l'atmosphère, moite ou sèche, chaude ou froide, changeante ou stable, avec la population de vapeurs mouvantes qui occupent l'espace entre la surface du sol et le dôme du ciel : de là les eaux, celles d'autrefois et celles d'aujourd'hui ; de là aussi la configuration, les creux et les accidents du sol, la végétation, les cultures, les espèces d'arbres et de plantes, leur tissu et leur ton. Il faut que les deux puissances maîtresses qui fondent et gouvernent le paysage réel se fassent sentir dans le paysage peint ; souvent, c'est le plus mince détail, une particularité presque imperceptible, qui les manifeste : de même dans un portrait, telle petite saillie d'un os ou d'un cartilage, l'affleurement d'une veine, les marbrures et le grain de la peau, tel pli de la lèvre, achève de révéler le tempérament physique et le caractère moral du modèle. Par cette recherche, grâce à la mise en place et en valeur du détail expressif et de la particularité significative, plusieurs paysagistes modernes ont fait des chefs-d'œuvre, et des chefs-d'œuvre d'une espèce neuve.

Ne citons qu'une de leurs découvertes. Entre les diverses essences d'arbres, les anciens maîtres ne distinguaient pas ou à peine : Claude Lorrain et Poussin n'ont guère peint que l'arbre en général, un être végétal indéterminé, vaguement intermédiaire entre l'olivier et le chêne vert; partout la même feuille ovale à peu près pleine, le même feuillage, des masses de verdure toutes semblables et toutes comprises dans le même contour uniformément dentelé. Chez les nouveaux, le chêne, le bouleau, le frêne, le peuplier, le hêtre et le tremble sont aussi différents que dans la nature, et, dans la nature, ils diffèrent du tout au tout, par le ton de leur peau lisse ou rugueuse, par les cannelures, les fendillements ou les boursouflures de leur tronc, par l'élan plus ou moins droit de leur fût, par l'angle plus ou moins ouvert de leurs branches, par la grandeur, la découpure, la mobilité et le luisant de leurs feuilles. A cent pas, devant un chêne et un hêtre voisins, éclairés de même et de taille égale, nous remarquons bien que les deux figures totales sont différentes; mais en quoi elles diffèrent, nous ne pouvons le dire; le peintre vient et nous le dit. Il a discerné les éléments de notre sensation optique; il sait les tons et les traits qui pourront nous la rendre. Sur sa toile, c'est un brouillis, mais un brouillis savant, éloquent, efficace. Pour le trouver, il a noté la tache que l'objet faisait sur sa propre rétine :

quel que soit l'objet, à toute distance, à chaque heure du jour, en chaque saison de l'année, sous tout éclairage, il a décomposé cette tache jusque dans l'infiniment petit, et il l'a transportée dans son tableau.

De là son talent et son danger; il est tenté de croire que la tache est l'essentiel de l'objet; au bout d'un temps il le croit; il oublie que l'apparence optique n'est qu'un indice, qu'outre la vue nous avons quatre sens et un esprit; que, sous la forme et la couleur visibles, il y a la chose palpable et la substance solide; que, si son tableau ne fait pas voir la nature indépendante, active et permanente, ses impressions, ayant peu de sens, n'ont pas beaucoup de prix. Désormais, selon lui, elles sont la valeur suprême, et bientôt la valeur unique; il les étudie à part, pour elles-mêmes, avec insistance et avec excès; il aiguise encore leur acuité native; il s'engoue de ses trouvailles; il outre ou raffine, de parti pris, et son parti pris devient système ou manie. Tantôt, au lieu de traduire, il transcrit, et reste un copiste servile; tantôt, au lieu de traduire, il imagine, et devient un fantaisiste malade. Sa sensibilité s'est désaccordée : enfermé dans son optique et dans ses procédés, dans sa coterie et dans son succès, il répond aux objections par ce seul mot : « C'est ainsi que je « vois la nature : on ne peut pas me contester ma sensa« tion. » Et là-dessus, il s'enfonce plus avant dans ses défauts, dans l'exagération ou l'omission, jusqu'à désapprendre ou à refuser d'apprendre des règles fondées sur la science positive et sur les mathématiques, jusqu'à ignorer et nier la perspective, l'anatomie, le modelé, les différences de la lumière dans la peinture et dans la nature, les deux gammes de valeurs hors du tableau et dans le tableau, la transposition indispensable par laquelle la première trouve son équivalent dans la seconde, l'art de composer, l'importance des proportions, la correspondance des masses et la convergence des effets. — A la fin, chez les maîtres eux-mêmes, chez Théodore Rousseau et Corot, l'équilibre mental et nerveux n'était plus intact; chez leurs successeurs, surtout après l'ébranlement de 1870 et de 1871, il s'est faussé, puis renversé, et toujours du même côté, du côté de la sensation absorbante, physique et personnelle, chez les uns inculte et brute, chez les autres surexcitée et pervertie, de plus en plus bas chez quelques-uns, jusqu'à l'étalage et à l'affichage voulu de soi-même, jusqu'à l'ostentation effrontée des préférences ignobles, des préoccupations vicieuses, des lèpres et des souillures intimes, que le sens commun le plus vulgaire ordonne de cacher. Expérience faite, le chemin que nous avons suivi depuis 1830 descendait vite et par une pente raide; nous y trébuchons aujourd'hui, et cela est vrai pour la peinture que l'on fait avec des mots, encore plus que pour la peinture que l'on fait avec le pinceau. — Cela nous conduit à regarder l'autre voie que nous n'avons pas suivie, et qui s'ouvrait aussi devant nous en 1830.

III

C'était l'antique route, frayée depuis Poussin et Claude Lorrain jusqu'à Joseph Vernet et Hubert Robert : on pouvait y marcher, avancer encore, et très loin; mais elle semblait bien usée et sans issue. Le public l'avait quittée; très peu de talents nouveaux y restaient engagés, et leur choix était traité de routine. A l'Exposition, leurs envois n'étaient pas propres à leur ramener la foule : on n'y voyait que leurs compositions, moins bonnes que leurs études d'après nature; ils avaient trop remanié leurs croquis, et l'arrangement surajouté ôtait à leurs tableaux une fleur de vérité et de vie. Parfois, à l'exemple du Poussin, ils avaient introduit dans leur paysage une petite scène historique, quelque personnage de la mythologie ou de la Bible, et la figure classique, drapée dans une attitude noble, faisait croire que ses alentours étaient, comme elle-même, une œuvre factice d'académie et de convention. D'ailleurs, pour le spectateur français et parisien, leurs sites, empruntés à la Grèce ou à l'Italie, étaient moins familiers et moins intelligibles que les campagnes de Seine-et-Oise ou de Seine-et-Marne; n'ayant pas vu l'original, le public ne reconnaissait pas la copie; il ne sentait pas qu'elle était directe et sincère. — Et pourtant elle l'était : eux aussi, les peintres qu'on appelait classiques avaient observé la nature, et d'aussi près, aussi longuement, avec autant de pénétration que leurs rivaux.

Seulement, ils l'avaient observée par un autre aspect. — En toute chose, il y a des *dessus* plus ou moins extérieurs, accidentels et temporaires, changeants, par suite d'importance moindre, et un *dessous* fondamental, stable et solide, partant d'importance supérieure : dans la figure humaine, c'est la charpente osseuse et son revêtement de muscles; dans la campagne, c'est le squelette et l'écorché du sol; de même, dans les autres portions du paysage, ciel, mer, eaux, bâtisses, arbres et verdures. Voilà ce qui touchait les modernes successeurs du Poussin; ils s'intéressaient, dans les choses, à ce qui dure, par suite à ce qui est fort, calme et grand. Leurs yeux ne s'arrêtaient pas volontiers sur les plaines de la Flandre et de la Beauce, sur la terre meuble dont l'uniformité efface le relief de l'écorce minérale, sur les collines indéterminées de l'Ile-de-France et de la Picardie, sur le pourtour mollasse de l'horizon en pays brumeux, sur nos cultures annuelles et notre œuvre éphémère, sur un champ labouré, une moisson, une prairie en fleur; ils cherchaient d'instinct, en Provence, en Italie, plus loin encore, les sites où les monts abrupts font saillir l'ossature de la terre, où l'homme se sent, non dans un potager, mais sur une planète. Pareillement ils n'avaient pas de plaisir à regarder nos villages, des amas informes de chaumières boiteuses ou bossues, les lignes fléchissantes d'un toit encroûté de mousses, une masure de bois et de plâtras, un mur de torchis et de pierres telles quelles, mal appareillées et qui ne tiendront pas l'aplomb. Par contre, ils contemplaient avec complaisance les grandes pierres taillées et jointoyées, aussi fermes que la montagne voisine d'où elles sont issues, les assises inébranlables des blocs superposés, la dalle de granit, le fût de marbre, la poutre de porphyre, les formes architecturales qui restent debout par leur propre force, l'architrave à plat sur sa rangée de colonnes, le cintre appuyé sur ses jambages massifs, les poussées égales qui maintiennent leur équilibre contre l'assaut des siècles; de fait, ils ne s'arrêtaient guère que devant les monuments qui ont résisté à l'assaut de quinze, vingt ou trente siècles, aqueducs, amphithéâtres, substructions cyclopéennes, voies romaines, temples grecs, escaliers, pylônes et colosses égyptiens, devant la muraille d'enceinte qui, depuis mille ans, enclôt une cité de Provence ou de Toscane, devant une acropole en ruine, où se sont succédé plusieurs peuples, devant le profil immémorial et fixe d'un couvent, dont les bâtiments, étagés selon les étages du roc, semblent un prolongement du roc lui-même et témoignent d'une vie presque aussi longue que la sienne, tellement que le spectateur entre involontairement dans l'histoire, et que le cœur, instruit par les yeux, devine l'essence de l'histoire, je veux dire la continuité de la tradition religieuse et sociale, qui, reliant le présent au passé, fait du fils l'héritier du père, et empêche les générations humaines de naître, vivre et mourir disjointes, comme les mouches de chaque été.

Bien entendu, pour se mettre à ce point de vue, il fallait une culture d'esprit peu ordinaire; M. Édouard

Bertin l'avait; il avait la culture complète, sans laquelle un artiste, même avec du talent, n'est qu'un ouvrier bien doué; il avait aussi les facultés et les sentiments sans lesquels on ne peut se maintenir à ce haut point de vue, un caractère viril, une volonté forte, une âme saine et, ce qui n'est pas moins important, le tempérament, les nerfs et l'organe requis par son style. Jamais il n'a connu les défaillances si communes aujourd'hui, le découragement, le dégoût de soi-même, la lassitude mentale et morale; en plein soleil, à Ostie, dans les Marais Pontins, à Syracuse, en Égypte, il dessinait sept ou huit heures par jour, sans fatigue physique : un de ses compagnons de voyage me dit qu'il avait « des yeux d'acier ». — Pour les rétines très tendres et sensibles à l'excès, la couleur n'est pas une tache simple, mais un ensemble compliqué, un accord riche et plein qui comprend quantité de consonances et de dissonances subtiles, une vibration totale et finale dans laquelle entrent, comme composantes, plusieurs vibrations partielles, chacune avec ses harmoniques et ses alentours, avec des intermittences momentanées, avec le remplacement fugitif d'un ton par le ton complémentaire; la tache est en mouvement; il s'y fait des flageolements, des stries[1]; elle-même est un frémissement continu, une palpitation cadencée, une jouissance nerveuse, avec

1. Voir, dans *le Café Turc* de Decamps, le mur de face à gauche. Les physiologistes, par exemple Liebreich, ont pu, d'après les peintures, constater la structure et l'état de l'œil chez les peintres, notamment chez Turner et Mulready.

des exaltations, des acuités, des intensités pénétrantes, tout cela en un seul bloc, tout cela physiquement perçu en un quart de seconde, pendant la durée inappréciable, presque instantanée, d'un coup d'œil. Grâce à cette sensation, les objets se couvrent d'un vêtement magnifique, d'une robe opulente, où le lustre et le grain de l'étoffe, les plis nuancés par l'approfondissement de l'ombre et par les saillies de la clarté, sont pour les yeux une fête et une volupté; l'artiste est tenté de ne pas chercher au delà, de ne voir que la robe, d'oublier ou subordonner le reste; son plaisir est trop vif; il est à la merci de sa sensation. — M. Bertin n'y était pas; il avait l'œil du dessinateur, cette pupille inflexible qui ne cligne point, cette rétine solide et vivace que les secousses de la lumière ne peuvent ni émousser, ni affoler, ce regard ferme et sûr qui, sous l'enveloppe passagère, saisit les grandeurs, les formes, les masses, la substance permanente, et ne considère la couleur que comme un complément ou un surcroît du dessin. Aussi bien, le dessin lui suffisait; avec des crayons, il rendait toute sa pensée; même il n'avait pas besoin de l'extrême rendu. Plusieurs de ses grands dessins, *Une Forêt à Castel-Fusano, les Colosses de Memnon en Égypte*, sont poussés jusqu'au modelé complet; mais les autres, quel que soit leur degré d'avancement, depuis le simple croquis ou la silhouette jusqu'au relief final et plein, sont, tout de suite et du premier coup, des œuvres achevées, définitives; en particulier, ses croquis d'après nature, faits sur place avec du fusain, de la pierre d'Italie et des rehauts de blanc, sont ses chefs-d'œuvre. Je viens d'en voir des centaines dans ses cartons; les quinze ou vingt spécimens que le public peut regarder à la bibliothèque de l'École des Beaux-Arts ne laissent pas soupçonner l'ampleur, la fécondité, la hauteur de sa conception, le point de vue supérieur d'où il a contemplé la nature, la portée de son regard, sa faculté d'embrasser et de circonscrire des ensembles, son intelligence des trois grands personnages, le ciel, la montagne et la mer, qui occupent éternellement la scène de l'être et, par-dessus le chœur subordonné des créatures moindres, dialoguent entre eux, presque seuls.

Si l'on photographiait et publiait une centaine de ces esquisses, on rendrait aux jeunes peintres un service signalé. Point de morceau à effet; aucun détail qui, par sa particularité trop forte, tire à soi, usurpe l'attention. En pays lointain et dans un autre climat, l'artiste ne s'est pas beaucoup intéressé à la flore spéciale; il ne s'attarde pas à reproduire la raquette épineuse du cactus, ni le poignard dentelé de l'aloès, ni même la différence qui sépare les feuillages de deux arbres comme l'olivier et le châtaignier, l'un grêle et pâle, l'autre dense, riche, fort, presque dur et métallique. Ce qui l'intéresse dans l'arbre, ce n'est pas la feuille, qui est caduque et partant secondaire, c'est la charpente végétale, toute la charpente continue et agencée depuis la base jusqu'au dôme, d'abord la souche demi-souterraine, avec ses pieds noueux qui affleurent, puis le tronc rigide, penché ou tordu, enfin la courbure et l'épanouissement total des branches, bref la robuste membrure qui porte et nourrit le reste. Pareillement, il n'insiste pas sur la saison, l'heure, le moment, l'accident; il omet exprès de nous dire si nous sommes en avril, en juillet ou en septembre, s'il est cinq heures du matin, midi ou six heures du soir, si l'orage menace ou si le ciel vient d'être lavé par une pluie; il n'est pas touché par la singularité ou la rareté d'un aspect, par la rouille et les lichens d'une pierre, par un coup de soleil oblique sur les buissons bas d'une futaie. Son envergure est bien plus vaste; dans le ciel, la mer et les terrains, il ne s'attache qu'aux traits permanents, indéfiniment les mêmes avant nous et après nous; ses paysages ne sont pas de petits coins curieux de l'édifice naturel, mais cet édifice lui-même, son profil général et son architecture, sa façade et ses flancs, plusieurs lieues de pays en abrégé et en résumé, une vallée entière, trois ou quatre plans de montagnes, toute une ville avec ses bâtisses rassemblées et échelonnées sur un promontoire de roches, toute une côte surplombante en enfilade sur la plaine unie de la mer, et partout le plein jour, le ciel du midi, la grande rondeur concave qui enveloppe et groupe toutes les inégalités de la terre sous la magnificence et l'uniformité de sa coupole.

Dans ces lignes qu'il trace, rien de convenu ni d'appris; aucune recette d'école comme chez ses devanciers; lui aussi, il s'est affranchi de la tradition, il s'est remis en face de la nature, il se garde bien de réformer les formes pour un prétendu plaisir des yeux. Ses paysages ne sont pas, comme ceux de Perelle[1], des montagnes quelconques, la mer en général. C'est un site réel qu'il copie, tel site et de tel point de vue. Seulement, il a choisi son point de vue; ses camarades d'étude disent qu'il le trouvait à l'instant, que c'était le meilleur, le seul bon; en deçà ou au delà, à gauche, à droite, aucune place, épreuve faite, ne fournisssait un si beau motif. Une fois assis, sans efforts ni hâte, sans tâtonnements ni repentirs, sa main obéissait à son œil, et son œil à son esprit. Il *simplifiait*; rien d'autre, ni de plus; tout son procédé est là. Pas un trait du modèle n'est altéré, arrangé; pas un trait de la copie n'est inventé, ajouté; mais, parmi les traits du modèle, la copie ne répète que les principaux; ses omissions sont un surcroît de fidélité; elles nous dévoilent le grandiose qui, dans le modèle, demeurait obscur, indistinct; nous saisissons, non les superficies, mais les profondeurs de la vérité; c'est elle, et, du premier regard, nous la reconnaissons. Voilà bien les sites que nous avons vus, Sorrente, Amalfi, Capri, l'interminable escalier taillé dans la montagne, les longues allées qui montent entre leurs deux soutènements de larges dalles, les oliviers et les chênes verts, leurs troncs tortueux ou trapus, leurs souches bosselées, leurs racines accrochées et enfoncées

1. « Cent cinquante paysages et marines *inventés* et gravés par Perelle. »

dans les fissures de la pierre, les terrasses et les bâtisses étagées, la haute paroi de la côte à pic, sorte de bordure ouvragée qui tourne, enserrant la mer luisante. Et voici Subiaco, Terni, Tivoli, San Germano, l'Apennin, ses découpures sur le ciel clair, tantôt son échine saillante, une longue chaîne intacte de vertèbres minérales, tantôt des vertèbres désarticulées, fracassées, écroulées, en tas dans une fondrière ou éparses sur une pente. De telles formes sont uniques; on ne les imagine pas, on n'a pas pu les fabriquer; elles sont trop originales, trop cohérentes : elles tiennent trop étroitement à la géologie intime, à l'histoire authentique de la planète, à l'histoire positive de l'humanité; de même, les autres formes, en Sicile, sur le Bosphore, en Grèce, en Égypte, l'*Acropole* d'Athènes et la *Tribune aux Harangues*, le *Temple de Phigalie*, les *Murs de Constantinople*, l'*Ile de Philæ*, *Carnac*, *Esneh*, la solitude peuplée par des colonnades effrondrées, par des assises disloquées d'énormes blocs quadrangulaires; plus loin, sur une berge du Nil, la morne barre horizontale, la masse accablante, la monotonie formidable d'un flanc de montagne perpendiculaire et nu comme un mur. C'est le paysage classique, dit-on; en effet, les anciens, Lucrèce, Sophocle, Eschyle, peignaient ainsi les choses naturelles, en quelques traits et d'une façon plus sommaire encore; ils disaient aussi ce que véritablement elles sont, comment elles sont vivantes, éternelles et divines; ils disaient cela en quatre mots, par un mythe transparent, avec un nom et une épithète; leur paysage était fini quand ils avaient nommé Déméter, la terre maternelle et nourricière; Poseidôn, le stérile Océan, le Dieu colérique, indompté, qui, dans ses bras d'azur, étreint les îles et la côte; Zeus[1] enfin, le ciel sublime, « cette blancheur ardente », ce suprême éther, « père tout-puissant » et roi universel, dont la gloire emplit l'air.

IV

En 1854, M. Bertin, devenu directeur des *Débats*, cessa d'exposer; jusqu'à la fin, et pendant dix-sept ans, il refusa aux critiques du journal la permission de mentionner son nom : sa fierté répugnait à des éloges qui auraient pu sembler des complaisances; d'ailleurs, la publicité ne le tentait pas. A partir de cette date, on ne vit plus ses ouvrages dans les ventes ni chez les marchands; jamais il ne convoquait les amateurs dans son atelier. Quand il avait fini quelque pièce importante, il la retournait et la posait contre le mur. Ses croquis, si nombreux, restaient enfouis dans ses cartons; à peine si quelques amis anciens étaient admis à les feuilleter. Il se souciait peu des applaudissements, de la popularité, du bruit. Même il était exempt de cette préoccupation si commune chez les artistes, et qui ramène incessamment leur pensée, sinon sur leur œuvre, du moins sur leur art. Rarement il parlait du

1. « *Aspice hoc sublime candens quem omnes invocant Jovem. Tunc Pater omnipotens fecundis imbribus, Æther, conjugis in gremium lætæ descendit.* »

sien; la peinture était son chemin accoutumé et préféré, mais son esprit avait d'autres voies, quantité d'issues et de perspectives. Il avait lu beaucoup, et chaque jour il lisait encore pendant plusieurs heures, non seulement les nouveautés, mais les gros livres, et sur tous les sujets, histoire, archéologie, voyages, métaphysique, économie politique, théories sociales. Dès sa première jeunesse, il avait vu chez son père des hommes éminents; une heure de conversation avec eux est plus instructive que plusieurs volumes; et, de 1820 à 1870, à Paris, à Rome, en voyage, il put voir la plupart des hommes qui se sont fait un nom en France et à l'étranger, plusieurs générations d'hommes distingués ou illustres : au premier plan les artistes, les peintres depuis Ingres, Léopold Robert et Delacroix; les écrivains depuis Chateaubriand, Victor Hugo, Mérimée et Sainte-Beuve; les musiciens depuis Rossini, Gounod et Berlioz; mais aussi des politiques et des militaires, des administrateurs et des diplomates, des savants, des hommes spéciaux en chaque genre, chacun d'eux portant en soi et laissant percer hors de soi sa conception de la vie, souvent des vues neuves sur les hommes et sur l'homme. De tout cela il avait profité; pendant l'âge mûr, il n'avait pas cessé d'apprendre et de réfléchir; quand il eut dépassé l'âge mûr, il continuait et achevait encore sa propre culture.

Tout le long du jour, il dessinait ou lisait; vers cinq heures, dans l'escalier du journal, on entendait son pas appesanti; il entrait et allait s'asseoir dans le vieux fauteuil de cuir vert, en face de M. de Sacy; un cercle se faisait autour d'eux. On causait, et, dans cette conversation, la politique du jour n'avait qu'une place très restreinte; plus mince encore était la part de la bourse et des affaires d'argent; au contraire, on y parlait beaucoup de littérature et d'esthétique, d'histoire, de philosophie et de science; des esprits différents, mais tous cultivés à fond, y apportaient, parfois en mots piquants, toujours en anecdotes précises, le résumé de leur expérience, leurs conclusions d'ensemble. Sauf le dîner que présidait Sainte-Beuve, je ne sais pas d'endroit où l'on ait agité avec tant de tolérance et de sincérité toutes les idées générales. Les nouveaux venus s'y trouvaient à l'aise et sur un pied d'égalité; ils découvraient très vite que, là du moins, la politesse n'était pas une convention de surface, ni la bienveillance un calcul d'arrière-plan; ils oubliaient les premiers crèvecœur de la jeunesse et la dureté ordinaire du commerce humain; ils se livraient : ils se sentaient accueillis. Le soir, dans son salon, ils retrouvaient le même accueil, avec une grâce et un charme de plus. Longtemps encore ils reverront dans leur esprit cette figure mâle, rude, vieillie, et qui pourtant savait sourire; plus d'une fois ils réfléchiront sur sa manière d'entendre la vie. C'est à peu près celle que Gœthe a enseignée et pratiquée avec une maîtrise incomparable : renfermer son ambition dans l'enceinte de sa personne, et considérer le succès extérieur comme un accessoire; étendre incessamment la portée de son regard et l'horizon de sa pensée; pour cela, ne pas tenter plusieurs routes, en amateur, ne pas vaguer au hasard, mais se choisir et se frayer une voie particulière, y persister, y avancer tous les jours, de toute sa force, aussi loin qu'on peut; et néanmoins ne pas s'y confiner : au contraire, se ménager par côté des percées et des sorties, des excursions et des aperçus, multiplier et diversifier ses points de vue, garder jusqu'à la fin la grande curiosité, ajouter à son esprit tout ce qu'on peut puiser dans les autres esprits; dès le début, savoir ses limites, les accepter, être content d'avoir pu contempler et penser le monde, croire que cela vaut la peine de vivre. D'autres partis pris, plus tranchés, sont plus frappants ou plus attrayants; celui-ci, plus proportionné à la nature humaine et au cours ordinaire des choses, est peut-être le meilleur à prendre.

Mai 1880.

TABLE DES MATIÈRES

50358. — Imprimerie Lahure, rue de Fleurus, 9, à Paris.

www.ingramcontent.com/pod-product-compliance
Lightning Source LLC
LaVergne TN
LVHW010433160826
845677LV00001BA/205

9782012939066